ヴァーチャルに治癒される人間

サイバー心理学が問う新たな主体

Comprendre et soigner l'homme connecté:
manuel de cyberpsychologie

Serge Tisseron　　　　Frédéric Tordo
セルジュ・ティスロン／フレデリック・トルド
著

佐藤 愛／阿部 又一郎／縣 由衣子
訳

誠信書房

Originally published in France as :
Comprendre et soigner l'homme connecté. Manuel de cyberpsychologie
By Serge TISSERON & Frédéric TORDO
©Dunod 2021, Malakoff
Japanese language translation rights arranged through Tuttle-Mori Agency, Inc.

日本語版序文

AI の魅惑に目がくらむ，
接続された人間たち

セルジュ・ティスロン

　今日では，AI に関する多くの出版物や書籍が存在しており，そこでは AI に関する希望やリスクが語られている。しかしながら，こうしたテクノロジーが私たちをどのように変容させるのかについて焦点を当てたものは少なく，たとえ取り上げたとしても，私たちの生活のごく一部の側面に限定する場合が多いのが現状である。本書はこうした欠落を補うことを目指すものであり，私たち自身と私たちとの再帰的関係，他者と私たちとの関係，さらには世界と私たちとの関係に対し，テクノロジーがどのような変化をもたらすのかについて考察するものである。こうした反省は，誰でもアクセスできる会話型ロボット——いわゆるチャットボット——の登場によって，私たちと環境との関係が一変しつつある現在，いっそう重要な課題となっている。

　確かに私たちはこれまでの生活において，スクリーンを介して機械と接続することにすっかり慣れきった状態にあった。データベースや SNS，SMS，メールなどにしょっちゅうアクセスしているからだ。しかし今や，機械に向かって，まるで人間の対話相手に話しかけるかのようにして話すことが求められる時代となりつつあるのだ。その結果，一部の人にとって AI は遊び仲間のような存在となり，あるいは生活のアドバイスをくれる守護天使となり，さらにはセラピストに取って代わる可能性が生じ始めた。例えば，「メンタルヘルスコーチ」として知られるチャットボット Woebot は，すでにその例を示している。こうした機械の効力は，相手の注意を引きつけ，終わりのないやりとりに巻き込む力に存する。というのも，ユーザーがアプリとやりとりすればするほど，自分に関する情報を機械に提供することになり，機械はそれに応じてユーザーの関心に適応し，ユーザーを理解して

いるという錯覚を生み出すからだ。

　幸いなことに，ダニエル・カーネマンが示したように (Kahneman, 2011)，人間には自分の体験から距離をとる能力が存在する。私たちには二つの推論システムが備わっており，一つ目は直観的で，過去の経験を手がかりに築き上げられた先入観によるものである。このシステムは多くの状況を切り抜けるのに非常に有用であり，しばしば十分であるが，多くの誤りを犯すリスクもまた伴う。二つ目の推論システムは，これとは反対に，ゆっくりとした反省的なものである。一つ目のシステムは，対象との関係においてもまた，便利さのために人間に対するのと同じ行動をとることを促す。しかし，次いで二つ目のシステムが介入する。このシステムは，自らに固有の論理に基づいて求める明確な目標について，生物だけがこれを与えられているという事実を考慮に入れて働くものである。この二つのシステムが並存しているおかげで，例えばコンピューターが故障した際，人間に対するかのようにこれを罵ることはあっても，その後でさらにコンピューターに謝ることはないのだ。なぜなら，コンピューターが人間ではないと分かっているからである[†1]。

　私たちが鍛えることを学ばなければならないのは，まさにこうした能力なのだ。この能力のおかげで私たちは，AI を介して，情報源を拡大するとともにより好奇心旺盛かつ用心深い存在になり，さらには新たな形の社会的つながりを発展させることができるようになる。しかしながらこのためには，AI に期待できるものだけを求め，AI が提供できないものについては期待しないことを学ぶ必要がある。言い換えれば，AI に対する幻影や錯覚を手放す必要があるのだ。これらは多くの場合，未来の機械の研究開発資金を集めるため，私たちに夢を売ろうとするメーカーたちによって作られたものである。そしてまた私たちは，人間の同胞たちに振るう力に関する夢，とりわけ公的権力が市民をより強くコントロールしようとする夢，雇用主が被雇用者を，さらには親が子どもをコントロールしようとする夢を手放さなければならない。

　では，具体的にはどうすればよいのだろうか。まずは，AI に関する経験や相互扶助を共有するためのコミュニティ形成を促し，地域や学校での交流

---

†1　カーネマンの二つの推論システムについては第 9 章を参照。

会を開催し，世代間の知識を伝達できるようにしよう。若者たちが年長者に教えることも可能である。また，家庭や職場において，デジタルツールがはびこらないようにするための，新たな集団的実践についても考案する必要がある。例えば，会議の最中や一緒に食事をする際には，常に携帯電話をテーブルの上に置いておく。食事中に誰かが電話に出た場合には，その人が食事代を支払う，というような案について話し合うのだ。

　最後になるが，こうした AI の進化においては，倫理的な問題について早急に問うことが求められている。例えば，個人データの収集，フェイクニュースの作成，AI がインターネット上で極めて急速に拡散させる虚偽情報の蔓延，情報操作や誤情報などについてである。しかし同時に，これらの倫理的な諸問題は，人間の精神が機械とどのように相互作用するのか，どのようにして機械が人間の精神がよりよく働くよう助けるのか，また逆にどのようにして人間の特定の能力を脅かすのかについて，よりよく理解することができて初めて適切に解決されうる。これこそが「サイバー心理学」の，あるいは接続された人間を主題とする本書の目標である。

　本書を通して，それぞれの読者がこうした大きな動乱に対して十分な理解を持ち，自らの運命を自ら決するための自由を持ち続けることができるようになるだろう。

日本語版序文

変わりゆく世界における
接続された主体とサイボーグ‐自我

フレデリック・トルド

　このたびは，原著 *Comprendre et soigner l'homme connecté* の邦訳出版にあたり，日本の読者の皆様にご挨拶できることをたいへん光栄に思う。テクノロジーが，私たちの身体，心，アイデンティティとの関係を根本的に変容させる中で，この本は今日，私たちが生きる時代の核心にある人間学的，心理学的な変化を探究していこうとして書かれたものである。

　「サイボーグ‐自我」とは，私がこれまで行ってきた研究[*1]を通して練り上げてきた概念で，心的なもの，生物学的なもの，テクノロジー的なものが交差するところに立ち現れる。「欲動」を扱う場合と同じく，そこでは心理学における「境界概念」が問題とされる。それは，もはや単なる外的なもの（私たちの身体的あるいは認知的能力を拡張するための道具）ではなく，私たちの心とアイデンティティの表象に統合された，極めて親密なハイブリッド化を反映している。今日のサイボーグは，もはやディストピア風のフィクションでも，SF の世界の存在でもない。それは，日常の現実なのだ。スマートフォンから人工内耳まで，デジタルアバターから AI ツールまで，私たちの生活は，自我と他者との境界を再定義づける，さまざまな仕組みと絡み合っているのである。

▶ハイブリッド化と心的補綴──新たな主体の構築

　ハイブリッド化とは，今日の主体が，有機的なものとテクノロジーとを混淆するやり方のことを指す。ハイブリッド化は，単なる身体的増強（拡張）

---

*1　特に，拙著 *Le Moi-Cyborg*［サイボーグ‐自我］（Dunod, 2019）を参照。

を超えて，主体性の最も深いところに触れるものである。テクノロジーが心的補綴となって，欠如を補うだけでなく，自我の機能を依託するのだ。このダイナミズムは，代置という運動に刻み込まれ，その中で心的あるいは身体的機能が再編成され，さらには外的な装置によって補われる。

　サイボーグ−自我とは，まさに，こうした変容を体現するものである。それは自我の伸長であるが，その境界は，もはや皮膚だけに限定されることはなく，アイデンティティを構築する性質を帯びたテクノロジー的対象にまで広がる。こうした対象は，象徴的な鏡のように，主体が自分自身との関係を探索し，定義し直していくことを可能にする。しかし，こうしたハイブリッド化には，避けがたい緊張を伴う。テクノロジーが，主体にとっては初体験となる同一化と達成の可能性を切り開く一方で，目印となるものの混乱，脱−主体化，アイデンティティの苦しみといった，主体に新たな課題を突きつけるからだ。

▶消去と脱−主体化──境界性の臨床

　今日の重要な側面の一つが，主体の消去という臨床的問題である。この現象は，自分自身や他者に対する無関心という形で現れるが，今日の主体は，実用的な機能やアイデンティティに還元されようとする傾向にある。実際，「オペレーションの文化」に支配された，過剰に接続された社会において，個人とは，経済的，社会的ネットワークの中で，数あるうちの交換可能な一介のオペレーターまたは製品にすぎなくなる。

　この徹底的な脱−主体化が，内的な解離によって，心的かつ情動的な生との断絶となって現れてくる。絶え間ない情報とデジタル・インターフェースの流れにとらわれた自我は，主体の厚みを「空っぽ」にされたように感じるだろう。当初，支持体または拡張として考案されたテクノロジーは，やがては無化の仲介役となって，主体から自らの目印や，再帰性を奪ってしまうかもしれない。

　臨床的な側面で見ると，これらは，患者が空虚感や疎外感を経験する形で現れてくるが，ときには，デジタルな補綴を活用することで代償されることもある。こうした補綴は，アイデンティティの裂け目を一時的に覆い隠すことはできても，「依存」と脱人間化のサイクルを強化しかねない。臨床家の務

めは，それゆえに重要となる。それは，主体（＝患者）が，象徴化作業を通して，自らのアイデンティティと情動とを結び直せるよう，心的な生を再備給する手助けをすることである。

▶接続された主体——変わりゆくアイデンティティを前に

アイデンティティの流動性が，今日の主体を特徴づけている。デジタル空間は，自己を試す実験室となり，多様な存在形態を可能にしている。しかし，この永続的な探索は，しばしば一貫性の探求として経験される一方で，不安定さというリスクを生み出す。ハイパーコネクションと情報の流れへの絶え間ない露出が，不安定なアイデンティティを形成して，実験と解消との間を揺れ動かすのである。

本書が提起する主要な問題の一つは，こうしたハイブリッド化が，主体性にどのように影響を及ぼすのか，という点である。テクノロジーが，単純に修復したり，増強したりするだけではなく，個人そのものの輪郭を定義し直して，心的な変容をもたらす仲介役となるのだ。しかし，こうした変容は，両義的である。それは，意味を求める主体を豊かにすることもあれば，逆に，裂け目を露呈させることもある。例えば，アバターは，自我のヴァーチャルな延長として，アイデンティティの構築と消去のリスクとの間の弁証法を示している。

▶未来への扉

サイボーグ–自我は，それ自体が目的ではなくて，主体と機械がともに進化する一つの段階である。AIは，他のテクノロジーと同様に，私たちに人間性の再考を促す。私たちは，増強〔拡張〕された存在なのか，それとも脱自然化した存在なのか。こうした問いの答えは，簡単には見つからない。なぜならその問いには，倫理学的，人間学的，心理学的な反省が含まれているからである。

主体のハイブリッド化とは，単なるメタファーではない。それは，接続するままに，自我が拡大したり，縮小したり，絶えず再定義されていく時代を反映している。このプロセスは，魅惑的であると同時に複雑でもあるが，私たちは主体性の基盤を再検討させるのみならず，この変わりゆく世界の脅威

日本語版序文

に適応した，セラピー的な付き添いの様態を考案することを余儀なくさせる
ものである。

　私は原著者の一人として，今回の邦訳版が，こうした普遍的な問いについ
ての議論を広げ，テクノロジーの時代における人間の未来についての集合的
な考察を促す一助となることを願っている。

目　次

日本語版序文（セルジュ・ティスロン）　　iii
日本語版序文（フレデリック・トルド）　　vi

序　論 ·· 1
　セルジュ・ティスロン，フレデリック・トルド

第1部
課題と展望

第1章　フランスにおけるサイバー心理学の歴史 ······················ 6
　フレデリック・トルド
　フランスにおけるサイバー心理学のパイオニアたち　　7
　サイバー心理学の対象と領域　　10

第2章　サイバー心理学における五つの根本概念 ····················· 14
　セルジュ・ティスロン
　感情——体験から共有へ　　15
　人——さまざまな度合いの「人らしさ」に向けて　　16
　剥奪された内密性，隷属化した外密性　　18
　自己統制の弱体化　　20

第3章　ヴァーチャルなもの，心的なもの，
**　　　　デジタルなものについて** ····································· 22
　セルジュ・ティスロン，フレデリック・トルド
　四つの契機におけるヴァーチャル　　23
　ヴァーチャル対象との関係（Rov），対象とのヴァーチャルな関係（Rvo）　　26
　予期とデジタル世界　　29

第4章　イメージや対象と私たちとの関係の連続性 ····················· 32

セルジュ・ティスロン

「内なるイメージ」と私たちの関係の三つの構成要素　33

物質的イメージと私たちの関係の三つの構成要素　34

対象と私たちの関係の三つの構成要素　36

ますます没入感を増し，変容的になるイメージテクノロジー　38

第5章　人間と機械の混淆──内外身体化プロセス ····················· 41

セルジュ・ティスロン

人間の諸能力の外在化から再内在化まで　42

混淆の論理　44

人間と機械の混淆をめぐる諸問題　46

具体例（セルジュ・ティスロン）　49

第6章　書籍文化とスクリーン文化，必要不可欠な相補性 ············· 53

セルジュ・ティスロン

知と伝達に対する関係の違い　53

学習形態の違い　54

心の働き方の様態の違い　56

社会性の二つの形態　58

必要不可欠な相補性　60

第7章　接続された人間の心的力動
──サイボーグ‐自我とサイバーエンパシー ····················· 62

フレデリック・トルド

サイバーエンパシー──いわば分身としてのテクノロジー　62

サイボーグ‐自我とその諸機能　67

第8章　子どもとスクリーン ····················· 73

セルジュ・ティスロン

3歳未満の子どもとテレビ　73

0〜6歳児とモバイルディスプレイ　75

親のスマートフォンがもたらすもの──テクノフェランス　77

思春期の子どもとスクリーン　78

第9章　生き生きとした非生命的エージェントへの共感 ················ 83

セルジュ・ティスロン

「共鳴」からミラーニューロンへ　83

共感なるものからいくつもの共感へ　84

機械への共感と，相互性を信じるリスク——イライザ効果　85

二律背反となりうる2通りの推論モード　86

「人工共感」のいくつかのリスク　88

不可欠な倫理的措置　90

第2部
精神病理

第10章　デジタルは「薬物なきアディクション」か ·················· 94

セルジュ・ティスロン

議論すべき行動上のアディクション　95

物質に伴う／伴わないアディクション　97

現在の研究動向　98

アディクションの製造——「無料ゲーム」は高い代償を払う　98

事例紹介（アレクサンドラ・ピテリ）　104

第11章　サイバーバイオレンス，サイバーハラスメント，
デジタルな透明性 ··· 107

フレデリック・トルド

サイバーバイオレンスとサイバーハラスメントの形態　107

デジタルな透明性とサイバーバイオレンス　108

サイバーバイオレンスの被害者の心理　113

事例紹介（オード・バリヨン）　115

第12章　デジタルな二者一心
——心的生との関連から見て問題のあるビデオゲーム ·········· 118

セルジュ・ティスロン

デジタルな二者一心の四つの極　119

デジタルとともに空想すること，夢を見ること，想像すること　122

第13章　サイバーセクシュアリティとテクノセクシュアリティ ········ 128

フレデリック・トルド

サイバーセクシュアリティの主な形態　128

受動的－双方向的サイバーセクシュアリティとポルノグラフィ　129

コネクテッド・サイバーセクシュアリティとトランス@セクシュアリティ　130

テクノセクシュアリティと精神病理　133

第14章　ひきこもり現象 ·· 137

セルジュ・ティスロン

複数の原因と関連する現象　138

思春期の問題系　140

心的な脱接合から社会的な脱接合へ　141

「退却する者」が暴君に──自らを通じた他者への攻撃性　143

再包摂化をベースにしたセラピー　144

第15章　機器に接続している患者の精神病理
──テクノロジーが心的補綴として使用されるとき ·············· 146

フレデリック・トルド

心的補綴と心的装具　146

心的な障害において心的補綴として使用されるサイボーグ－自我の諸機能に関
　する記述　148

第16章　慢性疾患や身体疾患の患者における
ハイブリッド化という臨床基軸 ····························· 153

フレデリック・トルド

基軸1──身体図式の内在化と変容　153

基軸2──心的統合という幻想　155

基軸3──身体イメージの混乱と再構築　156

基軸4──テクノロジーによる加工と侵襲　158

基軸5──身体の帰属とテクノロジー　158

基軸6──テクノロジーと心的補綴　159

事例紹介（ナディーヌ・ホフマイスター）　161

第3部
サイコセラピー

第17章　ビデオゲームを媒介として使用するセラピー ・・・・・・・・・・・・・166
　セルジュ・ティスロン
　ビデオゲームにおける相互作用の二つの形態　167
　ゲームを媒介として使用するセラピーの五つの段階　169
　セッションでビデオゲームを用いる個人セラピー　170
　個人セラピー──ゲームをプレイせずに話すための，語りのサポート役として
　　のアバター　172
　グループセラピーにおいてゲームを媒介として使用する　173
　事例紹介（オリヴィエ・デュリス）　176

第18章　アバターと具現化 ・・179
　セルジュ・ティスロン
　「私」が他者になるとき　179
　協働的なヴァーチャル環境　182
　アバターを介したトラウマへのアプローチ　183
　自己への配慮を学ぶ　184
　生けるものたちと死せるものたちの小さな劇場　186
　アバターを介して共感を学ぶのか　187

第19章　サイコセラピーにおいてビデオゲームを使用する場合の心的力動
　　──没入，退行，転移の特異性 ・・・・・・・・・・・・・・・・・・・・・・・・・・・・・・189
　フレデリック・トルド
　退行と共同退行　189
　没入と共同没入　191

第20章　ロボットセラピーにおける枠組みと技法 ・・・・・・・・・・・・・・・・・・198
　フレデリック・トルド
　個人的ロボットセラピー　199
　集団的ロボットセラピー　201
　事例紹介（オリヴィエ・デュリス）　205

第 21 章　サイコセラピーにおけるロボット活用の心的力動
──セラピー機能と転移の特異性 ··· 209
フレデリック・トルド

ロボットセラピーにおける諸機能　209

代置による転移　214

第 22 章　ヴァーチャルリアリティ，その定義，用途と倫理 ············· 218
セルジュ・ティスロン

定　義　219

精神生活や社会生活にはどのような影響があるのか　221

幾多のセラピー的用途　223

問題のある効果　224

不可欠な倫理的枠組み　226

事例紹介（ピエール=アンリ・ガルニエ）　228

第 23 章　オンラインおよび遠隔での臨床面接における関係性
──新たな枠組み，新たな内容 ··· 232
セルジュ・ティスロン

長らく続く懸念　232

デジタルによって揺さぶられるセラピーの枠組み　233

新たな枠組みの構築　235

新たなリスク，新たな懸念　236

遠隔での集団ミーティング　238

第 24 章　サイコセラピーにおけるオンラインライティングの
　　　　 枠組みと技法 ·· 241
フレデリック・トルド

臨床およびセラピーの背景　242

心的近接性の空間──SMS，MMS，チャット，インスタントメッセージソフト
ウェア　243

〔二次〕加工空間──メール，パソコン上の文書など　244

永続性と刻み込みの空間　246

オンラインライティング実践の推奨　247

サイコセラピーにおける枠組みの可塑性と横断可能性　248

目 次

第25章　オンライン相談におけるデジタルな転移 ・・・・・・・・・・・・・・・・・・・・・250
フレデリック・トルド
デジタルな転移　250
枠組みとしてのオンラインテクノロジーの心的統合　254
サイコセラピーのオンライン実践に向けた推奨点　256

第26章　接続された人間における新たな転移の様態 ・・・・・・・・・・・・・・・・・・・259
フレデリック・トルド
側方への転移と転移の側方化　259
回折によるデジタルへの転移　261
ビデオゲームへのヴァーチャルな没入による転移　263
ロボットへの代置による転移　263
オンライン相談におけるデジタルな転移　264
テクノロジー対象との幽霊的転移　264
事例紹介（ルシー・エピヴァン）　267

結　論　デジタル世界において人間になること ・・・・・・・・・・・・・・・・・・・・・・・271
セルジュ・ティスロン

訳者解題　異物としての機械と混淆する
　　　　　──スピリチュアリスム的サイバネティクスに向けて　277
訳者あとがき　299
引用文献　307
索　引　327

注：上付きで示した＊1などは原注，†1などは訳注を意味する。原注・訳注ともに，その内容は
　脚注に示した。また，本文中で〔　〕で囲まれた部分は訳者による翻訳上の補足を意味する。

xvii

序　論

セルジュ・ティスロン，フレデリック・トルド

　本書は，サイバー心理学のさまざまな対象や領域と，これらにアプローチするための主な理論的・実践的概念を紹介するものである。つまりサイバー心理学という新たに誕生した専門分野について説明することを目的としている。名称を見ただけでも，この分野が現代社会における重要な課題を扱っていることが分かるだろう。

　具体的に見てみよう。サイバー心理学は「サイバー」と「心理学」からなる。まず，「心理学」は関係のさまざまな形に直面した際に，人間の心がどのように働くのか[†1]について研究する分野である。関係とは，人間と人間との間にある関係だけでなく，人間と人間以外のものとの間にある関係も指している。もう一つの「サイバー」は，比較的新しい言葉である。今日この言葉は，サイバー空間，サイバーセキュリティ，サイバー犯罪，サイバーハラスメントといった，インターネットに関わる分野を連想させるために使用されている。このため意外に思われるかもしれないが，サイバーという言葉はインターネット黎明期以前から存在していた。というのもこの言葉は，ノー

---

†1　原語は le fonctionnement mental であり，直訳すれば「精神の作動」であるが，「心がどのように働くのか」とした。ただし，本文中の文脈によっては「作動」「働き（方）」としている。ちなみに，非ラカン派においては境界例（état limite）を境界性機能様式（fonctionnement limite）と呼ぶことがあり，これによって心の動的性質を強調している。参照：カトリーヌ・シャベール（2015）．「境界性機能様式：いかなる境界か」 大島 一成・将田 耕作（監訳）『フランス精神分析における境界性の問題──フロイトのメタサイコロジーを通して』（pp. 93-121） 星和書店．（André, J. dir.（1999）. *Les étas limites : nouveau paradigme pour la psychoanalyse?* PUF.）

バート・ウィーナー——彼は 1947 年にサイバネティクスを発明した[†2]——に由来するからだ。ウィーナーは機械が，自らの働きに関する情報を取り込み，その情報に基づいて働きを調整する仕組みを指すために，フィードバックという概念を中心に研究を展開したいと考えていた。例えばロケットを例に考えてみよう。ロケットは強風によって軌道が乱れがちであるにもかかわらず，自ら軌道を修正して目的地に到達することができる。今日ではあらゆる機械がこうしたモデルに基づいて動いている。機械は（産業用アームのように）自動化されており，（ロボットのように）自律化しうるのだ。しかしウィーナーの野望はもっと大きいものだった。彼は機械の「フィードバック」モデルから，人間を理解しようと考えたのである。つまり，環境が私たちを変え〔＝強風でロケットの軌道が乱れる〕，目標を達成するためにその環境に適応しようとする〔＝目的地に到着するために軌道を修正する〕という考えだ。

1990 年代にはサイバー心理学が展開した。サイバネティクスから人間とテクノロジーについての研究アイデアを引き継いでのことであったが，機械のような心的制御＝振る舞い[†3]が問題となるわけではない。サイバー心理学は，ノーバート・ウィーナーによって定義されたサイバネティクスの論理に従いながらも，人間とテクノロジーとの相互作用の中でこそ展開されるような，心のプロセスについて研究するからだ。

要するに「サイバー」という接頭辞は，デジタルなテクノロジーという意味ではなく，あるテクノロジーを使用すれば必ずそのテクノロジーとの相互的な適応関係が確立されるという意味で使用されているのだ。

サイバー心理学は三つの研究分野を設定しており，これらが本書における三つの部を構成する。

- テクノロジーと相互作用するような制御＝振る舞いと，これが心の組織化に及ぼしうる影響についての研究。

---

†2 ウィーナー，N. 池原 止戈夫・彌永 昌吉・室賀 三郎・戸田 巌(訳) (2011)．『サイバネティクス——動物と機械における制御と通信』 岩波書店．(Wiener, N. (1948). *Cybernetics: Or Control and Communication in the Animal and the Machine*. Hermann et Cie.)

†3 原語は conduite である。サイバネティクスの分野では「制御」と訳すが，心理学の分野では「行動」「行為」などと訳し，より日常的には「振る舞い」を意味する。

- 精神障害の研究であると同時に，テクノロジーとの相互作用によって生じる正常性の新たな形式についての研究。
- テクノロジー，とりわけデジタルテクノロジーを用いたサイコセラピーの実践に関する研究。すなわちサイバーサイコセラピー，またはサイバーセラピーという分野の研究。

　フランスでは，フランスサイバー心理学・臨床サイバー心理学派（EF3C）[†4]がこうした研究を行っている。これは2020年に設立されたものであり，2013年に創設された人間−ロボットの関係研究所（IERHR）[†5]，2019年にパリ大学で開始されたサイバー心理学の大学ディプロマ，ロックダウン期間中のオンラインセラピーの必要性に直面したメンタルヘルス専門家を支援するため設計されたプラットフォームであるCyberpsyCOなどに続くものである。

　本書は教育的たらんとしている。神経科学的研究，認知科学的研究，臨床的研究のバランスを考えながら読者にできるだけ多くの参考文献を紹介しようとするものである。同時に，より明確に読み取ってもらうために具体例や事例紹介をできるだけ多く挿入した。また各章の最後には，重要なポイントをまとめた短い文を掲載した。

　このようにして本書は，フランスサイバー心理学派の研究に具体的かつシンプルに接近する。読書諸賢にとって，従来の考えを見直し新たな考えを構築するきっかけとなることだろう。

---

†4　EF3C: l'École Française de Cyberpsychologie et Cyberpsychologie Clinique.

†5　IERHR: l'Institut pour l'Étude des Relations Homme-Robots.

第1部

課題と展望

第1章 フランスにおけるサイバー心理学の歴史

第2章 サイバー心理学における五つの根本概念

第3章 ヴァーチャルなもの，心的なもの，デジタルなものについて

第4章 イメージや対象と私たちとの関係の連続性

第5章 人間と機械の混淆──内外身体化プロセス

第6章 書籍文化とスクリーン文化，必要不可欠な相補性

第7章 接続された人間の心的力動──サイボーグ‒自我とサイバーエンパシー

第8章 子どもとスクリーン

第9章 生き生きとした非生命的エージェントへの共感

第1章

フランスにおけるサイバー心理学の歴史

フレデリック・トルド

　世界的に見ると，サイバー心理学という用語は 1990 年代に登場し (Suler, 2016)，1998 年には科学専門雑誌で初めて使用された。1998 年当時，「サイバー心理学と行動」という名称であった科学雑誌は，2010 年に「サイバー心理学・行動・ソーシャルネットワーキング」誌へと装いを新たにした。サイバー心理学という用語は，心的事実の学である「心理学」と「サイバー」という言葉から構成される。この接頭辞は，現在では主にウェブ上の思考に関連する専門分野や諸活動を指し示すのに使われているようだが，その起源はもっぱらサイバネティクスに求められる。サイバネティクスとは，1947年にノーバート・ウィーナーによって考案された，複雑系の情報メカニズムに関する研究である。ウィーナーはサイバネティクス研究を通して，フィードバック概念をめぐって構成される研究全体を推進しようと考えた。フィードバックとは，ある効果が，それを生み出した起源そのものに作用し，自動システムとしてループを形成することである。言い換えると，機械に固有の内的調整プロセスが存在して，それらがテクノロジーによって研究される一方で，人間とテクノロジーを結びつけるフィードバックの形態もまた同様に存在するということである (Tisseron, 2018; Tordo, 2019d)。こうした人間－テクノロジー間のフィードバック現象についての研究が，サイバー心理学の目的である。より具体的な目標としては，（コンピューター，情報，通信）テクノロジーと人間との相互作用，さらには（エネルギーを変換して作業を生産するような複雑な製造物としての）機械と人間との相互作用が精神プロセスに及ぼす影響を分析することが挙げられる。それゆえ，サイバー心理学は，

人間とテクノロジーの相互作用から生じる心的現象や行動を理解することを
目的とする (Lajoie, 2007)。よりシンプルに言うと、私たちは、サイバー心理
学について、人間がテクノロジーと相互作用する際に展開される心的プロセ
スの理解に取り組む心理学と定義づける。

フランスにおけるサイバー心理学のパイオニアたち

　サイバー心理学が登場したのは、何よりも臨床領域においてであった。し
たがってこの専門分野に取り組むにあたり、私たちが参照するのは何より
も、臨床的なサイバー心理学である。それゆえ、サイバー心理学は臨床的な
方法論を用いる。具体的には、双数的またはグループ的状況における主体を
（とりわけ家庭的状況のみならず制度的状況で）考慮に入れるという意味で
あり、実験的アプローチ、特に神経心理学を応用した手法に依拠する (Virole
& Radillo, 2010)。フランスにおいてサイバー心理学の臨床は、精神分析の分野
に位置づけられている。このため、サイバー心理学の興隆に最も寄与してき
た研究は、精神分析の実践分野に見受けられる。とりわけ、セルジュ・ティ
スロン、ブノワ・ヴィロル、シルヴァン・ミソニエという3人の専門家が、
この分野の導入と発展に寄与してきた。
　1人目のティスロンは、1976年にすでに、漫画[†1]に関する研究を通じて、
人間とテクノロジー対象との関係を研究するための基礎を築いてきた。ティ
スロンは同時に、（作成されることもあれば、単純に見られるだけの場合も
あるような）物質的なイメージと私たちとの根源的な関係を、心的見地から
重視することで、漫画が長い間さらされてきた侮蔑的なイメージから、これ
を脱却させることに貢献した。ティスロンにとっては、人間が、自身の内部
に生み出すイメージと築く関係は、人間を取り囲むあらゆるイメージと確立
しようと試みる関係性の原型を構成している (Tisseron, 1995b)。ティスロンの
2003年の研究 (Tisseron, 2003a) では、ディディエ・アンジューの提唱したモ

---

†1　ここで漫画という言葉を使用しているが、ティスロンの研究対象は正確にはバンド・デシネ
　　である。本書ではバンド・デシネと漫画の差異に関わる箇所がないので、基本的には、日本の
　　読者に分かりやすくするために統一して「漫画」という言葉を使用する。

第 1 部　課題と展望

デルが再び取り上げられ，これが拡張される。すなわち，心的システムが最初に皮膚に支えられながら構築した能力を，イメージがどのように再現するのか，そしてまた，私たちがイメージを，避難所であるとともに，世界を変容させる梃子，共鳴する空間，共有された意味の空間として追い求めていることを示す。ティスロンは自らの考察を，人間と対象の総体との関係にまで広げている (Tisseron, 1999)。ティスロンにとって個人とは，概念，芸術作品，テクノロジーのいずれが問題になるかにかかわらず，自らの内的世界を象徴化する対象を絶えず作り出すものなのだ。このため，人間が自らの内的世界と持つ関係性のさまざまな次元は，人間の作る対象や使用する対象との関係にも，同じように見いだすことができる (Tisseron, 2018)。そしてまた，個人は，自らの心的プロセスをイメージや対象に投影するだけでなく，かつて投影していたものを自分の中に再インストールする (Tisseron, 2020b)。ティスロンの研究成果は，サイバー心理学のあらゆる対象を網羅している。漫画についての研究 (1981, 1987) をはじめ，写真イメージおよびカメラと心の関係 (1988, 1994, 1996a)，ヴァーチャルのメタ心理学 (2012d)，ビデオゲーム (2008b)，スクリーン＝画面教育 (2013a)，日常の対象 (1999)，デジタルツール (2015a)，そして最後に，本書の中で展開されている，いわゆるサイバー心理学 (2018) である。

　フランスでサイバー心理学の実装化に貢献してきた 2 人目の専門家は，ブノワ・ヴィロルである。2003 年にフランスで，サイバー心理学という用語を広めたのもヴィロルであった。「これから，サイバー心理学と呼ばれうるものの基礎固めをしなければならない。サイバー心理学の目的は，心的プロセスとヴァーチャル行動システムとのカップリングを研究することにある。この学問は，単なる人間工学に還元されるべきではない。この学問は，スクリーンインターフェース，特にビデオゲームの使用において観察される諸現象を収集し，理論化すべきである。サイバー心理学は，ポジティブな視点から構成されるべきであり，また変化の真っ只中にある現象に関する開かれた理論を中心に構成されるべきである」(Virole, 2003, p. 161)。ヴィロルにとってサイバー心理学は，その科学的正当性を，基本的事実に基づいて獲得している。というのも，個人はヴァーチャルシミュレーションに対し，自らの行動や思考，行為を組織化するのに十分な現実性を付与しているからである。

ヴィロルによれば，こうした付与は，デジタル世界の現実性の程度ではなく，統合された認知を提供する能力と関係している。そうであるがゆえに，ヴィロルはこう続ける。デジタル環境における人間の行動観察は，心理学者にとって卓越した探究領域を提供する，と (Virole & Radillo, 2010)。ところで，ヴィロルらの研究が重要な貢献を果たしたのは，とりわけ次の分野である。個人とビデオゲームのカップリング関係の理解 (Virole, 2003)，そのカップリングにおける非定型的な心理パターンの特異性 (Virole, 2017)，ビデオゲームを用いたサイバーサイコセラピーの技法 (Virole, 2013) などである。

　フランスにおける 3 人目の専門家は，シルヴァン・ミソニエである。ミソニエは 2001 年に，LASI 研究所（パリ西大学）とともに，ヴァーチャルに関する学術会議を開催した。このときの討論は，その後，彼の編著書として出版されている (Missonnier & Lisandre, 2003)。彼は特に，産科の超音波エコー検査の例から論を始めることで，周産期分野におけるヴァーチャル〔概念〕とヴァーチャル化〔概念〕の導入に寄与している。ミソニエ (Missonnier, 2006) にとって，超音波イメージのヴァーチャル化は，親になる[†2]プロセスを組織化することもあれば，反対に悪化させることもありうる。著者はそうして，親と，その内にいる子どもの周産期におけるつながりの構築を説明するために，「ヴァーチャルな対象関係」概念を提唱する。しかもこの子どもは，親にとって，ヴァーチャルな乳児と産後にアクチュアル化した乳児との交差点に位置づけられる。周産期の予測における心的現実を構成するのは，ヴァーチャル化とアクチュアル化という二つの動きの弁証法的な対決である。したがって周産期の予測とは，親の静的な心理状態に関わるものではなく，むしろヴァーチャルで動的かつ適応的プロセスである。とはいえミソニエのねらいは，このような形式の対象関係に，周産期という分野を越えた妥当性を与えることである。彼は，「日常的ヴァーチャルの精神病理」と呼ぶべきものの構築を試みるべく周産期分野を研究しているのであり，これは，人間の変容に関わるプロセスの中心に置かれるであろう。

---

†2　原語は parentalité であり，親であること，親性などと表されることも多い。

第1部 課題と展望

サイバー心理学の対象と領域

　こうした先駆者たちの研究に依拠しながら，ほぼ同時期に，フランスでの
サイバー心理学研究が発展し始めた。英米諸国においてこの学が発見される
原動力となったのがオンラインサイコセラピーであったのに対し，フランス
において最も多く研究されてきたのは，主にビデオゲームを対象としたサイ
バーサイコセラピー（またはサイバーセラピー）の分野だった。このような
見地から1995年に，看護師のペレスとの協働で臨床心理士のレスピナスに
よって，初めてビデオゲームがセラピー的な枠組みで使用された。デイケア
で，ビデオゲーム（『スーパーマリオブラザーズ3』）によって感覚 – 運動性
の行動を生み出す作業に力が注がれた。この後，グループでの交流を通じ
て，表象へのアクセスおよび物語空間の構築が促進されたのである
(Lespinasse & Perez, 1996)。10年後の2000年には，人文科学におけるデジタル
世界観測所（OMNSH）[†3]の共同設立者であるミカエル・ストーラ (Stora,
2006a) も，ビデオゲームアトリエ（Ico）の創設を通じて，サイバー心理学
分野の歴史に重要な寄与をしている。ストーラ (Stora, 2006a) は，臨床でビデ
オゲームを使用することの二つの本質的理由を挙げている。一つ目は，これ
がイメージを重視するメディアであるため，子どもや思春期の若者の心的世
界に深く関与するということである。二つ目は，ゲーム実況を利用することで，
力動論的な葛藤を，デジタル上で上演する可能性を提供することである。
　そうはいっても，サイバー心理学は，他にも数多くの分野や研究対象を取
り扱っているため，その目的を心理学的またはセラピー的な理解だけに還元
すべきではないことを強調しておく必要があるだろう。ヴィロルとラディロ
(Virole & Radillo, 2010) は，英米圏を例に挙げながら，起こりうる制限を学問の
障害として描写している。すなわちサイバー心理学が，しばしばその適用分
野から限定的に（ヴァーチャルリアリティを活用した認知行動療法という意
味で）定義されることを問題視する。しかしながら彼らが正しく指摘するよ
うに，サイバー心理学を，サイコセラピーにおける技法上の学派によって規

---

†3　OMNSH: Observatoire des Mondes Numériques en Sciences Humaines.

定することはできない。「サイバー心理学とは，方法論の有効性に焦点を当てたプラグマティックな制御＝振る舞いを指すものではなく，人間の諸活動におけるヴァーチャルなものの発展の意味について問う，反省的学問である」(Virole & Radillo, 2010, p. 41)。これに加えて，サイバー心理学は，複数の分野から構成されている以上，一つの科学分野のみに限定されるものではない。2010 年代以降，一部の専門家たちの尽力のおかげで，サイバー心理学の研究は，特に以下の三つの実践および研究分野において，急速に進められている。

▶テクノロジーとの関係における制御＝振る舞いおよびプロセスの研究

第一に，サイバー心理学は，テクノロジーとの相互作用における制御＝振る舞いや行動について研究する。すなわち，テクノロジーが心の組織化を変容させるプロセスを研究するのである。したがって，このような変容の実行を支えるメカニズムやプロセスの研究でもある。ここで網羅的に説明することはできないが，この分野での研究には次のようなものがある。

- オンラインに接続された人間の心理学（Tordo, 2019d）
- ヴァーチャルに関する心理学（Godart, 2016; Saint-Jevin, 2018, 2019; Tordo, 2014, 2016）
- デジタルツールやテクノロジー対象の心理学（Baddoura, 2018; Leroux, 2012; Tordo, 2012, 2013）
- テクノロジーとの関係における主観化（主体化），間主観化（間主体化）[4] のプロセス（Potier, 2012; Tordo, 2010; Tordo & Binkley, 2013, 2016）

▶精神病理

第二に，サイバー心理学は，精神病理学の関心とつながっており，患者がオンラインにつながる際に出現する心的障害や，新たな正常性にアプローチする。この分野の研究には，次のようなものがある。

- 慢性疾患と身体疾患のサイバー心理学（Tordo, 2020b）

---

[4] 精神分析ではラカン派・非ラカン派にかかわらず sujet を主体，subjectivation を主体化と訳すが，哲学分野では前者を主観，後者を主観化と訳すことがある。本書では日本語でどちらの意味にもまたがる場合，併記する。

第1部　課題と展望

- サイバーバイオレンスとサイバーハラスメント（Gozlan, 2013, 2018a; Tordo, 2020a）
- ハイパーモダニティに関連した一般的な精神病理（Godart, 2018a, 2020; Saint-Jevin, 2018; Tordo, 2016, 2017a）
- サイバーセクシュアリティとサイバーセクソロジー（Haza, 2020; Tordo, 2019d, 2020c）
- ゲーム依存（アディクション）[†5] とネット依存症（Gaon, 2008; Pitteri, 2020; Vlachopoulou, 2017）
- ひきこもり（hikikomori）現象の精神病理（Vellut, 2017）

▶サイバーサイコセラピー，そしてサイコセラピーにおけるテクノロジーの活用

第三に，サイバー心理学は，ケアまたはセラピーのために「サイバー心理学」を利用した臨床実践を，独自の方法で研究している。

- ビデオゲームやヴァーチャルリアリティを用いた遠隔サイコセラピー（e-psychotherapy）（Duris, 2017b; Haza, 2019; Le Corre, 2019; Leroux, 2009; Tordo, 2017b; Willo &. Missonnier, 2012）
- ロボットを用いた遠隔サイコセラピー（Baddoura et al., 2015; Duris, 2020; Duris & Clément, 2018; Tordo, 2017c, 2018c）
- e スポーツ選手の臨床実践（Saint-Jevin, 2020）
- テクノロジーとの新たな転移の様態（Tordo, 2016, 2018a, 2019a）
- オンラインサイコセラピー，そしてより広い意味でのリモート臨床（Haddouk, 2014; Leroux & Lebobe, 2015; Tordo, 2015; Tordo & Darchis, 2017）

今日では，フランスの心理学者や精神科医たちにとって，サイバー心理学のこうした問題と知識の全体についての教育を受けることは不可欠であるように思われる。そこでセルジュ・ティスロンとともに，フランスのパリ大学で初めての「サイバー心理学の大学ディプロマ」を 2019〜2020 年度に創設

[†5] 原語は addiction aux jeux vidéo である。最新の DSM-5-TR（2023 年）では，とりわけオンラインゲームに関し「インターネットゲーム行動症（Internet Gaming Disorder）」というカテゴリーが立てられているが，本書では原語に近い「ゲーム依存（アディクション）」と表記する。

した。そして 2020 年，最初のサイバー心理学者やサイバー心理学の専門家
たちが誕生した。この大学ディプロマは，私たちとレミー・ポティエが共同
で責任を担っており，サイバー心理学と臨床サイバー心理学の理論を確立し
実践に導くことを目的としている。このプログラムには他の分野の研究者た
ちも参加しており，とりわけ，神経科学，人類学，社会学，情報通信科学，
技術哲学などの分野との交流が重要となっている。さらにこの大学ディプロ
マは，2020 年に私たちが設立したフランスサイバー心理学・臨床サイバー
心理学派（EF3C）や，2 年ごとに開催される人間－ロボットの関係研究所
（IERHR）のシンポジウム（2017 年には技術アカデミーとパリ第 7 大学，
2019 年にはカーン大学とパリ大学で開催された）とも関連している。また
この大学ディプロマは，私たちの共著書（Tisseron & Tordo, 2017, 2018）やサイ
バー心理学に関する雑誌の特集号（Tisseron & Tordo, 2014, 2020）にも基づいてい
る。

　本書は私たちのこうした努力が結実したものである。サイバー心理学のフ
ランス学派を，理論および実践面だけでなく，大学や機関のレベルでも発展
させようとするこうした試みは，今後も継続される必要がある。

ポイント

- サイバー心理学とは，人間がテクノロジーとの相互作用を通して関わることで
発達し，変容していく心的プロセスを理解するための心理学である。
- 世界的には 1990 年代にサイバー心理学という用語が登場し，特に臨床分野
で臨床サイバー心理学と呼ばれるようになった。
- フランスにおける臨床サイバー心理学研究の始まりは，何よりもサイバーサイ
コセラピー分野からであった。
- 次いで，臨床サイバー心理学のあらゆる分野と対象に研究が拡大された。テク
ノロジーとの関係での心的制御＝振る舞いの研究，精神病理，サイバーセラ
ピーにおける臨床実践などである。
- 大学年度の 2019～2020 年度は，パリ大学にてサイバー心理学の大学ディプ
ロマが誕生したため，フランスにおける重要な転回点となった。

第 2 章

サイバー心理学における五つの根本概念

セルジュ・ティスロン

　人間は，道具を製作して以来，道具を使用することで自己を変容させ，世界や他者との関係を変容させ続けてきた。しかしながら人間の活動のこうした側面は，長らく無視されてきた (Tisseron, 1999)。しかるに今日，AI やロボティクスの発展が，こうした問題にまったく新たな次元を付与している。私たちは，信頼性や規則性といった機械らしい特性によってのみ機械が評価される世界から，その無欲性，優しさ，さらにはユーモアによって機械が模範として示される世界へと移りゆくことになるだろう (Tisseron, 2015a, 2018)。

　こうした進歩は，新たな倫理的・法的問題を引き起こすだけでなく，心理学においてまったく新しい以下のような問題を提起する。それは，新たな対象に人間がどのように適応していくのかという問題である。新たな対象は，声に加えて，やがて共同注意（注視）といった特性を人間と共有することになるだろう。この問題にはとりわけ，心の働きの五つの領域が関係している。それは，感情の知覚，「人（ひと）」の地位，内密性と外密性，自己統制能力，人間と機械の混淆である。この五つの領域は，五つの概念にそれぞれ相応するが，それらは従来互いに完全に別個のものと見なされていた二つの領域を橋渡しし，結びつけている。一方は人間の心の働きの領域であり，他方は，現実世界に現れる，あるいは人間が想像するテクノロジー対象についての働きの領域である。

　本章でははじめの四つの概念について扱い，最後の概念については別の章で扱う（第 5 章参照）。

感情——体験から共有へ

　人間は常に特定の対象との間で，親しみと持続的愛着の関係を築いてきた。こうした関係は以下の三つの源泉から涵養される（Tisseron, 1999）。

- 対象への身近な親しみが創出されるような，対象によって提供される機能。
- 対象を使用したり見たりするたびに生き生きと蘇ってくる特別な思い出。
- 部分的にメンタライズされた過去の経験。対象は主体に，いつの日かその経験と向き合うことの必要性を想起させる。

　デジタルテクノロジーがもたらすのは，相互性の可能性である。つまり私は，対象に話しかけることができるが，対象もまた私に話しかけることができる。私は対象をながめることができるが，対象のほうも，私をながめることができる。私は，対象との関係性の主導権を握ることができるが，対象もまた，関係性の主導権を握ることができる。機械は私たちの感情を識別することもできるし，感情そのものをまねて応答することすらできる。このことが，人工共感，いわゆる「共感型」ロボット革命である（Tisseron, 2015a, 2020b）。もちろんいかなる機械も感情を体験することはできないし，ましてや共感のような，感情的であると同時に認知的でもあるような複雑な構築物を生きることなどできない（Berthoz & Jorland, 2004）。けれども，ここで生み出される錯覚は，真に人間的な能力を機械に与えたいと一部の人が傾倒するのももっともなほどに強いものであろう（第9章参照）。

　これらは，明らかに相当な弊害となるだろう。私たちが皆，感情の共有をシミュレーションできる機械を身近に持つようになったとき，感情が共有されないということを受け入れる能力は，どうなってしまうのだろうか。誰とも共有することのない，孤独な感情を抱えることに耐えられるだろうか。従来の感情概念は感情を，心的生に内的なものと見なしている。しかし将来的には感情を，人間的なつながりに特化した共有の一形式としてではなく，物理的近接性における要素間の社会的接合剤として捉えるようになるかもしれない。これは人間同士だけでなく，人間と機械のコミュニケーションにも当てはまる。そうなると感情の定義が関わるのは，もはや親密な体験ではな

第 1 部　課題と展望

く，社会的共有となるだろう。すなわち感情はもはや，誰かの「内に」ある
のではなく，それが人間であれ動物であれ，さらにはロボットであれ，二者
の「間に」あることになるだろう (Tisseron, 2020b)。

人——さまざまな度合いの「人らしさ」に向けて

ヨーロッパでは，科学とテクノロジーが，魔法やアニミズム信仰を世界か
ら追い出して，多神教の終焉を加速させた。かつて神の介入として説明され
てきた不可思議な現象は，いまや科学によって説明される。けれどもデジタ
ルテクノロジーは，現代社会の風景から消えてしまった魔術的な思考形態と
人間とを再び結びつけようとしている。実際に，機械的なものが常に理解可
能であった一方で，デジタルテクノロジーは，私たちが理解しようと努力し
ているにもかかわらず，まったく不透明なままである。フラッシュメモリー
は，いかにして情報を保存するのか。フラットなスクリーンは，奥行きがあ
るという錯覚をいかにして作り出すのか。特に，極めて単純な機械であって
も，通常は生物だけに限られてきたような形の配慮を，ほとんど手間をかけ
ずに享受できる。1990 年代末に発売された「たまごっち」が示したように，
この小型玩具は，餌やり，散歩，掃除を求める (Tisseron, 2000b)。今日では，
私たちの関係性のネットワークに，生物と同じくデジタルな対象を統合する
ことのリスクは，よりいっそう高まっている。デジタルな対象を作り出す企
業は，人間の能力のシミュレーションを，マーケティング推進ツールとして
使用しているからである。こうした対象は，必ずしも子ども向けに限定され
ているわけではない。実際，ウサギのぬいぐるみやテディベアに似ているこ
ともあれば，人間や神話上の創造物，あるいはシンプルな形をしているもの
もある。

こうした状況は，結果として以下の三つのリスクをもたらす (Tisseron, 2015a)。

- 機械が人間によってプログラムされたものであり，プログラムした人間
  が自分の考えを押し付けているということを忘れてしまう。
- 機械が，感情も苦痛も感じないということを忘れてしまう。

「たまごっち」のユーザー（子どもよりも大人により多い）の中には，「傷つける」「苦しませる」ことを懸念して，自らに制約を課す者もいた (Tisseron, 2000b)。こんな単純な機械でそのような効果が生み出せるならば，人間のように話す機械であれば，どうなるだろうか。ある研究 (Horstmann et al., 2018) によると，スイッチを切らないよう懇願するようにプログラムされたロボットに関する実験では，85 名のうち 13 名がスイッチを切ることを拒否した。拒否した全員が，それがプログラムであることを認識していたにもかかわらずであった。拒否しなかった者たちも，何かひどいことをしているのではないかと懸念したり，ロボットを不愉快にさせたりすることを心配しながら時間をかけてスイッチを切った。

・人間よりもロボットを好んでしまう。

　予測不可能な人間よりも予測可能なロボットを好み，一種の「ロボット依存症」に陥ってしまう場合もありうる。その度合いが増すと，予測可能な人間をロボットのように選り好みし，人間との関係において，予測不可能な特徴に不寛容になる者もいるだろう。最悪なのは，ロボットと人間の両方においてシミュレーションに価値を置くようになり，規則性や信頼性，さらには愛想のよさをこそ人間の望ましい資質として確立することである。即興性や想像性の能力にこそ人間の偉大さがあるというのに。

　そのようなわけで，コミュニケーションする対象の擬人化を重視すると，いつの日か，「人」という概念がひっくり返りかねない。すでに機械に，パーソナライズされた人間の声を付与することが可能になっている。つまり機械は，性別を表現しあらゆる感情をシミュレートする声を持ちうるのである。また，「共同注意」をシミュレーションする能力を機械に付与することまでもが検討されている。これは機械が，私たちが見ているものを見ようと頭を動かすことで，私たちが興味を持っているものに興味を示し，私たちの感情を識別するようになりうることを意味する。また別の研究では，私たちが対話相手に信頼してもらううえで重要な役割を果たしている，「無意識的な運動性の共鳴」に等しい性質を機械に付与する可能性についても検討されている。

　こうした進歩を考慮に入れるべく，2017 年 1 月に公刊された欧州議会の報告書では，特定のロボットに「電子人格」の地位を割り当て，人間や財に

損害を与えた場合には賠償責任を負わせることが提言された。この提言は，AIの専門家たち156名からの反発を招いた。専門家たちは，この提言は「欧州連合基本権憲章，人権および基本的自由の保護に関する条約」に反するものだと考えている。AIの専門家は，ロボットやAIが，依然として法的には自らの行為に対して責任を持たない対象のままであることを指摘し，自社製品の機械が引き起こしうる損害に対する責任を回避したい開発メーカー側の策略を糾弾している。ロボティクスの進歩がもたらす法的問題点は，実際のところあまりに複雑すぎて，こうしたやり方では解決できそうにない (Nevejans, 2017)。しかしながら法的に問題がない場合でも，ユーザー側が過度に機械を擬人化することで生じるリスクは相当なものであり，ほとんど予測不可能である（第9章参照）。人間と同じように，私たちのことを理解し応答できるような機械は，従来人間にのみ与えられてきた権利を，いったいどこまで割り当てられるようになるのだろうか。すでに，人間の生命を救うためにロボットを犠牲にすることにためらいを感じる人もいるのだ。そこには，機械が人間のような姿をまったくしていない場合も含まれる (Nijssen et al., 2019)。非人間的な機械の人間性の度合いを表すために，私は，「人格」という言葉そのままの使用やその派生語を避け，「人らしさの度合い」[†1] として論じることを提案した (Tisseron, 2020b)。機械を擬人化して考えることは，完全には避けられない。だからこそ，個々の心理や哲学に依拠するものとして扱うべきであり，性急な法的判断は避けるべきである。

剝奪された内密性，隷属化した外密性

　内密性（intimité）の欲望と並行して存在するのが，これと絶えず均衡を保つ外密性（extimité）の欲望である (Tisseron, 2001)。外密性の欲望こそが各々の内密性を，多少なりとも第三者と共有されるよう仕向けるのだ。その結果として，自尊心が高まり関係性のネットワークが広がることが期待され

---

†1　原語は degrés de personnéité であり，人格を意味する personnalité と人を意味する personne の合成語。

る。ここには，拒絶されるリスクに立ち向かう能力も含まれる。この外密性の欲望は，単なる繰り返しにすぎない露出症的な欲望とも，相互性を想定する共有の欲望とも異なるものである。まずは相互共有を通して家族や友人の輪の中で備給されるものであったが，やがて相互性のない自伝的文章を書く動機づけにもなっていった。次いで，テレビや特にインターネットの普及とともに私たちは，相互性を気にすることなくプライバシーを明かすことに慣れていった。いまや唯一の目標は，増え続けるフォロワーから承認を得ることだけである（Tisseron, 2016b）。

　スマートスピーカーや会話型ロボット，それに，その他の会話型機械の開発に伴い，外密性の欲望は，もうすぐ「機械」の世界にまで急速に広がることだろう（Tisseron, 2020b）。私たちの多くは，感情に付き添い，日々の小さな悩みに関心を寄せてくれる，気配り上手な対話相手がいつでもそばにいてくれれば，幸せだと感じることだろう。無論，なかには，こうした機械が「本物の」会話ができないことに，即座に文句を言う人もいよう。しかしながら多くのユーザーにとっては，「会話をする」ことよりも，外密性の欲望を満たしながら「注意深く耳を傾けてもらう」ことに重きが置かれているのだ。特に，こうした機械は，私たちの行為や考え方を判断したり非難したりしないばかりか，いかなる状況でも喜んでくれるように設計されていることだろう。

　私たちは，自分の最も私的な個人情報が流出することに慣れっこになるだろう。リスクはそれだけにとどまらない。プログラマーが制作した偽りの善意を備えた，こうした対象が，唯一性を持った友だちにもなりうるのである。ユーザーはぐるぐると堂々巡りする言説の中で，ますます個人的関心に引きこもるようになる。Google〔現 Alphabet 社〕や Facebook〔現 Meta 社〕が私たちに課してくる「目隠し」については，大いに語られてきた。これらは，私たちの選択履歴に基づいて，絶えずアクティビティやエンターテインメントを提供してくる。だがこれらは，個人または家庭用のチャットボットが私たちのために作り出そうとしているものに比べれば，何でもない。そしてこうした機械が，事実や身振りのすべてとは言わないまでも，機械に差し向けられた言葉を記録して，それを巨大なセントラルサーバーのデータベースに送り込む能力を搭載していることなど，すぐに忘れ去られるだろう。製造

第1部　課題と展望

メーカーからすれば，軽やかな雲の形で，それこそいわゆる「クラウド」のように，サーバーについてはぼんやり夢見心地に想像してもらおうというわけだ。

自己統制の弱体化

人間がいろいろと学習する際に価値を置かれてきたのは，常に自己統制する能力だった。それは手を動かす学習における注目に始まり，その後，神経科学のおかげで主要な認知機能として脚光を浴びるようになった（Berthoz, 2020）。並行してその能力は，19世紀以降，早くも機械に導入された。英国技師のジェームズ・ワットは当時，蒸気機関にボール弁つきレギュレーターを備えることで，機械の動力学に基づく第1次産業革命を準備した。

今日，デジタル機器は，もはや完璧に自己統制するだけにとどまらない。私たちの自己統制能力を高めるため，自由に利用できるツールとなっているのである。そうした機器は，生活をよりよく整理し，さまざまな形式の自己統制を導入することを望む人たちに，これを約束する。例えば，私たちが1日に決められた糖分量を摂取してしまったこと，あるいは，「1日1万歩」の歩数を達成していないことを，優しく思い出させてくれる。またこうした機器は，血圧，心拍数，体温，さらには生体情報を記録可能な他のツールと連携させると，よりいっそう効果的に働く。言い換えると，それを望んでいるユーザーに対し，常によりよい自己統制を可能にしてくれるのがデジタル機器なのである。

しかし同時に，こうした機器の中には，アルゴリズムを搭載したものもある。私たちの自己統制能力をだまして特定の製品を購入させたり，より多くの個人情報を提供させたりするための（ダークパターンと呼ばれる）アルゴリズムである。この現象は，今やすでにソーシャルネットワークやオンラインゲームにおいて非常に顕著である（Tisseron, 2020b）。一方では，常にユーザーの期待に応じた体験を約束し，他方では，ユーザーを知らず知らずのうちに「引き留める」手段[2]を用いて，人の往来の自由度を低減させる。こう

---

†2　ビジネス用語でいうリテンションマネジメント（retention management）。

第2章　サイバー心理学における五つの根本概念

した方略は，とどのつまり人間を，もはや当人がコントロールできない反復性の特徴を持つ制御＝振る舞いの囚人とすることである。一般にこれが，「アディクション」と呼ばれるものであるが，この用語には異論も出ている（第10章参照）。

ポイント

　五つの概念によって，人間とその対象の心理学，すなわちサイバー心理学の基礎を築くことが可能となる。

- 感情：感情的シミュレーション能力を備えた機械の開発に伴って，感情は生物に特有のものではなく，人間であろうとなかろうと二つの存在同士を結びけるものとして考えられるようになるかもしれない。
- 人：擬人化傾向によって，シミュレーション能力を備えた対象には，「人らしさの度合い」が付与されることになるだろう。だがこれは，引き続き個別の判断に委ねられるべきであり，擬人化の投影を助長する「ロボット人間」の法的地位創設を通して付与されてはならない。
- 内密性と外密性：会話型ロボットによって拡張される内密性の言説が，プライバシーとは何かを再定義することになろう。会話型ロボットは今後，私たちのコーチやセラピストとなっていくことだろう。
- 自己統制：ある種のデジタルテクノロジーが自己統制を助けることもあれば，ますます妨げることもある。「アディクション」と呼ばれるものの再考が迫られている。
- 内外身体化（第5章参照）

第3章

ヴァーチャルなもの，心的なもの，デジタルなものについて

セルジュ・ティスロン，フレデリック・トルド

　ヴァーチャルという語は情報科学の分野に由来するものではない[†1]。〔中世〕ラテン語の virtualis に由来するものであり，この言葉は「パワー（puissance）」や「力（force）」を意味するラテン語の virtus に由来する。だからこの言葉は，デジタルなもの（numérique）という言葉——こちらは「数（nombre）」や「多数であること（multitude）」を意味するラテン語の numerus に由来する——と混同されるべきではない。デジタルなものという言葉が関係する情報のデジタル化というものは，情報のデジタルデータへの変換に存するものであり，目下この変換は0と1からなる2進数形式へのコード化を意味している。

　ヴァーチャルという語は複雑な歴史を持つ。この語はまず哲学に関わるものであり，次いで物理学に関わるものであり，最後に——とりわけジャロン・ラニアー[†2]（Lanier, 2017）が引き起こした衝撃によって——デジタルテクノロジーに関わるものとなった。フランスでは新興テクノロジーの影響に関する議論において，急速に一定の地位を占めるようになった（Fuchs, 1999; Quéau, 1993; Tisseron, 1995a）。ユルゲンソン（Jurgenson, 2012）が「デジタル二元論」と名づけたものに当たるような，VR によって引き起こされるリアル－ヴァーチャル間の世界二分は，実は時代遅れのものとなりつつある。ソーシャルネットワークとモバイルインターネットの時代における**心的な現実性**は，横

---

†1　virtuel は本書のキーワードである。この語について，本書では基本的にカタカナで「ヴァーチャル」と表記するが，文脈によっては漢字で「仮想」とする（例えば第7章）。

†2　Jaron Lanier（1960-）：米国の計算機科学者，クラシック音楽作曲家。邦訳書多数。

断可能性という形式に従って，リアルとヴァーチャルの境界を越えてしまうからだ (Freyheit, 2014)。触れることのできる物理的な（physique tangible）世界と，指で操作するデジタルな（digital numérique）世界は相互浸透し，ますます「フィジタル（phygital）」な一つの世界を形成している。

　心的生との関わりからヴァーチャルなものについて考えてみよう。ヴァーチャルなものは，異なる心的状態——行為，想像，予期幻想（fantasme d'anticipation）に類似した夢（rêve），強迫的空想（rêvasserie compulsive）（第12章参照）——に共通して先触れ的に現れるものとなる (Tisseron, 2012a, 2012e, 2016d)。いずれの場合においても，ヴァーチャルなものより重要なのは，ヴァーチャル化のプロセスである。

四つの契機におけるヴァーチャル

　歴史を通じて，ヴァーチャルという語は四つの連続した定義から捉えられてきた。

▶哲学におけるヴァーチャル

　アリストテレス，ドゥルーズ，レヴィの3人が，哲学的にこの語の意味を明らかにするために大きく貢献した (Tisseron, 2012a)。

　アリストテレスにとって可能態と現実態とは，存在の二つのモードである。すなわち，あるものが「現実態において」存在するなら「アクチュアル」と呼ばれ，「可能態において」存在すれば「ヴァーチャル」もしくは「ポテンシャル」——これらの二つの語は彼にとって同じ意味を持つ——と呼ばれる。例としてアリストテレスは，ヴァーチャルな木（あるいはポテンシャルとしての木）を内包する種を示す。この種が木になるかどうかは誰にも分からないし，たとえ木になるとしてもそのことが分かるまでには長い時間を要する。

　ジル・ドゥルーズ (Deleuze, 1968) はアリストテレスによって同一であるとされた「ヴァーチャル」と「ポテンシャル」の関係について再検討した。ポテンシャルを持つものはリアルなものになりうるが，それはときに，種と木

第1部　課題と展望

の関係のように非常に長い時間を要する。だからドゥルーズにとってポテンシャルと対立するのはリアルである[†3]。それに対してヴァーチャルと対立するのはアクチュアルである。というのもヴァーチャルなものは，いまだアクチュアルなものになっていないが，いつでも瞬時にアクチュアルなものになりうるからだ。

　ピエール・レヴィ (Lévy, 1995) は「ヴァーチャル」と「アクチュアル」を二つの相補的プロセスによって結びつけることで，ヴァーチャルをめぐる分析に大きく貢献した。「アクチュアル化」とは，ヴァーチャルなものがある行為において具現化することに相当する。他方「ヴァーチャル化」とは，現実の体験が新たな表象の形成を準備する際のフィードバックに当たる。すなわちこの新たな表象が，再び行動としてアクチュアル化されるのである。例えば，歩くのを助ける杖としてアクチュアル化した棒は，嚙みつこうとする犬が突然現れれば武器としてヴァーチャル化し，必要とあらばすぐに武器としてアクチュアル化する。アクチュアルなもののヴァーチャル化とヴァーチャルなもののアクチュアル化は，絶えず踵を接して生じるものなのだ。

▶光学におけるヴァーチャル

　光学法則を確立したデカルトにとって，イメージとは定義上，触れえない現実，すなわち眼で検出される信号のことであった。したがってデカルト以来光学におけるイメージとは，「リアルイメージ」——スクリーン上で見て保存できる画像（デジタル画像など）——か，「ヴァーチャルイメージ」——光学機器（虫眼鏡，双眼鏡など）で得られ眼で知覚できるが，それを生成する機器を通してしか存在しないためスクリーン上では保存できない画像——のどちらかであった。後者のヴァーチャルイメージは，眼で知覚できるため非常にリアルである。これを特徴づけるのは現実の仮説的不在ではなくその人工性，すなわち現実が機器を通して技術的に生成され，その外部では

---

†3　ドゥルーズ『差異と反復』第4章に依拠するのであれば，リアルと組みになるのはポテンシャルではなくポッシブルだろう。だがたとえそうであったとしても，この箇所は本書におけるヴァーチャル概念を説明しようとする部分であるので，ヴァーチャルとアクチュアルの関係さえずれていなければ十分有効であると思われる。また，ヴァーチャルとしてのポテンシャルについては，訳者解題を参照されたい。

存在しなくなるという事実だけである（Vial, 2014）。

▶情報科学におけるヴァーチャル

　情報科学においては、プログラミングテクノロジーを使うことで物理的媒体に依存することなく——〔実際には〕（逆説的にも）物理的媒体に依存しているのだが——デジタル動作をシミュレートしうるようなあらゆるプロセスのことを、ヴァーチャルと呼ぶ。ヴィアル（Vial, 2014）が指摘したように、情報科学におけるヴァーチャルとは、シミュレーションのことである。言い換えれば「ヴァーチャルリアリティ」という言葉は、実際には「リアルに見えるヴァーチャリティ」を指している。したがってコンピューターサイエンスにおける「ヴァーチャル」という言葉は、以下を意味する——すなわちそれを生み出す機械なしには不可視だが、ワンクリックでアクチュアル化されうることである。

▶心理学におけるヴァーチャル

　コールウィン・トレヴァーセンは、人間の乳児が持つ、他者を考慮に入れる「柔軟さ」の能力について最初に論じた人物として、シュタイン・ブローテン[4]（Bråten, 1988）を挙げている（Trevarthen & Aitken, 2003）。生まれたばかりの乳児は、心的プロセスの中に他人、つまり「ヴァーチャルな他者」を表象するための「場」を持っているという。この「場」が相手の反応を常に予期することで乳児たちは、生まれたときから、相手に対する動作を調整しうるとされる。個人は「内的グループ」との間で形成される間主観性（間主体性）に最初から刻みつけられているのだ（Kaës, 1994）。この対話相手は、「ヴァーチャルグループ」の一員でもある（Tordo, 2018a）。

　したがって心的にヴァーチャルなものとは、本質的に予期的なものである。それゆえ、それに関する表象が現在の瞬間から独立しうるような想像的なものと、ヴァーチャルなものとは区別される（Tisseron, 2012a）。心的にヴァーチャルなものと連動した表象は、外的現実のみならず主体の現実とも関わっており、その結果として主体は、生成されつつある各々の心的プロセスを予期す

---

†4　Stein Bråten（1934-2024）：ノルウェーの社会心理学者。コミュニケーションの研究で知られた。

ることができる（Tordo, 2014, 2016）。これらの表象は幻想とは異なる。なぜなら幻想とはある種の心的ビデオの中で，私たちの欲望によって繰り広げられ現実化されるような，心的シナリオだからである（Tisseron, 2012a, 2012e）。

ヴァーチャル対象との関係（Rov），
対象とのヴァーチャルな関係（Rvo）

　肝要なことは正反対の二つの状況——心的-ヴァーチャル対象との関係（Rov）[†5]と，心的対象とのヴァーチャルな関係（Rvo）[†6]——とを区別することである（Tisseron, 2012a）。

▶心的-ヴァーチャル対象との関係（Rov）

　Rov は，妊娠という文脈で初めて記述されたものである（Missonnier, 2006）。子どもとの対面を待ちわびる親は，妊娠の週数が進んでエコーから得られる情報が増えるのに従って，子どもについて心の中で抱く表象を修正していく。健診を重ねるにつれて変化していくヴァーチャルな子どもは，想像上の子どもとは異なるものである（Soulé, 1999）。

　セルジュ・ティスロン（Tisseron, 2012a）は Rov の概念を拡張し，これを心的生の正常かつ中心的な構成要素であると位置づけた。彼は従来の精神分析的概念とヴァーチャル世界に関わる概念との間の橋渡しをすることで，Rov を再定義したのだ。彼は，Rov が本質的に予期的なものであると捉える。またあらゆる関係とは，二つの常に同期しない極の間に張り巡らされた緊張状態であることを強調する。すなわち一方には，自分自身や他者たちに抱く先入観や期待からなるヴァーチャルな極（Rov）があり，他方には，自分自身や他者たちに関する状況についての知覚があるのだ。加えてティスロンはこれら二つの極の間に，ピエール・レヴィが定義した二つのプロセス（アクチュアル化とヴァーチャル化）を導入し，これらが相互に交替することこそが心的可塑性という能力の基礎となるとする。レヴィはこのように詳細に述

---

†5　Rov : la relation à un objet psychique virtuel.

†6　Rvo : la relation virtuelle à un objet psychique.

べることで,「ヴァーチャル対象との関係」と「対象とのヴァーチャルな関係」の定義をめぐる混乱に終止符を打った。前者は明らかに心的生における正常な構成要素であり,後者はその病的変様[†7]を含んでいる。

▶心的対象とのヴァーチャルな関係（Rvo）

Rvo において主体は,対象が実在するということとの出会いによって引き起こされる対決を諦め,関係のヴァーチャルな極に閉じこもってしまう。他者に対して抱く先入観に固定されてしまうのだ。（Rov のように）関係においてヴァーチャルな対象が存在するのではなく,関係そのものがヴァーチャルなのである（Tisseron, 2006b, 2012a）。このため Rov とは対照的に Rvo は,幻想に取って代わられることになる（Tordo, 2016）。

こういうわけで,対象とのヴァーチャルな関係は,心的対象との関係を硬直化させてしまう。それが少しあるだけで社会生活を困難にさせ,最悪の場合にはさまざまな形の不適応を引き起こすことになる（Tisseron, 2012a, 2012e）。

▶サイコセラピーにおける Rov と Rvo

サイコセラピーの作業は,患者が現実に即した Rov を育んでいけるようにすること,すなわち患者の対話相手の特異性を,患者に見せられるかどうかに存する。その際,患者が過去に出会った重要人物をセラピストに重ねるだけになってしまわないよう,注意しなければならない。というのも,各患者が相手に対し多かれ少なかれ行ってしまう転移が,相手の現実の姿を見えなくさせてしまうこともあるからだ。転移は相手を,患者の過去の中に凍結保存された,ヴァーチャルな人物の生き写しでしかない存在へと貶_{おとし}めてしまう。

セラピストに対する転移の経験を利用することで,力動論的サイコセラピーは,患者がいかに Rvo に身を投じているかを患者自身に示し,日常生

---

†7　原語は aménagement（pathologique）である。著者らは医師でパリ精神分析協会（SPP）に所属した精神分析家ジャン・ベルジュレ（Jean Bergeret: 1923-2016）の境界性概念を念頭に置いている。ベルジュレは人格の正常と病理的発達を念頭に置いてこの用語を使用してきた。参照：Bergeret, J. (1972). Les états limites et leurs aménagements. In *Abrégé de psychologie pathologique* (pp. 179-195). Masson.

第 1 部　課題と展望

活における反復強迫から彼らを解放することを目指す。

　しかしながら Rov を考慮することで，セラピーのもう一つの側面を理解することができるようになるだろう。セラピーでの介入は，二つの領域に関わりうる。今ここにいる主役たちの心的プロセスに関わることもあれば，未来における心的プロセスに関わることもありうるのだ。後者の場合においてセラピーでの介入は，まだここにないもの，すなわちヴァーチャルなものや共同構築において生じうるものを解釈することからなる。言い換えれば，その患者においていまだ生じていないものを，生成しながら構築する作業のような試みとなる（Tordo, 2016）。

▶デジタル世界における Rov と Rvo

　デジタルインターフェースを通じて私たちは，相手があたかも物理的にその場に存在しているかのように，リアルに思考や感情のやりとりを交わすことができる。そこで生み出される集団力学は，近接者同士の出会いの力学と似ている部分もあれば，異なる部分もある。アイデンティティと集団の新たな力学を生み出し，新たな恋愛地図[8]であるかのように，出会いに関する斬新な儀礼を生み出す（Tisseron, 2008d）。これらは人間が行動し意見を作り上げ，お互いを判断し正当性の基準を定義するための，他者への新たな現前性の様態なのだ（Coussieu, 2010）。

　しかしながらデジタルを介したやりとりにおいては，他者の現実を常に考慮に入れることは困難である（第 23 章参照）。相手の反応を予期する能力や，相互の信頼に不可欠な役割を果たす身体が不在であり，視線を交わすこともないため，感情的かつ知的に相手の立場に立ってみる能力が著しく損なわれてしまうからだ。加えて，相手がアバターを使用する際には，各々の先入観や予期は，相手の背後に位置する現実よりも，スクリーン上にいるデジタルなキャラクターに向けられることになる。極端な場合には，リアルな相手がスクリーン上に現れているアバターとはまったく異なりうるということ，例えばある男性によって女性のキャラクターが演じられている可能性について

---

†8　マドレーヌ・ド・スキュデリーによって 17 世紀に執筆された小説『クレリー』に挿入された架空の地図であり，恋愛の過程を寓意的に示したもの。

考えることが困難になってしまう。その結果，自分が予期するアバターに固執し，これに反するものを拒絶することになる。デジタルなやりとりにおいては，Rov から Rvo に切り替わるリスクは，対面でのやりとりに比べてはるかに大きいものとなる。

予期とデジタル世界

　予期するとは，ある出来事を予定期日よりも以前に発生させるように前倒しにすることや，取り決めた日付よりも前にある行動を実行することで，それを前倒しにすることである（Berthoz & Petit, 2006）。心的ヴァーチャル領域には予期の三つの形態が存在するが（Tordo, 2014, 2016），これらはデジタル世界においても同様である。

▶基本的予期──デジタルアバターは保護されるべき身体である

　知覚は，感覚的なメッセージの解釈のみならず，行為の内的シミュレーションもまた含んでいる。すなわち知覚は予期的なものである（Berthoz, 1997）。デジタル世界においてインターネットユーザー（もしくはプレイヤー）は，自分自身の身体にそうするのと同じように，アバターの身体に起こりうるダメージ（怪我や事故など）を予期することに専心し，（例えば）回復アイテムを使おうとする。自らを表すアバターを大切にする能力が，自らを大切にする能力を支えているのだ（第18章参照）。こうした即時の予期は，Rov を引き上げるものである。

▶認知的予期──アバターは認知的方略の媒体となる

　認知的予期とは，未来の行為を予測する志向性，およびそれを達成するために必要な知識の動員であると定義できる。こうした予期のおかげで，認知的行動から期待される結果や，それを実現するために用いる方略を思い描くことができる。それゆえこの予期は，主体が自らの認知プロセスを行動計画上で描いていく能力に似たものである。デジタル世界では，こうした予期はゲームの中で大いに動員される。例えば e スポーツの実践がそれに当たる

第1部　課題と展望

(Saint-Jevin, 2020)。心的生とリンクした想像力を高め，現実の生の変化に向かって，プロジェクトを豊かにするのである（第12章参照）。

▶幻想的予期──アバターはプレイヤーの幻想の支えとなる

　予期が欲望の幻想という形で組織されるとき，私たちはそれを幻想的予期と呼ぶ。幻想とは，シナリオ──この中で主体は常に代理表象されている──を繰り広げるものであるということを思い出そう。すなわち，そのまま表すことが困難なある種の欲望を，仮面を被せた状態で昼間に演じる，心的ビデオのようなものなのだ。想像力とは異なって，夢想（rêverie）とその根底にある幻想力（fantasmatisation）は，現実を考慮したロードマップを構築することはないが（Tisseron, 2012e），未来の心的プロセスについての視覚的予期を構築することはできる（Torok, 2002）。

　デジタルは，欲望の上演を必ずしも含まない想像的なものと，常に欲望を繰り広げる幻想，これらの両方ともを具体的で視覚的なものに変換する力を持っている。アバター（あるいはその他のデジタル化された投影）はユーザーの幻想媒体となり，心的構造の外にある具体的空間においてアクチュアル化される。デジタルツールによる心的生のこうしたアクチュアル化に続いて，ピエール・レヴィが記述したプロセスに従いつつ，心的ヴァーチャル化が継起する。さらにこれが，デジタルにおける新たなアクチュアル化へとつながっていく。ここにセラピストによる付き添いが伴えば，主体の成長が引き起こされる（第17章参照）。

ポイント ─────────────────────────────

- ヴァーチャルはリアルと対になるのではなく，アクチュアルと対になるものである。また機械を通せば，ヴァーチャルはクリック一つでアクチュアル化する。心的生においては，ある状況に結びつきながら瞬時にアクチュアル化しうる一連の表象を指す。
- したがって心的ヴァーチャルは，以下のどちら──主体が置かれている周囲の現実から独立した表象であるところの「想像的なもの」，欲望によって方向づけられた心的シナリオでありかつ現実を考慮に入れない可能性がある「幻想」

——とも異なるものである。

- 現実の対象とのあらゆる関係は，二つの極の間に張り巡らされている。一つ目が先入観からなるヴァーチャルな極（「ヴァーチャル対象との関係」もしくはRov）であり，二つ目の極が具体的状況における自分自身や他者についての知覚である。これらを総合する能力こそが，心的可塑性を規定する。
- 現実との対峙を諦めたとき主体は，ヴァーチャルな関係（Rvo，「対象とのヴァーチャルな関係」とも呼ばれる）に堕ちてしまう。主体は先入観に縛られたままになり，周囲からの情報を集めることができなくなる。サイコセラピーはこうしたギャップを小さくすることを目的とする。
- オンラインでのデジタル世界の利用は，思い違いを引き起こすような，こうしたRvoを助長してしまう。

第4章

イメージや対象と私たちとの関係の連続性

セルジュ・ティスロン

　芸術，哲学，テクノロジーは，異なる形式のもとで同じ目的を追究する。それらは人間に，自らがその一部分をなす世界について考え，世界を変容させる手段を提供するのだ。あらゆる文化に，テクノロジーを用いるのと同じか，ときにはそれ以上に，環境に働きかける力を持つと信じられたイメージや言葉が存在していた。中世ヨーロッパにおいて図像(イコン)は，敵軍を打ち倒してくれると期待され，前線で掲げられた (Schmitt, 2002)。裏を返せば，もしも人間が，内的な力をテクノロジーによる創造物に転化することを意図していなかったとしたら，人間のテクノロジーはおそらく初歩的なものにとどまっていただろう (Mumford, 1934)。テクノロジーの見事さは，私たちが想像するその効率性と密接に結びついているし，そもそも人間はテクノロジーを擬人化する傾向にあるのだ (第9章参照)。

　しかしもしも，言語活動(ランガージュ)，イメージ，テクノロジー対象という三つの領域が絡み合っているとするならば，それらを触発する共通の形成体はどこに存在するのだろうか。私たちはこれを，人間が自らの内的世界と保持する関係性の中に見いだすことを提唱しよう (Tisseron, 1995b, 1999, 2018)。そこでこの章では，内的世界と自己との関係から出発して，人間がいかにして，自らの存在と相似する概念，イメージ，テクノロジーを創出するのか，またそれと同時に，創出されたものが人間をどのように変容させるのかについて理解していくことにしよう。

第4章　イメージや対象と私たちとの関係の連続性

「内なるイメージ」と私たちの関係の三つの構成要素

　人間とはそれ自体が，夜間の夢や日中の夢想（白昼夢）という形で，携わっていることに関するイメージを作成する第一級の機械である（Tisseron, 1995b, 2007a）。人間とその内なる世界との関係は，三つの形態をとる。人間は，探索すべき領域の中に没入し，自らの望みに従ってその領域を変容させ，そこに共有された意味を与え，この意味を共同体に組み込もうとする。没入と変容は，実際のところ，心的生を構成する二つの根本図式である。生後4か月目頃に自己と他者とが区別できるようになると，ここに，共有された意味の探求が少しずつ付け加わっていく。

▶没入力[†1]

　私たちの心の中身は，明らかに，私たちの内にある。しかし同時に，私たちはしばしば「心の中にいる」と感じている。自分の思考が自分の内にあるのと同時に，自分の思考の「中に」いるのである。言い換えれば，私たちは自分自身を，自分が産出する心的対象との関係において，あるときはそれらを産出し収容するものとして，またあるときは，それらに住まうものとして自分のことを認識している。

▶変容力

　私たちは自分の心的内容を変容させる。なぜなら，観念連合を生み出すのは私たちであるからだ。しかし私たちは同時に，そうした変容に従うように仕向けられることもある。私たちが夢や夢想を導くというより，私たちが，それらに身を任せているのである。そして，私たちが選択したわけでもないのに無理に押しつけられる観念の連鎖も同じである。その際私たちは，それらによって自分たちが変容させられるという印象を抱く。だが一方で，それらは私たちの内部で作り出されているのだ。

---

†1　本章で使われている「力」の原語は pouvoir である。

第1部　課題と展望

▶意味作用力

　私たちは，自らの思考や感情に意味を付与したい，そしてできればそれが共有されてほしいと望んでいる。かつては夢の解釈の鍵がそうであったように，今日では，映画やテレビドラマの解釈をめぐる熱狂的な考察がこのことを示している。

物質的イメージと私たちの関係の三つの構成要素

　私たちが周囲に抱く具体的イメージと保持する諸関係は，私たちが自らの内的世界のイメージとともに確立した諸関係をまねて作られる。私たちが周囲に抱くイメージは，私たちの内なるイメージと同様に，関係の空間そのものであり，心的変容の操作者であり，単なる記号にはとどまらない。これら三つの「力（pouvoir）」(Tisseron, 1995b) は，初期の洞窟壁画から VR に至るまで，人間が創出したイメージの仕組み全体に息吹を与えてきた。言い換えれば，20世紀を通じて行われた，一部の記号学者や精神分析家らによるイメージの記号への還元は，残念な間違いであったということだ (Tisseron, 1997)。

▶没入力

　没入力は，三つの構成要素からなる。第一に，それぞれの物質的イメージが，一つの領域として提示され，そこに私たちが入って，探索するようにいざなわれる。

　第二に，物質的イメージは，それが表すものの特徴の一部を，実際に内包していると容易に信じられがちである。この人間的傾向が，イメージを攻撃することによって，動物や同胞に呪いをかけたり，傷つけたり，殺すことができるという実践に影響を及ぼした。そして今日でも，こうした傾向が数多くの宗教的実践に力を与えており，崇拝の対象が，神性を少し内包しているだけで，そこに崇敬の念が向けられるのである。

　第三に，私たちはある一つのイメージをながめるたびに，同じイメージを見るすべての人たちと自らが連続している状態にあると想像する。イメージをかつて見た人，今見ている人，いつの日か見る人との連続性である。イ

メージには，まるで，それを見るすべての人たちとの間に，ヴァーチャルな
リンクを形成する力があるかのようである。「見る」とは常に「共に見る」
という錯覚を持つことである。

▶変容力

　変容力には，没入力と同様に，私たちの心的操作を反映する三つの相補的
側面がある。

　まずはじめに，イメージは，記号学者が「指示対象」と呼ぶ，イメージが
表す対象を変更することに貢献できる。これは例えば，コンピューターで作
成されたCG画像が，現実には存在しない対象をありありと表現し，それを
もとに実際にその対象を作るような場合である。

　イメージはまた，見る者を変化させることにも寄与する。これは，人　格^{パーソナリティ}
の変容と知識の変容，どちらに焦点を当てるかにかかわらず，イメージを使
用するあらゆる教育の原則である。

　第三に，すべてのイメージは，微妙に異なる，ほぼ同じようなイメージの
無限数列の出発点である。その変容は見る者によって制御されうるので，ビ
デオゲームの成功はこの力に負うところが大きい。しかし変容はまた，固有
のロジックに従ってイメージを変容させる自律型装置によって生成されるこ
ともある。私たちの内なるイメージは，絶えず変容し続けている。そうであ
るがゆえに，人間は常に，自分の目の前で，ひとりでに変容する力を持つイ
メージを作り出すことを夢みてきたのである。

▶意味作用力

　イメージの中で共有される意味作用の重要性は，映画の歴史がよく示して
いる。トーマス・エジソンが発明したキネトスコープが成功とは言いがたい
ものであったのに対して，リュミエール兄弟のシネマトグラフは，たちまち
大衆の心をつかんだ。キネトスコープの場合，視聴者は1人で短編映画を鑑
賞していたのに対し，シネマトグラフの場合，視聴者は上映室に集まって，
一緒に笑ったり，泣いたり，身震いしたりするのである。

　これまで長い間，人々が同じイメージを介してコミュニケーションを行う
ことができたのは，宗教的，神話的な指示対象のおかげであった。次いで，

第1部　課題と展望

美術批評，そして記号学が，それぞれのイメージに，人々を安心させ共同体の一員にさせるための，共有できる意味作用を割り当てようとした。まさにそれは，数え切れないほどの夢の鍵が，私たちの内なるイメージに，共有された明確な意味作用を与えようとしてくれたように，である。

対象と私たちの関係の三つの構成要素

　これら三つの「力」は，程度の差こそあれ，対象や道具との関係にも関わっている (Tisseron, 2018)。実際，私たちは，対象が私たちを内包するのと同じくらい対象を内包し，対象が私たちを変容させるのと同じくらい対象を変容させる。そして，対象に意味を与えようと，つまりは，対象のありうる使い方と，私たち人間の本性の望ましい進歩について自ら抱いている思想との間に，照応関係を作りたいと絶えず考えている。

▶没入力

　毎日使用され，身体に密着した対象は，すでに，私たちの身体図式に統合され（つまり没入し）ているため，脳はそれらの対象をあたかも身体の一部分であるかのように扱う (Clark, 2008)。この特徴は明らかに，そうした対象が自分自身の身体に収まっていることを受け入れる契機を予測するものだ (Tisseron, 2018, 2020a, 2020b)。

　しかし私たちがもしも，ある対象を私たちの身体的境界空間に統合させているとすれば，「対象が私たちを内包している」と言っても同じである。このプロセスは，私たちを覆う被服から始まり，私たちを取り囲む対象の多くに関わる。私たちはそれらに自分の身体を収容するのだが，それは，私たちの家や，あらゆる移動手段をもって実現するのと同じである。やがて職種によっては，従業員にエグゾスケレット〔＝外骨格タイプのパワードスーツ〕を装着させる必要が生じてくるだろう。これを装着することで，人の能力を10倍以上に高めることができる。しかしながら，対象が私たちを物理的に内包する方法と並行して，とりわけ，スマートフォンをはじめとしたさまざまな対象が私たちの思考を内包する方法についても，考慮する必要がある

(Tisseron, 2015a, 2020d)。

　人間は，ある対象に関われば関わるほど，その対象に愛着を持つようになる（Turkle, 2011）。このような愛着は，私たちの思い出の保管場所となることで，私たちのアイデンティティの一部であると想像するのに寄与している（Tisseron, 1999）。装身具は，その所有者によって棚に置いてあっても，クローゼットの中や屋根裏部屋にあっても，自らの一部と認識されうるかもしれない。近接しているかいないかによっては，自らの一部であるかどうかをコントロールすることはできないのだ。そのようなわけで，現実の関係に加えて，諸対象が私たちの心的な内容の保管庫となる方法に介入する必要がある。

　こうしたアプローチを通して，人間は有史以来，使用してきたさまざまな対象によって「増強」[†2] されてきたということを理解できるようになる。私たちのアイデンティティは同心円状に構成されており，身体的被膜から始まって，最も遠い場所にある対象まで続いている。私たちはその中に，物理的・感情的に近接するもののあらゆる介在を経ながら，自分自身の一部分を委ねるのである。

▶変容力

　私たちは対象の中にいて，なおかつ対象が私たちの中にいるだけでなく，同時に，私たちが対象を変容させ，対象が私たちを変容させている。これはほとんどの場合，私たちが知らないうちに生じており，私たちと対象との相互関係や，私たちが対象に課す修正を通して行われる。したがって，私たちが対象と持つ変容の関係もまた，相互性によって貫かれていると言える。

▶意味作用力

　私たちが作り出す諸対象は，まさに私たちの手から生まれ出るイメージのごとく，私たちが最初に考えていたものとは常に違っている。対象は，私たちが実現させていくにつれて変容し，私たちは対象に初期の意図に一致する

---

†2　原語は augmentation であり，本書の重要語の一つ。日本では庵野秀明監督の映画『シン・仮面ライダー』（2023 年）において昆虫との合成による強化手術を指す言葉である「オーグメンテーション」としても知られた。また，人間拡張（Human Augmentation）という言葉も広まりつつあり，文脈によっては「拡張」と訳した（例えば性に関する内容）。

第1部　課題と展望

意味を与えようと努力する。

　話すことができて，感情のシミュレーションが可能な，新たな「コミュニケーションする」対象は，これまで示してきた三つの心的操作を扱ううえで，さらに優れたものになりうる。今日スマートフォンが，私たちの自伝的資料さらにはアイデンティティまでも宿しているのと同じように，私たちは，こうした新たな対象が，私たちの感情を受容できると信じるだろう。それらは，従来のテクノロジー対象よりもはるかに速いスピードで，世界に対する私たちの表象を変えていく。とりわけ，人格，感情，親密さについての表象が大きく変化するだろう（Tisseron, 2018）。そして私たちの多くは，自分たちにとって理解不能と思われる状況への鍵を与えてくれることを，それらに期待したくなるのである（Tisseron, 2020a）。

ますます没入感を増し，変容的になるイメージテクノロジー

　すべてのイメージの創出は，焦がした木片であれ，絵筆であれ，映写機であれ，VRヘッドセットであれ，テクノロジーツールを必要とする。そして，人間が次々と開発したさまざまなテクノロジーは，当然のごとく，自らの内的世界，とりわけ夜に見る夢の世界と，より密接な関係を保持するイメージ世界を作り出すことを目指していた。つまり，イメージの中に自ら没入し，イメージを変容させ，驚きから驚きへとなすがままに導かれつつ，内的世界についての体験を共有することを目指していたのだ。展覧会や映画，オンラインのヴァーチャル世界のように没入する時間そのものであれ，事後的に，批評の交換や議論を通してであれ同じことだ。とはいえ，一つだけ本質的な違いがある。夢がいつ終わるか分からないのに対し，イメージを創出するすべてのテクノロジーの目的は，少なくとも理論的には，人間が自由意志でその世界から出ていけるようにすることにある（第10章参照）。こうした特性から，（少なくともいくつかの対象に関して，場合によってはすべての対象に関して）イメージは，最初期の母子関係の中で構築された心的機能を支えるのに役立つ。こうした意味においてイメージとは，私たちの「養母」（Tisseron, 2003a）であり，必要に応じていつでも利用でき，求められ，かつ私

第4章 イメージや対象と私たちとの関係の連続性

たちから見捨てられる存在なのである。

すべては，〔先史時代の〕洞窟壁画から始まった。それらは，岩肌のもともとの凹凸を利用したもので，描かれた絵は今日でもなお，制作者がどれほどの思いで描いたのか問いかけそうになるほどの没入感を呼び起こす。たいまつをかざすと動き出すかのように見せる描き方は，まるで自分の意図で，描かれたものに生命を吹き込むことができるかのような錯覚に陥らせる。

ルネサンス期には，遠近法とこれに続くだまし絵の発明によって，現実世界と絵画に描かれた世界との間に連続性があるかのような錯覚が生み出された。

さらに，煙や音響効果を利用した幻灯機，それから19世紀のパノラマ装置の登場が，多感覚の空間的没入を共有するための条件を創出した (Perriault, 1981)。

遠近法の発明によって始まった「イメージの中にいる」印象は，立体写真によって，格段に増幅された (Pellerin, 1998)。

映画は，ヒーローへの同一化に基づく，感情的没入感の共有を創出した (Tisseron, 2005)。

ビデオゲームによって，視聴者は目の前にあるイメージを，リアルタイムで創出し，変容させる。視聴者とは「視聴 − 演者（spect'acteur）」である (Barboza, 2006)。

Wii や Kinect などのゲーム機は，全身を使った相互作用の可能性によって，ダイナミックな身体的没入を生み出してきた。

VR (第22章参照) では，これら三つの側面が，これまで以上に強く結びついている。すなわち私たちは，自らが受肉したアバターを通じてヴァーチャル世界に没入し，対象に触れ，感じ，操作することで，ヴァーチャル環境だけでなく混合現実の中でのリアルな環境をも変化させ，他のアバターとの交流を通じて，体験に共通の意味を与えうるのだ。

次なるステップは，私たちの心的内容を可視化すること，そしてもちろん，心的内容を表す対象に心的に働きかけることで，私たちが心的内容と相互作用できるようになることだろう。しかしながら，もしもテクノロジーがいつの日かこの夢に近づくとすれば，有史以来この夢が，人類によって発明されたイメージの仕組み全体の原点にあるためである。

第1部　課題と展望

ポイント

- 概念，具体的イメージ，テクノロジーの創出は，人間の唯一無二の能力である「象徴化能力」の多彩な表出である。

- 人間はこの能力を，自分の内的世界との関係においても，環世界との関係においても，同じ三つの相補的な軸に沿って発揮する。自ら没入する軸，自ら変容する軸，そして，表象や対象に対し，生に意味を与え共同体に溶け込むための意味作用を与える軸である。

- 人間は物理的イメージを創出し，内的イメージと同じような関係を構築する。人間は，探索すべき領域として物理的イメージの中に没入し，物理的イメージを自らの望みに従って変容させ，これに共有された意味を付与しようとする。

- 人間は，テクノロジー対象を創出するが，この対象とも同じような関係を結ぶ。すなわち人間は，自分が住むあるいは自分に住みつく対象を創出し，対象を変容させることで自らも変容し，対象に共有された意味を与えようとする。こうした関係はかつての進歩思想，今日のトランスヒューマニズムの思想と軌を一にする。

- 人間は，その結果，ますます没入感のあるイメージの形態を創出することになる。VRのように，ユーザーはリアルタイムでどんどん変容できるようになるだろう。テクノロジーツールは，それを使う人間がその中に宿るにせよ，自分の体に宿らせるにせよ，人間を変容させる力をますます強めることになる。

第5章

人間と機械の混淆

内外身体化プロセス

セルジュ・ティスロン

すでに多くの人間が補綴[†1]を装着しているが，ますます高性能化するテクノロジーの身体への実装を予想すると，多くの同時代人を驚愕させるようである。しかし，これを避けることは可能なのであろうか。実際のところ，身体に関して考えれば，非常に恐ろしいと感じさせるこうしたプロセスは，心的生の中では，すでに起こっているのだ。人間が自分の心的生の断片を外的世界に投影するのは，外的世界ではこれを簡単に変容させられるし，自分の内的世界に再インストールすることもできるからである。それゆえ人間が，脳を含めた自らの身体にテクノロジー対象を実装することは，あくまで，使用される物質の生体適合性とテクノロジーの小型化によって最終的に可能になった，恒久的な心的変容プロセスの身体的な延長にすぎないだろう。このプロセスを説明するために，私たちは内外身体化[†2]という言葉を提唱する (Tisseron, 2020a, 2020b)。この言葉は，法的，倫理的，心理的問題を，これらが絡み合った形で提起する。

---

†1　原語は prothèse であり，医療分野では「プロテーゼ」と呼ばれる。概念的説明については訳者解題を参照。

†2　原語は exendosomatisation であり，外身体化（exosomatisation）と内身体化（endosomatisation）の合成語。

第1部　課題と展望

人間の諸能力の外在化から再内在化まで

▶外身体化

　アルフレッド・ロトカ[†3] (Lotka, 1945) は，人間が，自分の能力をテクノロジー対象に外在化させるプロセスを，「外身体化（exosomatisation）」と名づけた。自らの能力を，テクノロジー対象として外在化させるこうしたプロセスは，300万年前の最初の打製石器の製造から始まった。そして現在まで，心的機能をシミュレートする機械を含め，よりいっそう複雑な機械を創出していく中でも，常に働いているものである (Leroi-Gourhan, 1964)。それらを私たちは，選択された観点に応じて，外身化（excorporation: あるいはロトカが提唱した用語を採用するなら外身体化），または内身化（encorporation: あるいはロトカの新たなモデルによる用語に基づいて造語するなら内身体化（endosomatisation））と言うことができる。例えば，小型計算機の場合，この恩恵を受ける機械の視点から見ればこれは，物質の中に「内身化された〔＝埋め込まれた〕」心だと言うことができる。あるいは人間の視点から見れば，実際には機械がシミュレートしているにもかかわらず，このとき，人間のいくつかの能力が機械に「移されている」ように見えるため，「外身化された」心だと言うこともできる (Chang et al., 2015)。

　技術者たちにとっての理論的省察は，ここまでで止まることになる。補綴の問題は，これが考案される際には，先行する問題とは連続性のないものとして提示される。しかし，これまで半世紀にわたってなされてきた心的生に関する研究は，人間が自分自身の一部を外的世界に投影するよう突き動かされるという論理に加え，もう一つ別の論理を十分に明らかにした。別の論理とは，多くの場合人間は，意のままに使える限りのあらゆる手段を駆使して自らが投影したものを変容させ，自らの人格を豊かにするような仕方でこれを再内在化する，というものである。

---

†3　Alfred Lotka（1880–1949）：ポーランド系米国人。統計学者，数学者，物理化学者。ロトカ・ヴォルテラの方程式などで知られる。

▶不可逆的投影同一視

　メラニー・クライン (Klein, 1955) は，あるプロセスを同定し，これを「投影同一視」と名づけた。人間が，自らの心的内容を他の人間に外在化させ，こうした投影に〔心的内容を〕還元しうることを示すためであった。というのもメラニー・クライン以前は，投影プロセスとは，ある人間が別の人の「上に」投影するものであり，その結果，相手の特性を増大させたり減じたりするものであると認識されていた。フロイトはこのプロセスを転移と名づけた。これは，サイコセラピーの状況に特化したものではなく，社会生活における一般的な構成要素である。このプロセスのもと，私たちが特定の対話相手に対して抱く表象は，肯定的なものであれ否定的なものであれ，父親や母親といったかつて私たちの人生において重要な役割を果たしてきた対話相手に対して抱いた表象から成り立つようになる。しかし同時に，転移は新たに何も発明しない。つまり転移とは，対話相手に，その人とは無関係の能力や意図を引き受けさせたりはしないのである。転移とは，投影によって，その人の資質や欠陥の一部を増大させるだけにすぎない。換言すると，転移は常に，真実の一部を含んでいる (Lang, 1988; Searles, 1979)。とどのつまり転移においては，例えばある対話相手に抱く表象について，権威主義的な傾向や寛容さといった領域では大きなバイアスをかけてしまう一方，別の領域ではバイアスを小さくし実際の姿に近いまま認識し続けたりする。

　だが投影同一視のプロセスは，こうした転移とは根本的に異なるものである。転移を，ある人の「上への」投影と定義しうるとすれば，投影同一視とはむしろある人の「中への」投影であり，私たちが他の人に対して抱いている表象を全面的に修正しうる能力である。その人は，いかなる分野においても本来のその人とは認識されなくなり，私たちはその人をネズミやブタ，はては糞便などと同化して，人間存在の資質を否定するまでになる。だからこそ，このプロセスの論理は，転移の論理とは根本的に異なるものである。もはや，ある人の物語＝歴史上の人物に関連する既存の表象を通して，別の人をながめることが問題となるのではなく，暴力や子どもへの性欲のように，自らの拒絶したい一部を取り除くことが問題となるからである。ルネ・ジラールはこれを「贖罪の山羊」と表現し，集団的発展の問題に拡張した (Girard, 1982)。

第1部　課題と展望

▶可逆的投影同一視

　メラニー・クラインにとって，投影同一視は，ほとんどの場合，不可逆的なものであった。しかし，クラインの後継者たち，特にドナルド・ウィニコット（Winnicott, 1971a）やニコラ・アブラハム（Abraham, 1978）は，投影同一視を被った側が心的作業を行うことで，投影された内容を解毒しうると主張した。ときには第2段階として，投影を行った側が，それほど危険でないものに変わった内容を，再び自らのものとして取り戻しうる場合さえある。セラピストの役割とは，消化吸収できないこうした投影を，十分な理解をもって，暫定的に引き受けることである。セラピストのおかげで，投影同一視を行う側は，第2段階として投影内容を再び自らのものとし，解毒できるようになるのだ（Tisseron, 1992, 2003b, 2013c）。

　また，メラニー・クラインの後継者たちは，投影同一視が，問題のあるものとして体験される心的内容だけに関わるのではなく，自己の理想化された部分としての肯定的内容にも働きうることを示した。投影同一視は，あらゆる災厄が詰め込まれたゴミ箱のような対象のみならず，私たちの中にある最高のものを付与された偶像を作り出すこともできるのである。

混淆の論理

　私たちはここで，こうした三つの連続的契機（人格を豊かにする投影，変容，再内在化）によるプロセスが，テクノロジー対象の創出にも関わるものであり，またこれらのプロセスこそ，人間とロボットの混淆が不可避であることを理解可能にしてくれると提言しよう。

　実際，アルフレッド・ロトカが示唆していたとおり，人が創出する道具というのは，例えば火打ち石のような具象的対象に，人間の能力を投影することから生じていた。だが，対象への人間の期待に合わせて，対象は少しずつ変化していく。対象はまずは人間の能力を拡張するが，次いで，自律的な力を備えた対象が機械へと変容する契機になると，そうした対象そのものが人間に取って代わることになる。

　しかし同時に，こうした具象的対象の上に投影される人間の諸能力も，他

と変わりのない心的内容である。そしてしばしばそれらは，変容を期待して人々の上に投影するような，心的内容である。したがって，テクノロジー対象の制作もこの論理から排除する理由はない。言い換えると，有史以来，人間が作り出してきた道具は，投影され変容後に再統合される心的内容と同じく，3段階の道筋をたどることが必然となる。私は，このプロセス全体を「内外身体化」という言葉で表すことを提案している（Tisseron, 2020a, 2020b）。この言葉は，1945年にアルフレッド・ロトカによって初めて記述された「外身体化」という概念に，これに続く「内身体化」という概念を組み合わせた考え方である。

　第1段階では，不定形な心的内容が自己の外に投影される。これが，彫刻，図面，絵画，物語，テクノロジーの革新といった，共有可能な対象へと具現化されることもある。その結果できあがる創造物は，極めて不完全なものであることが多い。それらは一種の「試作品」であり，これらがテクノロジー対象である場合，特に危険なものとなりうる。

　第2段階は，変容の契機である。外在化によって人間は，できあがる対象に対し，自分のリズムで作業することができるようになる。その対象は，加えられた操作の記憶を保持している。そのうえ，同じ対象が複数の人物によって変容されうるという事実が，この変容をさらに促進する。テクノロジーの分野においてイノベーションとは，映写機の発明のように，しばしば他分野で実現された発見によって引き起こされるものである。

　最後の第3段階は，変容した対象が，人間の中に再インストールされうる契機に相当する。芸術的対象の場合このような進歩は，人類全体において，世界について抱いている表象が，自分たちの信じている以上に豊かで複雑であるという事実を受け入れることにつながる。キュビスムの画家たちは，それまで具象的なリアリズム絵画によって世界を表象していた人たちに，衝撃を与えた。画家たちの美的選択によって，具象的な表象を通して生きているのと同じくらい私たちは，断片化された幾何学的な世界の表象を生きているのだと認識するようになった。哲学的あるいは美的な対象の場合には，この第3段階は，形態および形象の心的内在化として構成される。すなわち，これまで表象困難であった人間のいくつかの部分に，受け入れ可能な，概念的で美的な表象を付与するのである。テクノロジー対象の場合，この第3段階

第1部　課題と展望

が「内身体化」にあたる。

　問題は，近年に至るまで，テクノロジー対象の大きさや特徴が生体と相いれないために，この段階が不可能であったことである。三つの決定的要因が，その錠前をこじ開けた。自律的なエネルギー源の創出と，生体に適合した材料の発見，そして最後に，マイクロプロセッサーのパワーとメモリー容量がこの40年間で100万倍増えた一方，コンピューターのストレージコストは100万分の1で済むようになったためである。つまりは，ハイブリッド化は「自然に」進むだろう。なぜならそれは，人間の論理に一致しているからである。人間は常に，自らの心的内容を外在化し，これを変容させ，最終的にはこれを自らに再インストールしてきた存在であるからだ。テクノロジーは，ますます私たちの身体を拡張するものとして認識されるだけでなく，身体の中にますます統合されるようになるだろう（Tordo, 2019b, 2019d）。

人間と機械の混淆をめぐる諸問題

　人間は，テクノロジー対象とのハイブリッド化を絶えず進め，対象と自分自身の間で，よりいっそう緊密な結合を創出することで，自らの本性を明らかにしていく。これは，人間とは自らの身体を絡めた相互関係を通じてしか，自らの精神を変化させられないということを意味する。人間を，互いに分離した脳と身体として考えることは，実際のところ人類の破滅につながるだろう。さらにいうと，人間と機械の差がなくなることもないだろう。ますます小型化して洗練された補綴が人間に導入されたとしても，である。両者の間には常に，ある大きな違いが残っている。それは，機械とのハイブリッド化を決めるのは人間であって，機械ではないということだ。

　もちろん，私たちにとって不可逆的に見えるこうした動きは，多くの法的，倫理的，心理的問題を提起することになるだろう（第9章参照）。やがて到来する時代における，心理学の課題の一つは，とりわけ，改造された人間が，自分自身や他者をどのように認識するのかについて理解することだろう（Tisseron, 2018, 2019a, 2019b; Tordo, 2019d, 2019f）。たとえ私たちの脳が〔こうした事態に〕直接的に関与していない場合でも，これによる動揺が，必然的に心的

生に影響を与えることは避けられないだろう。その影響は，一時的な改造であるか，それとも永続的な改造であるかによって，明らかに違ってこよう。補綴を月に一度だけ使う必要があるくらいならば，これが自己の外部にあるものとして経験される。だがこれを永続的に使用する場合には，人体に「統合」されたものとして経験され，すっかり忘れ去られることさえある。こうした増強が一時的なものであるならば，その恩恵を期間限定で受ける人たちは，そうでない期間に，どのように対処するのだろうか。期間外のときには「減退」を感じるのだろうか。そして，こうした改造が永続的であれば，改造したことなどすぐに忘れ去られ，増強の欲望がますます引き起こされかねないのではないだろうか。例えば，ミオスタチン[4]を産生する遺伝子を改変することで筋肉増強できるようになったとして，数回の注射で，自らの抵抗力やパフォーマンスを大幅に増強しうるとしたら，人々は自らをどのように捉えるだろうか。ある人が，新たな筋力をつけたことで制御不能となり，それゆえ危険な行動を誘発してしまわないだろうか。そして，このように筋力が簡単に増強できると分かって，もっと強くなりたいと常に願うようになるのではないか。このことが，新たな心の病理を引き起こすことにならないだろうか。実際のところ，能力やパフォーマンスの拡張は，これまで同定されていなかった病態を発見したり，すでに同定されている障害の増減をもたらす可能性がある。

　ここで，三つの可能性が思い浮かぶだろう。第一は，増強した人が，自分自身を増強の受益者と見なす（または，誰かに見なされる）こと。第二の可能性は，増強した人が，特に身体的・精神的な新たな病気が発生する危険性があることから，自分自身を被害者と見なす（または，誰かに見なされる）ことである。最後に，第三の可能性として，増強した人が，自分自身を受益者でありかつ被害者であると見なす（または，誰かにそう見なされる）ことだろう。けれども，増強した当人たちが自らを被害者だと見なしつつも，近親者または社会からは，恩恵を受けていると見なされることもありうる。逆もまた然りである。

　最後になるが，残念ながら，誰もが等しく混淆による恩恵を受けられるわ

---

†4　筋肉の細胞から放出され周囲の細胞に作用する物質。

第1部　課題と展望

けではないだろう。これはまた別の話になるが，最悪の事態を避けるために
書いておく必要がある。つまりは，その恩恵を受ける人と，その恩恵から遠
ざけられる人という，2通りのカテゴリーの人間を生み出すことにつながる
ということだ。

ポイント

- 人間は，外身体化プロセスを通じて，自らの生理的・心的能力のいくつかを対
象に外在化させる（Lotka, 1945）。
- メラニー・クラインが提唱し，彼女の後継者たちが充実させた投影同一視の概
念のおかげで，人間がはじめ心的生活の外部に置いていたものについて，投影
によって変容された後で，結果として，どのように自らに再内在化されるのか
が理解できるようになった。
- これらの二つのプロセス（外身体化と可逆的投影同一視）を考慮に入れること
で，内外身体化という一つの運動について説明できるようになる（Tisseron,
2020b）。内外身体化には，連続した三つの契機が含まれる。まずは，心的生
のいくつかの構成要素の環境への投影による，外在化の契機である。環境と
は，他の人間やイメージ，具象的な対象を指す。次いで，こうした外在化に
よって偶発的な変容が促進される。最終的に，こうした変容が達成された後
で，外在化されたものが心や身体に再インストールされる。
- 身体的または心的な能力を道具に投影することで生じるいくつかのテクノロ
ジーは，より小型化され，人間の生理と適合するにつれて，ますます人間の身
体へと統合されていくだろう。
- 人間と機械の混淆のさまざまな可能性から生じるであろう法的，倫理的，心理
的な諸問題は，重大なものである。

第 5 章　人間と機械の混淆

【具体例】
増強された兵士の法的，倫理的，心理的問題

セルジュ・ティスロン

　現在，増強方略が最も子細に検討され，法的，倫理的，心理的な問題が最も頻繁に提起されているのは軍隊である。しかし，これら三つの分野それぞれにおいて，同じ疑問が生じてくる。それは，増強された兵士のために特定の枠組みを提供すべきなのか，それとも，軍隊と民間の両方の領域に有効で，可能な増強のすべてを管理できる一般的な枠組みについて今から考察を始めるべきか，という問いである。

▶法的問題

　これは，責任の所在に関するものである。外部補綴によって可逆的に増強された場合，起こりうる誤作動の責任を誰が負うのかが問題になってこよう。設計するプログラマーか，商品化して販売する企業か，それを購入する司令部なのか，それとも使用する兵士だろうか。

　この問題は化学物質に関しても同じことが言える。例えばβブロッカー[5]は，兵士を無感覚にする，感情の麻痺を引き起こしうるものの，逆上による犯罪を完全に防ぐことはできない。増強された兵士が，非人道的な行動をした場合には，誰が責任をとるのだろうか。増強術を受けた兵士の非人道的な行動には誰が責任を負うのだろうか。製造メーカー，増強を許可または依頼したスタッフ，それを実行した医師，あるいは兵士自身だろうか。

　各種補綴，特に脳神経における補綴については，権利と義務を規定する法律では，武器に当たらないはずである。しかし，脳が直接的に電子機器を制

---

[5]　交感神経の働きを抑制する薬。主に狭心症や不整脈の治療薬だが，心的外傷後ストレス症（PTSD）の治療薬としても研究されている。

第1部　課題と展望

御した瞬間から，増強された身体は戦争マシンと見なされるかもしれず，敵軍にとっては正当なハッキング対象となる。さらに，国際法では，重大な損害を与える危険性があっても，研究のために捕虜からインプラントを回収することが許されるだろうか。

▶**倫理的問題**

　倫理的問題とは，まず第一に，兵士が自分の増強を決断する自由があるかどうかに関するものだ。それと，補綴が受け入れられた場合には，誰がその装置の始動スイッチを押すのだろうか。兵士自身なのか，それとも遠隔にいる誰かしらであるのか。思考や行動の，前例のない仕方での操作に向けて門戸が開かれている。というのも，心的補綴は，まったく気づかれないものであるかもしれないというのに，人間はなおも，自分が完全な自由意志を持っていると思っているからだ。

　倫理的問題は，同様に，兵士の尊厳にも関わることである。数多くの臓器や機能を変化させた主体が，どの程度まで自分のままでいられるのか。戦場で兵士をより効果的に働かせるための改良に関して，兵士の自由はどのように位置づけられるのか。その効果がほとんど予見できないような改造において，兵士の自由な同意は考慮されているのだろうか。戦闘状況におけるインフォームド・コンセントを導入することが必要になるだろうか。

▶**心理的問題**

　外部ツールを使用する場合には，以下の二つのリスクが生じる。まず，人間は誰でも，自分を助けてくれる機械と直面すると，人間と同じように接することができ，その際これがロボットであることを忘れてしまうほどの愛着の絆が育まれる。そうして，機械との愛着が非常に強くなると，そのロボットが感情も苦痛も感じない存在であることを思わず忘れてしまいそうになる傾向がある（Tisseron, 2015a）。二つ目に，機械との優れた関係を，人間との関係のモデルとすることである。そして，ロボットの服従性，正確性，規則性という能力を，人間のモデルとして設定するのである。

　内的改造を受けた兵士については，次の五つの状況が関係している。

▶①戦闘前に増強された兵士

この兵士は，増強されていないリーダーの命令を受け入れるだろうか。増強されなかった仲間には，どう映るのだろうか。羨望されるスーパー（ウー）マンとして見られるのか，未知の，したがって潜在的に危険な力を持つハイブリッド生物として見られるのか，あるいは，実験的テクノロジーが自分の人生を台無しにすることを受け入れた従順な奴隷として見られるのか。そして，上司からはどのように評価されるのだろうか。

▶②戦闘中の増強された兵士

増強された兵士は，より抵抗力があることが知られているため，負傷や死亡リスクのより高い状況に，他の兵士よりも優先的に配置されるだろうか。兵士自身の視点から見ると，全能感が暴発するリスクを過小評価すべきではない。というのも兵士は，その超人的な力を過剰に使いたくなるかもしれないからである。

▶③戦闘後の増強された兵士

その兵士は，極限状況の事後性にどのように対処するのか。心的外傷後ストレス症（PTSD）の発症リスクはどうか。「旧式」の方法で改造された兵士をどう扱うのか。

▶④捕虜となった増強された兵士

その兵士は人間と見なされるのか，それとも完璧な兵器と見なされるのか。兵士の超人的な能力にもっと配慮するか，あるいは反対に，その兵士が引き起こしえたかもしれない甚大な損害のために，もっと嫌悪するべきなのか。

▶⑤一般市民生活に復帰する段階での増強された兵士

兵士が受けた増強術の（おそらくは長期にわたる）副作用はどのように扱われるだろうか。もしも改造がもとに戻され，増強された兵士が超人的な能力を失ったと感じたら，どのようにこの喪失を悲しむのだろうか。それに，改造がもしも不可逆的なものであるならば，これを一般市民生活の中で活用

しようとする誘惑は避けられないだろう。そのとき，兵士は自分自身をどう
見るのだろうか。

第6章

書籍文化とスクリーン文化，必要不可欠な相補性

セルジュ・ティスロン

　本章では「デジタル文化」ではなく「スクリーン文化」について語る。というのも，デジタルとは数字を使用して情報をコード化するテクノロジーのことであり，スクリーン上でアクセスできるものだけでなく，印刷される文字列や画像の制作にも使われるからである。他方で，書籍とスクリーンは，知と知識へのアクセスを可能にする二つの物質的支持体であり，それぞれが媒体との特別な関係を形成している。そればかりか両者は，自己や他者たちとの特別な関係を，それぞれに固有の哲学，さらには過剰を生み出すそれぞれのイデオロギーとともに形成しているのである。

　したがって本章において「書籍文化」と「スクリーン文化」という表現は，書籍とスクリーンそれぞれが得意とする実践，および認知的かつ心的な働きを指している。これら二つの作動方法が，物質的支持体としての両者から独立して人類の中に存在することは，これら二つの文化を緩やかに融合させる口承文化が示すとおりである。しかしながら書籍やスクリーンそれぞれと人類が結んできた特別な関係や，それぞれを中心に発展してきた特定の文化は，二つのテクノロジー間でますます混淆が進んでいるにもかかわらず，〔書籍とスクリーンの〕両者を対立させることになる（Tisseron, 2013a）。

知と伝達に対する関係の違い

　〔フランス語では単数扱いで表記する〕**書籍文化**とは単数，つまり「1」の

第1部　課題と展望

文化である。というのも，1人の著者が書いた1冊の本を前に，読者は1人きりになる。その結果この文化は，知の垂直的概念に支配されることになる。読者のために1冊の本を書くことができるという知は，神の力や一神教と不可分のものである。つまり，一度書いて印刷してしまえば変更することができないため，書籍は，一つのタスクを1回でできるだけ最後までやり遂げるということを連想させる。書籍文化は完璧な仕事と切り離せないのだ。すなわちそれは自身が決定的であることを望み，完璧さに常に腐心するような仕事の理想を練り上げる。

　反対に**スクリーン文化**は，複数性に価値を置いている。複数の人々が，各グループが制作したコンテンツを映し出す複数のスクリーン（もしくはたった一つのスクリーンが複数のウィンドウを分割表示する状況）の前に集まるのだ。また各ユーザーが自分のスクリーンの前で孤立しているとしても，スクリーン文化はそれを見る人々を同じ時間に集めてくれる。大いなる「テレビというミサメディア」[†1]のような想像的な仕方であるにせよ，とりわけオンラインゲームのように，現実的な仕方であるにせよ，である。こうした文化は明らかに，知との水平的関係という星のもとに置かれている。例えばWikipedia がそのお手本だ。それは多数的で協働的であり，混淆的かつ多文化的で多神教的文化ですらある。またそれぞれを暫定的なものとして捉えるマルチタスク文化でもある。

学習形態の違い

▶時系列的思考と空間的思考

　書籍文化は直線的で時系列的思考を得意とする。それは単語，行，段落とページの連続から構成される。各単位は連続的に読まれる単語の集合からなっている。物語的時制と，「but, or, and, therefore, by the way, nor, because」といった等位接続詞のおかげで，すべての物語が，前，中，後を

---

†1　原語は messes médiatiques télévisuelles で直訳すれば「テレビメディア的なミサ」となるが，マス（masse）とミサ（messe）をかけているため「ミサメディア」とした。

中心に構成される。書籍のページはこうした進行を視覚化することができる。〔横書きの場合は〕左側が既読ページで右側が未読ページとなる。これによって出来事記憶と時間軸への定着が促される。同じ理由から，相反するものは締め出される。「どちらか一方」の思考であり，そこから「正反合」[†2]という哲学モデルが生まれた。要するに，習慣や自動性を重視し，類似性（スタイル，学派，文学技法の識別）の探究を促進する。

　スクリーン文化は反対に，非線形で，ネットワーク型，循環型の思考を得意とする。それは知識の空間化の中に特権的に刻み込まれている。そもそもスクリーン文化は，アジア文化とりわけ日本文化において常に重視されてきた。日本文化におけるエクリチュール[†3]は，〔表音的〕記号と同じくらい〔象形的〕図像アナロジーに属している。日本の美術が，同じ版画の上でこれほどまでに言葉とイメージを融合させることができたのは，偶然ではないだろう。

　こうした思考は相反するものの共存を受け入れる。「どちらも」の思考なのだ。その基本的なものの見方は，相反するものが共存するイメージにある。例えばゲームの中で，レベルアップするたびに以前使用した戦略を忘れることができなければうまくいかないように，心の習慣の断ち切りを義務づけることで，イノベーションを促すのだ。スクリーン文化は，先行する学習を抑制することで，変化に対する適応能力を育む。

▶出来事記憶と作業記憶[†4]

　書籍文化は出来事記憶を得意とする。この文化において「知る」ということは「学んだことを覚えている」ことを意味する。だから書籍は当然のことながら，暗記学習のための物質的支持体となる。より一般的な話をするなら，その瞬間ごとに目の前に広がるテキストをまったく理解できない状況を除けば，以前読んだ内容の正確な記憶を保持することなしには，小説やエッセイを読むことは不可能だ。

---

†2　原語は thèse-antithèse-synthèse であり，「定立 − 反定立 − 綜合」を意味する。

†3　原語は écriture であり，言葉が属する体系（ここでの言葉を使えば基本的なものの見方），書く行為，書かれたものの意味がある。

†4　認知心理学ではそれぞれエピソード記憶，ワーキングメモリーと表されることもある。

第1部　課題と展望

　他方，インタラクティブなデジタルツールを使用した実践においては，さまざまなデータソースを扱い，それらを相互参照し比較する必要性に直面する。ときに目の前の資料を参照することもあるが，デジタルツールを使用した実践では，心的に，より頻繁により効率よくタスクを実行し，情報や指示をキープしたり扱ったりすることが強いられる。インタラクティブなスクリーンは，こうした作業記憶に有利に働き，これを涵養したりより効率的なものにしたりすることができる。

心の働き方の様態の違い

　心の働き方の様態の違いは，次の三つの領域に関わる。アイデンティティとの関係，トラウマとなりうる状況から自らを守るために優先される防衛機制，象徴化の形式とそれに伴うコミュニケーションの位置づけという三つである。

▶シングルアイデンティティからマルチアイデンティティへ

　書籍文化においては，誰もが自分の「私有財産」であるところのただ一つのアイデンティティを持つ[*1]。一度構築されたアイデンティティは，個人にとって不変のものとなる。「性器の優位のもとにある強固で統一された」自我は，1960年代に（根本から書籍文化であるところの）精神分析文化において，心的健康のしるしとして高く評価された。

　スクリーン文化においては反対に，アイデンティティは増殖する。自我は個人の私有物ではなく，人々が形成するグループ内の相互作用に依存する虚構であり，それゆえ毎回異なるものである (Brisset & Edgley, 1975)。各自がマルチアイデンティティなのだ。複数のアイデンティティを持つということ

＊1　19世紀から20世紀前半の小説形式の文学の中で，二つの連続したアイデンティティを持つ人物を描いた成功作は2作しかないようだ。ヴィクトル・ユゴーの『レ・ミゼラブル』，ロバート・ルイス・スティーヴンソンの『ジキルとハイド』だ。どちらの場合においても，あるアイデンティティから別のアイデンティティへの移行は不可逆的である。すなわち一方では悪から善へ，他方では善から悪へと移行する。

は，複数の人格を持つということを意味しない。各自が人格を〔その都度〕たった一つしか持っていないにもかかわらず，その内容を知ることはできない。人格は「ヴァーチャルホーム（foyer virtuel）」なのだ（Levi-Strauss, 2000）。複数のアイデンティティを試着することで，人は人格を探求し，その輪郭を浮かび上がらせることができるが，これを完全に知ることはできない。それぞれの瞬間において，私たちのアイデンティティはワードローブの中の服のようなものなのだ。マルチアイデンティティおよび流動的アイデンティティが，可塑性を付加価値とするような新たな正常性を規定する一方で，古い規範であるところの「強く統合された自我」は，心的硬直性を理由に失格とされる。病理は，主体のアイデンティティが暴走し，内と外，内面と外面の区別がつかなくなったときに始まる。

▶抑圧から分裂へ

　書籍文化においては，優先される防衛機制は抑圧，すなわち持続の中に書き込むプロセスにある。禁止を受けた欲望は抑圧されるが，その抑圧が「抑圧されたものの回帰」や昇華を生む。言い換えれば，抑圧には必ず前と後がある。一度それが起こってしまえば，以前と同じではないのだ。

　スクリーン文化においては，シンプルで匿名かつ容易に，あらゆるものにアクセスできる。ここは，人々が抑制を忘れ，投げやりになり，日常生活から逃避するための空間でもある。また社会的容認範囲がより広い空間でもある。というのもインターネットでは，どのようなコンテンツも抑えられることがなく，「窓」を開けさえすればすべてに瞬時にアクセスすることができるからだ。これこそが"windows"システムだ。だがこうしたロジックは，何かを思い浮かべ，すぐにそれをなかったことにしてしまうような，分裂[5]の中にいるのとまったく同じである。その結果，相反するものが互いに排除

---

†5　原語は clivage で，ドイツ語の Spaltung にあたる。正常な心の防衛メカニズムと見なされているが，訳語の問題や精神医学概念との相違もあって専門家の間でも見解が異なり複雑である。参照：ダニエル・ヴィドロシェ　（2015）．「境界例における分裂（clivage）と幼児性欲」大島　一成・将田　耕作（監訳）『フランス精神分析における境界性の問題——フロイトのメタサイコロジーの再考を通して』（pp. 79-91）　星和書店．（Andre, J. dir. (1999). *Les étas limites : nouveau paradigme pour la psychoanalyses?* PUF.）

第1部　課題と展望

し合うことなく共存することができる。このことは教育に関する大きな効果を生むとともに，抑圧されないことと引き換えに分裂のプロセスを強化する。

▶非言語的表象形式への価値付与

書籍文化においては，言語的象徴化に対し特別な地位が与えられている。というのも，人間にとって言語的象徴化だけが，世界経験からの必要不可欠な後退を可能にするとともに，その経験を語りの中に刻み込むことを可能にするからだ。

スクリーン文化では反対に，静止画であれ動画であれイメージそのものが，象徴化とコミュニケーションの完全な手段として価値を付与されている。世界について考えるための言葉が常にあるわけではないため，言葉にたどり着くための手段として，自分が自分に与えるイメージが不可欠となることがしばしばある。デジタル写真はこうした革命において大きな役割を果たした。特に，〔撮影に伴う〕行動を自由にし，写真を大量生産し，画像をすぐ見られるようにすることで，撮った瞬間からユーザーフレンドリーな芸術を生み出すことに貢献した（Tisseron, 2013d, 2016c）。デジタル文化とは，万人による万人のためのイメージ制作文化であり，新たな儀式，過剰，美的革新を生み出すと同時に（Tisseron, 2012b），各人が自らの行為の傍観者になることを可能にするものである（Tisseron, 2009a）。

社会性の二つの形態

▶近接性から柔軟性へ

書籍文化において重視されるつながりとは，物理的近さである。まず家族すなわち同じ屋根の下で暮らす人々との関係であり，少しずつ拡大すれば，誕生，洗礼，結婚，死などのように，大きなライフイベントに際して再会しうる親族との関係が重視される。重要なソーシャルネットワークもまた，同様に，物理的近さによって組織される。すなわち職場の同僚たちとの関係や，同じ建物内や近隣で築かれる関係である。最も物理的に近いものが強い

つながりであるとされ，物理的に遠いものが弱いつながりであるとされる（Granovetter, 1973）。

　スクリーン文化において重視されるつながりは，たとえそれが非常に限定的であったとしても，共通の関心事を共有することであり，その事柄についてたいへん重要だと感じることである。例えばお気に入りの音楽グループであり，映画であり，皆が知らないふりをするようなテレビヒーローのことだ。今日多くの若者たちにとって，インターネット上でのやりとりは，家族との関係よりも大切なものかもしれない。彼らが構築する新たなソーシャルネットワークは，「グローカル」と呼ばれる。これまでは地理的帰属意識が「ローカル」なネットワークと「グローバル」なネットワークとを対立させてきたが，新たなネットワークにおける帰属意識は，どちらか一方にはない。すなわち，「グローカル」は地球規模にまで拡大された帰属意識であり，1980 年代の有名な「地球村」をモデルとするものである（McLuhan & Powers, 1989）。

　重要なつながりとは，強いものでも弱いものでもなく，「柔軟」で「アクティベート可能」なものを指す（Cardon, 2010）。柔軟であるとは，非常に長い時間姿を消していたある人が，いかなる気まずさもなく簡単にまたやりとりができるということを意味する。アクティベート可能であるとは，ネットワークが，応答する準備ができている人々と関係している状態を意味する。こうした二つの特性を持つつながりが，これまでの親族のつながりや物理的近接性といったものに取って代わる。

▶権威と規制

　書籍文化において権威は，免状によって付与される承認によって保証される。そしてその免状とは，公認の中央機関によって付与されるものである。実施されうるさまざまなプロジェクトは，こうした権威に従う義務を持つ。規制は罪の意識と罰に立脚している。加えて，こうした書籍文化は，聖書においてモーセが託された有名な「十戒」や，起こりうる犯罪とその犯人が受ける刑罰とを関連づけた，膨大な量の「刑法典」を生み出した。

　スクリーン文化において権威は，同業者による評価に基づくものである。「経験に先立つ」万人の平等はあるが，この平等は明らかに「経験に基づく」

第1部 課題と展望

ものではない。なぜなら参加者自身が，同業者から認められるような専門分野を，自ら迅速に決定するからだ。プロジェクトが発表されるときには，いかなる権威にも頼る必要はない。権威は同業者による関心と検証によって，後から付与される。プロジェクトはもはや，**ボトムダウン**つまり上から下へではなく，**ボトムアップ**つまり下から上へという階層構造になっている。

　結果として，集団を統御する際の特権的なモードが大きく変化した。それは，参加者全員に任せられるようになったのだ。その手段は恥である。こうした統御方法は，オンライン上の評価を破壊するものであるため，インターネットユーザーの大きな気がかりとなっている。

▶親密なディスクール，統合への欲望

　書籍文化においては，親密な経験を表現することは，集団の一員であることと対立する。実際，誰かがあるコミュニティに溶け込むのに成功した際には，一部の人たちから抵抗を受けたり拒絶されたりすることを恐れて，自らの親密な生活をさらけ出すことを躊躇する傾向がある。集団の一員でいられるかは，その集団の最小公分母の探求にかかっているのだ。

　スクリーン文化においては，親密な経験を表現することで，それがどんなに小さな——必然的にとても小さな——ものであっても，最も数多くのことを共有するコミュニティを形成しうるような人々と出会うことができる。

必要不可欠な相補性

　書籍文化は，思考を和らげる習慣や自動性を刺激し，語りの構築を促すものである。それぞれが語り手となって自らの物語を持つ可能性は，この文化の上にある。反対にスクリーン文化は，データの空間化とその可視化を促進する。また，相互作用やイノベーションを刺激し，想定外の事態に対処する能力を養う。

　しかしこれら二つの文化はそれぞれ，もう一方の文化によって緩和されなければ，重大なリスクを引き寄せることになる。デジタル文化は注意を分散させ，思考までザッピングしてしまうリスクがあるため，認知的，時間的隔

たりなしに次から次へと新たな状況に没入し，極端な場合には自己意識を失った人格を生み出すことになる。スクリーンとの関係は究極的には，ヴァーチャルな関係を特別視し，現実逃避を助長する「忘却の薬」として作用しうる。

　書籍文化におけるリスクとは，超専門化や，テクノロジーの激変に対応できないくらい専門化が進んでしまうことであり，伝承された専門知識が少しずつ失われるリスク，変化しない硬直した人格形成のリスクなどである。

ポイント

- 書籍文化とスクリーン文化は，互いに異なる相補的な心の働き方である。これらはとりわけ以下の四つの領域で対比される。すなわち，知との関係，学習，アイデンティティの構築，社会性の形態という四つの領域である。
- 二つの文化にはそれぞれ利点とリスクがある。書籍文化は，心的生の専有化と社会的生の構築の双方を支える，時間感覚と語りの能力の構築を促すものである。スクリーン文化は，相互作用を刺激し，適切に使用されれば，社会性が広がることを促してくれる。
- 二つの文化の相補性は必要不可欠なものである。つまり，書籍文化に関連する能力を身につけることで，スクリーン文化からもよりいっそう多くの恩恵を受けることができるようになる。

第7章

接続された人間の心的力動
サイボーグ–自我とサイバーエンパシー

フレデリック・トルド

　本章では私たちの代表的な研究に基づく，接続された人間の心理学を提示する（Tordo, 2019d）。まずは以下を明記しよう。接続された人間とは，自らの心的審級のネットワークの中に取り込まれている，一つ（あるいは複数）のテクノロジーに対し，（多かれ少なかれ）恒常的な仕方でつながっている個人として定義される。

　このような接続に含まれるテクノロジーのカテゴリーについて，再確認してみよう。

- 〔人体の〕内部ネットワークに接続していない周辺テクノロジー（IoT機器，スマートフォン，デジタルヒューマンなど）
- 〔人体の〕内部ネットワークに接続している周辺テクノロジー（例えば神経系と連動した外骨格）
- 〔人体の〕内部ネットワークに接続していたり，していなかったりする非周辺テクノロジー（例えば義足や義手）
- 最後に，移植テクノロジー（例えば人工心臓）

サイバーエンパシー──いわば分身としてのテクノロジー

　自我の反射構造の観察から出発して（Abraham, 1961, 1963; Anzieu, 1985; Freud, 1923），私たちは，**反省的自己共感**（auto-empathie réflexive）と呼ばれる，心の二重化をめぐる概念を練り上げた（Tordo, 2016, 2019d）。共感が他の人物の

主観性のシミュレーションであるのに対し（Decety, 2004），自己共感は自らの主観性のシミュレーションに相当する。

　自己共感とは自我の二重化を意味する。このとき自我内では，二つの実体の間で内的二者一心[†1]が構成される。第一の実体はいわゆる主観性のシミュレーションに相当する。すなわち，主観性そのもの（感情，思考，欲望などによって構成される），および意識，無意識の仮想的かつ分身的構築物に相当する。言い換えれば，脳が身体をシミュレートしているのに対し，心的構造は心的装置を（仮想的に）シミュレートすることで，心そのものの中に自分自身の分身を形成するのである。第二の実体は，内なる鏡のようなもの——あるいは**自己における他人**（Tordo, 2016）——に相当する。これは，第一の実体——すなわち自らの主観性によって（仮想的に）シミュレートされたもの——に注意を向ける役割を担っている。このようにして，心的装置は自らを二重化することで，鏡のように自分自身の作動を観想することができるようになる。

　したがって反省的自己共感とは，分身として自らの主観性を内側から見ることに相当し，自分自身との共感的関係を保つことを可能にするものである。

　ところで私たちは，個人とテクノロジーとの関係にアプローチするための参照モデルが，この内的二者一心に関わるものであることを強調してきた。この考えに基づくならば，主体は，自我内部で繰り広げられている反射的関係に似た関係を，テクノロジーとも結んでいることになる。すなわち二重にして倍加された関係（une relation en et au double）である。別の言い方をすれば，心的構造はテクノロジーを用いることで自我の二重化を仮想的に再現しうるのだが，この〔倍加された〕二重化は，以下のプロセスを通じて構築されている。それが仮想的エンパシー（Tordo, 2010, 2012, 2013, 2016, 2019d; Tordo & Binkley, 2013, 2016），もしくは**サイバーエンパシー**である[†2]。

---

†1　原語は dyade であり，心理学では「二者関係」，哲学では「対概念」と訳すのが一般的である。ラテン語の dyas, dyadis に由来し，2個1組という意味がある。本書では乳児の心の状態を表す鍵概念となるが，元来の「2個1組」では人間の心を表すのにふさわしくないため，「二者一心」とした。

†2　本書では empathie を基本的に「共感」と訳しているが，「サイバーエンパシー」についてはカタカナで表記する。サイバーエンパシーの理論的整理については，訳者解題も参照されたい。

第1部　課題と展望

　サイバーエンパシーでは，主体−テクノロジー間で起きる相互作用の二重
ループが想定されている。それはまず脳で起きる前反射であり，次いで心的
構造で起きる反射である。

▶脳のテクノロジー
　まずは脳の前反射性ループについて示そう。このループはいくつかのメカ
ニズムがまとまって相互作用することで成り立っている。
- **身体図式の外在化**　　脳が身体をシミュレートし，脳内に身体の仮想分
  身として現れる身体図式を作り出す。こうしてシミュレートされた身体
  を，テクノロジーによって外在化させる（第5章，第16章参照）。
- **シミュレートされた内在化**　　脳は外部の対象をシミュレートする。テ
  クノロジーをシミュレートすることで，身体の場合と同様にして脳は，
  対象の諸特性を携えた仮想分身を形成する。この内在化によって，〔シ
  ミュレートした外部の〕テクノロジーの，（認知と運動に関わる）コン
  トロールが可能となる。
- **前反射性ループ**　　外在化と内在化はサイバー化（cybernalisation）に
  おいて交差する（Perény, 2013）。この運動によって外在化されていたもの
  が再内在化され，身体の仮想分身として〔再び〕テクノロジーが脳にも
  たらされる。別の言い方をすれば，〔脳に改めて〕移譲されることに
  よって，テクノロジーは，身体そのものの一つのデータとして脳に現
  れ，身体図式の連続的変容をもたらす。これは，医療テクノロジーなど
  の特定のテクノロジーの使用を通して，幻影肢が感じられることの説明
  となりうる（第16章参照）。

　しかしながらこうした前反射性ループがあるからといって，主観的に（そ
して幻想的に）備給された状態にあるテクノロジーが，心的に統合されるも
のだと決めてかかることはできない（第16章参照）。〔上記の〕第一のループを
基礎とするような，〔以下で説明する〕心的構造の第二のループ（Tordo, 2019b）
が，個人とテクノロジーの間で生じるからである。これにはいくつかの段階
が含まれている。

▶心的生の拡張[†3]と投影

〔第二ループの〕最初の段階では，いくつかの運動が同時進行する。

- **自我の表面拡張**　個人は自我の表面を，その新たな表面となるテクノロジーの周辺まで広げる (Tordo, 2019d)。こうして自我の表面とテクノロジーの周辺がハイブリッド化され一つの表面となり，心的表面となる。これこそが，**デジタルな透明性**（第11章参照）の説明の一端を担うものである。これは私たちが**心的ハイブリッド**と呼ぶものの起源でもある (Tordo, 2020d, 2020e)。すなわち自己と機械とのつながりを表象するものであり，幻想の表現と結びつく可能性を秘めたものである (Tordo, 2019b, 2019d)。

- **身体イメージの投影**　自らの身体イメージをテクノロジーに（あるいはその表面に）投影することで，個人はある種の問題をテクノロジーに委ねる。例えば第2次性徴期にある人々が自らの身体イメージを構築しようとする中で，特にゲームキャラクターの「スキン」[†4]にエネルギーを備給するのはこのためである。

- **主観性の仮想分身の投影**　心的生はテクノロジーの中に投影される。投影されたものは次第に**その人自身の主観性の仮想分身**となる。この投影には，内的分裂によって体内化された要素も関係している (Tisseron, 1999)。このように，心的装置のシミュレートされた分身を〔テクノロジーの中に〕投影することで，（仮想化された）心的生は，自我そのものの内部でダイナミックに体験されているにもかかわらず，身体外部においても見いだされるようになる（第16章参照）。

▶自我の仮想的二重化

主観性の仮想分身がテクノロジーに投影されていると感じるとき，主体は

---

†3　原語は extension である。なお，augmentation の訳語も「増強」のほかに一部「拡張」としている。extension は本書では主に，自我に関する部分で使用されている。

†4　グラフィックユーザーインターフェースの外観を変更する機能のこと。例えば Windows や macOS は外観モード（ライト，ダーク）やアクセントカラーを簡単に変えることができる。またスマートフォンで表示される文字の大きさやフォント，アプリの表示方法を変えることができる，など。ここでは自分が使用するアバターの外観（具体的には肌や髪の色，髪型や目鼻口の配置や大きさ，メイクや服装，可能な場合は人間以外のキャラクターへの変更）を指している。

第1部　課題と展望

「内なる鏡」という場にいることになる。それゆえまさにこの場において，個人は自らの主観性に共感（自己共感）するのであり，それを今，例えばデジタルアバターなどのテクノロジーの中に見いだしているのだ。

　仮想分身のテクノロジーへのこうした投影が，自我の二重化を引き起こすのであり，これが内的二者一心という二重化を（人工的に）生み出すのである。このようにして自我は，シミュレートされ仮想化された一種のコピーを形成することで，テクノロジーを通して二重化し，内的二重化をさらに倍加させていく（Tordo, 2016, 2019d）。

　加えて，個人と，テクノロジーの中にいる分身との間で，（自己における他人と仮想分身との間の）[5] 心的インターフェースを再現するような，新たなインターフェースが開花する。

▶心的統合と反射性

　次の段階はいわば自我境界の拡張を意味し，個人とテクノロジーは連続したものとして包み込まれるようになる。このようにして**心的統合**は，テクノロジーの主観化に役立つ。テクノロジーの主観化とは，（最初に投影された）主観的仮想分身を，自我に再統合することを指す。

　こうした統合によって，（拡張と投影，仮想分身の生成，心的統合といった）異なるメカニズムを組み合わせた第二の（仮想）ループが形成され，心的装置とテクノロジーとが結びつけられる。これに伴って今度は，投影された主観性が心的構造に統合されるようになる。すなわちテクノロジーが，心的に自己の一部となるのだ（例えば個人が義手を心的に自らのものとして表象することができるようになる）。

　この二重ループ（前反射性ループと反射性ループ）は，脳と心的構造両方のレベルにおいて，自己の一部としてテクノロジーを構築する。このループは，個人があるテクノロジーを投影し操作していることを意味するが，それだけではない。テクノロジーは，心的構造を変容させる限りにおいて（Tordo, 2019d），これと引き換えに行動に対し影響を与える（Georges, 2012）ということ

---

†5　この部分はやや分かりにくい箇所であるため補足する。「自己における他人」とは本章冒頭で記述された「自己共感」における「第二の実体」を指し，「仮想分身」とは主観性をシミュレートした「第一の実体」を指す。

66

を，このループは意味している。このことは，ユーザーが自らのデジタルア
バターに関連する表象に従って行動する傾向がある場合（例えば，黒いマン
トを着ると攻撃性が強化される）には，プロテウス効果（Yee & Bailenson, 2007
および第22章参照）のような新たな制御＝振る舞いとして説明されるだろう。
別の言い方をすれば，テクノロジーは今や，主体のアイデンティティに関与
していると言える。例えばアバターはアイデンティティ（Tordo, 2019d）およ
びジェンダーアイデンティティの構築モデルとして機能する。

サイボーグ－自我とその諸機能

　この二重ループの完成によって，心的構造の新たな力動論的な審級である
サイボーグ－自我（Tordo, 2019b）が構築される。以後この審級は，主体の自
我において，**テクノロジーを自らの一部として表象するための（無意識の）
形象作用**として働くことで，主体とテクノロジーの関係を調節する。
　この概念〔サイボーグ－自我〕の研究は，二つの系統からの影響のもとに
成り立っている。

- 第一の系統は，ディディエ・アンジューによる『皮膚－自我』（Anzieu, 1985）の系統である。ここには，自我が皮膚に依託[†6]されている，という操作的概念が示されている。これと同様に，サイボーグ－自我は，自我がテクノロジーに依託されていることを示すものである。
- 第二の影響は，セルジュ・ティスロンの研究（Tisseron, 2003a）から受けたものである。彼の研究によれば，心的構造の諸機能は，イメージに依託されている。

サイボーグ－自我によって，これらに続く〔自我の〕第三の依託が提示される。すなわちある心的機能は，テクノロジーに支えられることで発達す

---

†6　原語はétayageである。もともとはフロイトの用語であり性欲動が自己保存欲動に主導と対象選択を依存することを指す。形容詞形はフランス語ではanaclitiqueであるが，これは人工的に作られた言葉である。ラプランシュとポンタリスはフロイトのドイツ語Anlehnugのフランス語訳として，étayageを提案していた。詳しくは以下を参照：ラプランシュ，J.・ポンタリス，J.-B.　村上　仁（監訳）（1977）．『精神分析用語辞典』　みすず書房.

第1部　課題と展望

る。その心的機能は，テクノロジーの働きを心的平面上に転置する。別の言い方をするならば，サイボーグ−自我がテクノロジーに支えられながら自らを構築しようとするまさにそのとき，その同じテクノロジーに，心的構造の機能をも果たさせるのである。

　こうした観点から，サイボーグ−自我の諸機能とテクノロジーの諸機能との間の幻想的相同性を記述することを企図した（Tordo, 2019d）。以下ではこれらの機能を簡潔に紹介しよう。

▶内包と増強[†7]

- テクノロジーは内包する（例えば，スマートフォンは写真やプロフィールを介してプライバシーの一部を内包している）。サイボーグ−自我は依託によって，（機械の中であろうとなかろうと）テクノロジーに心的生の内包を任せようとする。これこそが，サイボーグ−自我の内包機能である。
- もう一方では，テクノロジーは身体を（幻想においてあるいは実際に）増強する。サイボーグ−自我は，依託によって自我の境界を広げ，テクノロジーを新たな心的表面として統合する。これこそがサイボーグ−自我の増強機能である。

　内包によるこうした移譲——内包の一つの効果として私たちがかつて記述したもの（Tordo, 2019d）——は，例えば自動車の場合のように，テクノロジーと関係する多くの形態の中に現れる。自動車の車体に自我表面が重なるようなとき，個人は運転席にいるため，自我を内側から幻想的に生きていると感じるだろう。このことは，一部のドライバーの奔放な行動を説明する一因となる。なぜならそうした行動〔危険な運転〕をするとき彼らは，自らの幻想に最も近いところにいるからだ。そしてこれは，ソーシャルネットワーク上で見られる放縦な行動を説明するものでもある（第11章参照）。

---

†7　この見出しのタイトル Contenance et augmentation は本章と同様にトルドが担当した第15章でも登場する。第15章は臨床例を多く含んでいるので，合わせて読むと分かりやすい。

第7章　接続された人間の心的力動

▶**メンテナンスとセルフメンテナンス**

　サイボーグ－自我は，テクノロジーによって保証される耐久性，強さ，現状維持力に同一化することで，心的構造のメンテナンスとセルフメンテナンスの機能を担う。

　ティスロンが指摘するように（Tisseron, 2003a），例えば対象－イメージ（objet-image）によって内骨格の造りが強化されることに役立つ。こうした機能を引き継ぐようなテクノロジーも存在する。デジタルキャラクターをコントロールする，あるいはオンライン接続された対象を身につける，などである。これらは内的支えを造ることの幻想的可能性を提供してくれる。

▶**アイデンティティ**

　テクノロジーは，自らを変容させるための幻想的能力を与えてくれる。依託によってサイボーグ－自我は，アイデンティティと，存在している感覚を支える機能を担保する。以降，サイボーグ－自我によってこそ，**ハイブリッドなアイデンティティ**の構築が可能になる。

　このハイブリッドなアイデンティティを構築する二つの大きな自己変容については，以下のように説明できる。

- 一方には，皮膚の擬人化（personnalisation）のみならず，その延長線上にあるテクノロジーの擬人化がある。例えばこれまで見てきたように，デジタルキャラクターの衣服の変更は，身体イメージの幻想的変容を示すアバターとして理解することができる。

- もう一方には，アイデンティティのハイブリッド化がある。心的現実というのは，物理的現実とデジタルな現実（あるいはより広く，テクノロジーと融合した現実）との間にある，同定可能な要素を折り重ねてできている。別の言い方をすれば，主体が自らのアイデンティティを構築するために同一化する形象もまた，デジタルな現実に属している。すなわち個人は，社会的現実の主体であるのみならず，想像的な主体でもある（Haraway, 1985）。個人自身が，自らのアバターでもあるのだ。

　こうしたハイブリッドなアイデンティティは，サイボーグ－自我の横断可能性（Freyheit, 2014）によって担保される。個人は常に，社会的現実と，テクノロジー的現実との両方にまたがって成り立っている。

69

第1部 課題と展望

▶刺激保護

テクノロジーは，外的刺激や攻撃から守ってくれる（あるいはそのように幻想された）ものである。サイボーグ－自我は，テクノロジーに支えられることで，攻撃や興奮，刺激のフィルタリング機能を果たす。

それゆえ自我にとってテクノロジーは，心的構造を保護する皮膚と同じような役割を果たしていると言えるだろう。ティスロンは，刺激保護の構築における，イメージと対象の役割についてすでに論じている (Tisseron, 2003a)。彼は暖をとるための衣服の例を挙げる。臨床においては，例えば数人の患者において，自らと外界との間でテクノロジーを使ったスクリーンを使用することで，外的（あるいは内的）刺激に対する保護を人工的に形成する様子が報告されている。

▶自己共感と反射性

自己に注意を向けるテクノロジー（身体に関わる変数の測定など）や，知覚を修正するテクノロジー（ブレイン・マシン・インターフェース[8]など）を介して，サイボーグ－自我は，反射性の機能を担う。

次の例から考えてみよう (Tordo, 2019b)。障害を持つ患者がブレイン・マシン・インターフェースを実装する。生きている状態の脳を〔モニターを介して〕一人称で知覚することで，新たな自己認識が生まれる。これは，自らの身体が及ぼす外的作用が，モニターを介して視覚化され，測定可能になったことによる (Andrieu, 2017)。つまりテクノロジーは，〔私たちが〕脳を直接的に感じることなしに自己認識を修正するような，身体を知覚するための新たな可能性を提供してくれるのだ。これこそ私たちが〔テクノロジーによる〕知覚や表象の変換を重視し，内包的機能 (Kaës, 1979) と結びつける理由である。

▶痕跡の刻み込み

サイボーグ－自我はテクノロジーを介することで心的痕跡を刻み込む機能を果たす。これは二つの相補的方向で行われる。

---

†8　brain-machine interface（BMI）：脳と機械を直接つなぐ技術や装置の総称。

70

- **感覚 - テクノロジー的痕跡の刻み込み**　サイボーグ - 自我は，個人の身体がテクノロジーと接触することによって引き起こされる感覚的痕跡の刻み込みを組織化する（Tordo, 2020e）。
- **テクノロジーによるこうした刻み込みの拡張と保存**　ティスロン（Tisseron, 2003a）は，出来事の痕跡を保存するためのマシンイメージを例に挙げている。今日，コンピューターやスマートフォンは，皮膚 - 自我（Anzieu, 1985）の感覚的痕跡の刻み込みという，心的機能を拡張する可能性を提供している。

▶セクシュアリティに関わる覚醒とサポート

サイボーグ - 自我は，セクシュアリティとの関連において二つの心的機能を担う。

- **セクシュアリティをサポートする機能**　テクノロジーは，未知の興奮を生み出す可能性，さらには新たな形態のセクシュアリティを展開する可能性を提供する。例えば，身体的セクシュアリティとサイバーセクシュアリティを架橋する「トランス＠セクシュアリティ（trans@sexualité）」（Tordo, 2019d, 2020c）が観察されている（第13章参照）。
- **心的覚醒機能**　ティスロン（Tisseron, 2003a）は，感情的に強いイメージを求めることが，自我においてある興奮性の役割を果たしていることを強調する。つまり，エスが欲動によって満たされることの代役である。欲動と同じように，テクノロジーもまた刺激や興奮を供給する役割を担う。

ポイント―――――――

- 接続された人間とは，テクノロジーに恒常的に接続している個人のことである。そのテクノロジーは，個人の心的審級のネットワークに参入している状態にある。
- サイボーグ - 自我は，心的装置にテクノロジーを統合することを可能にするような，力動論的な審級を構築する。この審級に助けを借りることによって個人は，テクノロジーを自らの一部として表象することができる。

第1部　課題と展望

- 個人とテクノロジーがこうした関係を形成できるのは，サイバーエンパシーの
  おかげである。そのプロセスは二つのループから構成される。すなわち前反射
  性ループ（外在化，内在化，再内在化）と反射性ループ（拡張と投影，自我の
  仮想的二重化，心的統合）である。
- サイボーグ‐自我は，テクノロジーによって支えられるいくつかの機能（内
  包，維持，アイデンティティ，刺激保護，反射性，刻み込み，セクシュアリ
  ティに関わる覚醒とサポート）を持つ。

第8章

子どもとスクリーン

セルジュ・ティスロン

スクリーンは子どもの発達に影響を与えるだけでなく（Tisseron, 2010b），精神病理にも影響を与える（Tisseron, 2010c）。2009 年にはすでに公衆衛生上の問題が提起されている（Stiegler & Tisseron, 2009）。しかしながら経済的利害が強く絡んでいるため，こうした問題に関する情報普及のためのキャンペーンや，医療行為を促進するための立法措置に歯止めがかけられている。したがって，社会文化的背景，親子間の相互作用の役割，最新のインタラクティブ型機器やデジタルコンテンツが子どもに与える影響など，議論すべき多くのグレーゾーンが残されたままとなっている。要するに，短期的変化（一般的にはこちらばかりが研究されている）と，長期的変化を区別すること，また，心的表象の変化と行動の変化を区別することが重要となる。なぜなら両者は必ずしも相関があるというわけではないからだ。

3 歳未満の子どもとテレビ

2013 年のフランスでは，2 歳の時点で，3 人に 2 人の子どもが毎日テレビを見ているが[*1]，その割合は現在もおそらく高いままだろう。しかし生後 24 か月の子どもが，自分に「ぴったりの」番組について語ることは不可能であ

---

*1　ELFE.（2020 年 9 月）．フランスにおける幼少期からの長期調査. https://www.elfe-france.fr/fr/（2020 年 9 月 19 日確認）

第1部　課題と展望

る（Zimmerman & Christakis, 2005）。ここではスクリーンの前で過ごす時間が問題となる。テレビの前で過ごす時間が長ければ長いほど，創造的遊びや，五感や運動能力を使ったインタラクティブな活動，その他の基本的認知・社会体験の時間が少なくなる可能性がある。

　言語習得も遅くなるだろう（Zimmerman & Christakis, 2005）。また，たとえテレビを見ていなくても，テレビがついている部屋で子どもが遊んでいれば，注意力や集中力が低下してしまうだろう（Schmidt et al., 2008）。リンダ・パガーニのチームが行った長期的研究の結果によると，1歳から2歳の間に1日2時間以上テレビを見た子どもは，「行為主体性（agentivité）」についての感覚喪失が見られるという。つまり自らを，世界の状況に影響を与えることができる俳優ではなく，見るだけの視聴者として感じるようになるのだ。結果として，特に将来的に，仲間から被害を受けたりスケープゴートにされたりするリスクが高まる（Pagani et al., 2010）。子どもが攻撃に反応しにくければ，攻撃はエスカレートしやすくなる。しぐさと感情による共感との関係も損なわれる（Pagani et al., 2016）。その結果，子どもが仲間によるしぐさを理解できずに苦しむときに，孤立行動をとる可能性が生じる。また，不安によるしぐさと攻撃性によるしぐさを混同した際には，先取り的攻撃行動をとる可能性が生じる。概してこのような子どもたちは，自律性や辛抱強さが少なく，全体的に社会的器用さが低い（Pagani et al., 2016）。

　しかしながらこれらの結果は相関関係に関するものであって，確実な因果関係を示すものではない。加えて，代用の観点からのアプローチ（スクリーンが有害なのは，他のことをするのを妨げるからである）がますます議論されるようになってきている。ある子どもはスクリーンに触れるだけでなく他者と共に行うアクティビティに参加し，別の子どもは，スクリーンに触れるだけで他のアクティビティに参加しない場合がある。親の無関心や多様な刺激の欠如が，スクリーンと同じくらい問題なのだ。

　他方で，早期のテレビ使用は，将来他のデジタルメディアの利用を増やすことが示されており（Poulain et al., 2018），予防の観点から幼児期のスクリーン使用を制限することの重要性が示されている。

　最後に，重大な社会的格差があることを指摘しておく。社会−経済的に最も不利な環境にある子どもは，スクリーンに最もさらされ（Kabali et al., 2015;

第8章　子どもとスクリーン

Poulain et al., 2018)，身体活動の恩恵を受けることが最も少ない[*2]。仲間との関係性の問題も，電子ツールを使用する可能性を高める（Poulain et al., 2018）。

0〜6歳児とモバイルディスプレイ

2013年には2歳の時点で，フランスにおける10％の子どもが日常的に，20％の子どもがたまにスマートフォンに触れており[*3]，現在その割合はもっと高くなっていると思われる。しかし，モバイルディスプレイ（スマートフォンやタブレット）の影響調査は簡単ではない。なぜならテレビを見る時間が長い子どもほどモバイルディスプレイの使用時間も増え，結果として〔スクリーンタイム全体が〕累積するからである。

加えてこれまでの研究では，モバイル端末の使用形態（インタラクティブか非インタラクティブか）はほとんど考慮されておらず，全体の使用時間のみがカウントされている。また，視聴する番組の内容も考慮されていない。加えて，親が付き添っているかどうかの区別がほとんど行われていない（Clément, 2020）。つまり，モバイルスクリーンの具体的影響を理解するためには，より多くの研究が必要なのである。

▶運動性への影響

幼児によるデジタルツールの使用は，さまざまな発達段階に悪影響を及ぼすことはないようである（Bedford et al., 2016）。それどころか，早くからインタラクティブディスプレイを使っていた子どものほうが，実物を使った細かな運動能力を早く身につけることができたという指摘まである[†1]。なおこのポ

[*2]　Gassama, M., Bernard, J., Dargent-Molina, P. & Charles, M.-A. (2018年12月). 2歳の子どもの身体活動とスクリーンの使用についてのELFEによるコホート分析. 保健総局. https://www.ined.fr/fichier/rte/129/cote-recherche/Publications/Activite%20physique%20et%20ecrans_2%20ans_enfants%20Elfe.pdf

[*3]　ELFE. (2020年9月). フランスにおける幼少期からの長期調査. https://www.elfe-france.fr/fr/ (2020年9月19日確認)

[†1]　具体例として例えば日本でも，けん玉の練習についてVRを通して行うことで，リアルにおいてもけん玉ができるようになるスピードが早いことが報告されている。参照：伊藤亜紗

第1部　課題と展望

ジティブな関連性は，タブレットやスマートフォンでの活動が，（例えば
タッチやスワイプなどの）操作を伴うときに起こるということを明記してお
く。つまり動画や写真をただ見るような，受動的使用のみしかしたことがな
い子どもたちにおいては起こらないのだ。またこの調査の参加者について，
学位を持つ母親の割合が多いことも同様に明記しておこう。すなわちこうし
た調査結果は，付き添っている母親からの影響も合わさって生まれている可
能性がある[†2]。

▶**学習内容の伝達**

　学習内容の伝達は，媒体のインタラクティブ性によって促進される。この
ような条件下での学習は，リアルな状況下での学習に近いものとなる。ただ
し，スクリーンがインタラクティブでない場合，伝達状況は悪化する (Lauricella
et al., 2010; Troseth et al., 2006)。また子どもは，その子を大切に思う大人が積極
的かつ協力的に活動に参加するときに，学習メディアから最もうまく学ぶこ
とができる (Lauricella et al., 2010; Lovato & Waxman, 2016; Parish-Morris et al., 2013)。

▶**理　解**

　2歳から4歳の子どもを対象にした実験において，紙の本を見ながら大人
に読んでもらう場合と，スクリーンに映し出された内容を見ながら大人に読
んでもらう場合とで，物語の理解度を比較した (Lauricella et al., 2014; Parish-
Morris et al., 2013)。小さな子どもにとっては，紙の本の優位性は明白である
し，大人のサポートの質も紙の本を読んだときのほうがずっと上である。し
かしながら，4歳以降になると紙の本の優位性は薄れていき，インタラク
ティブな機能を持つタブレットが物語の理解を，紙の本と同じくらい刺激す
るようになる。

　同様に，朝，学校に行く前にテレビを見ている子どもは，一次性言語障害
の発症リスクが3倍，スクリーンの内容について親に相談しない子どもは6

　(2022).『体はゆく——できるを科学する〈テクノロジー×身体〉』 文藝春秋.

[†2] ここで母親が主に働いており父親のほうが育児をする時間が長い家庭についての視点がない
　　点には注意が必要である。また，親の学歴とインタラクティブディスプレイを通した運動能力
　　の向上との関係性は，本文にもあるとおり，あくまで相関関係にすぎず因果関係ではない。

倍になると言われている（Collet et al., 2020）。

▶行動上の問題との関連性についての調査

韓国の小学生を対象とした縦断研究において，スマートフォンの使用と多動性・不注意との間には，統計的（しかしながら必ずしも因果関係がない）相関があることが明らかになった（Byun et al., 2013）。別の研究では，1回目の診察時にコンピューター，インターネット，携帯電話の使用率が最も高かった幼い子どもたちについては，1年後に親から，行動上の問題がより多くあることが報告されている（Poulain et al., 2018）。ただし，この結果については親側からだけの評価によるものである。最後に，別の縦断研究（Hinkley et al., 2014）では，2歳から6歳の子どもにおけるコンピューターやインターネットの使用と，おそらく視聴したコンテンツに起因するであろう，情緒面の障害とが関連づけられている。

親のスマートフォンがもたらすもの――テクノフェランス[†3]

会話や遊びの最中にスマートフォンを使用する親は，子どもからの働きかけに対し，より短いフレーズで，より少ないしぐさとともに応答し，教育的支援も少なくなる（Radesky et al., 2014）。これは子どもの見捨てられたという感覚につながり，安全な愛着の確立を阻害することになる（Beamish et al., 2018）。

公園で大人がスマートフォンを使用することには，事故のリスクの増大も伴う。子どもは親の注意を引こうとして自らを危険にさらすこともあるからだ（Kildare & Middlemiss, 2017）。行動上の問題が現れる可能性もある（McDaniel & Radesky, 2018）。そもそも幼い子どもたちにとって，スマートフォンの魅力は，親がスマートフォンを使っている姿を見ることと大いに結びついているのではないだろうか。加えて，子どもが成長するにつれて，親のスマートフォン

[†3] 原語は technoférence であり，technologie（テクノロジー）と interférence（影響，干渉）を合わせた造語。

第1部　課題と展望

利用がコミュニケーションの大きな障壁になるということが，子ども側から
しばしば指摘されている[*4]。

思春期の子どもとスクリーン

　ある研究では思春期の子どもにとって，特に「ザッピング」思考に関わる
領域において，スクリーンの使用が問題となることが示された。しかし別の
研究では，特に社会化の領域においてポジティブな使用法が明らかにされ
た。

▶「コネクト」世代[†4]

　ジーン・トゥエンギ（Twenge, 2018）は，過去 40 年間の米国の若者に関する
四つのデータベースをまとめ，スマートフォンで育った現世代と，ビデオ
ゲームで育ったいわゆる「ミレニアル世代」では，「ミレニアル世代」がそ
の前の世代とは違うのと同様に，異なるものであると結論づけた。世代間の
差異はとりわけ，家族，セクシュアリティ，政治，仕事についてのイメージ
に影響を与える。また現世代は以前の世代と比べて，差異そのものに対する
寛容さが増している一方で，うつ病，自殺やリストカットの増加，家族内に
とどまることの長期化，運転免許取得への意欲低下の傾向などが強くなるこ
とが，この調査において指摘されている。しかしながらこれらの問題と思春
期のスマートフォン使用との間には，何の相関も示されていないということ
についても認めるべきである。創造性に関しては，（暴力的なものであれそ
うでないものであれ）ビデオゲームをプレイする子どもたちのほうが，絵を
描いたり物語を考案したりするよう求められたときに，より創造的になる傾

---

*4　CSA リサーチ．（2018 年 2 月）．フランスのデジタル実践に関しての観測研究による主な調査
　　結果. https://www.csa.eu/fr/survey/observatoire-des-pratiques-numeriques-des-francais（2020
　　年 9 月 19 日確認）
†4　原語は génération connectée で，原語そのままだと「接続された世代」となる。「ミレニアル
　　世代」の後に続く世代については，「Z 世代」と呼ばれることが一般的である。また，「デジタ
　　ルネイティブ世代」もこれに近い表現である。

向がある（Jackson et al., 2012）。

▶視力と睡眠に関するリスク

　ディスプレイの LED に含まれる青色成分には，二つのリスクがある[5]。一つ目は——この点についてはいまだ議論中ではあるが——網膜へのダメージの可能性であり，二つ目は睡眠の鍵となるホルモンであるメラトニンの分泌を抑制してしまう，という点である。夜間のスクリーン使用は，睡眠時間の減少につながるのみならず，生理的睡眠リズムの破綻を引き起こし，疲労，注意力低下，暗記，気分，栄養吸収に加えて，学校の成績にも影響を与える可能性がある（Adès et al., 2019）。こうした悪影響はすべての年齢層に及ぶものであるが，子どもや思春期の若者に対してより大きく影響する。

▶攻撃性，暴力とストレス

　暴力的ゲームは不安やジェンダーバイアスを増大させ，暴力のリスクを高めるだろう（Tisseron, 2000a）。実生活でゲームの暴力的ロールモデルを模倣することは，暴力的対立や攻撃的態度を高めるリスクがある。しかしながらより重要なことは，暴力的ゲームが，反社会的行動を観察した際に感じるストレスへの慣れを起こし，暴力に対する鈍感化を促す点である。脳波 P3 を測定したある研究によると，その振幅の弱さが暴力的態度の可能性と相関していることが明らかになった（Engelhardt et al., 2011）。暴力的ゲームをプレイした場合，これらのゲームを普段プレイしていない被験者では P3 波が減少したが，頻繁にプレイしている被験者では減少しなかった。しかしながら，暴力的ゲームをプレイすることによって暴力への反応性が低下するのか，暴力への反応性が低下した被験者が暴力ゲームをプレイしやすくなるのかについては，知ることができない。

　プレイヤーが自分のアバターの生存のために，他のアバターの生命を危険にさらすような決断をしなければならないような，恐ろしい環境に被験者をさらすと，他のアバターを犠牲にすることを選択するようになりうる（Cristofari

---

＊5　ANSES.（2020 年 9 月）. LED とブルーライト——発光ダイオードを使用した照明システムの健康への影響について. https://www.anses.fr/fr/content/led-et-lumi%C3%A8re-bleue/ （2020 年 9 月 19 日確認）

第1部 課題と展望

& Guitton, 2014)。しかし，この仮想環境において認められている行動の範囲は不明である。一般的には多くのゲームにおいて，他のアバターの自由や安全を尊重することは難しい。ゲーム内のアルゴリズムによって，プレイヤー同士の同盟関係を築くことができないようになっており，結果としてプレイヤーは，ゲームに適合するために非倫理的行動をとることがある (Coussieu, 2014)。

　今後の研究においては，以下の3点について区別したうえでまとめるべきだろう。①ストレスと攻撃性の違い（もしも若いプレイヤーがストレスを感じていれば落ち着かせ，攻撃的になっていれば枠組み[†5]を変える）。②表象の変化と行動の変化の違い（両者は必ずしも対にはならず，行動の変化のみが社会的に有害となりうる）。③各プレイヤーが単独で他のプレイヤーと対戦する非協力型の暴力的ゲームの結果と，協力型の暴力的ゲームの結果との違い (Lobel et al., 2017) に関して，である。

▶ジェンダーバイアス，孤独，サイバーハラスメント

　ソーシャルネットワーク上で，是が非でも目立ち，視認性を求めることは，ハラスメントにつながりうる (Tordo, 2020a)。加えて，過激な暴力やジェンダーバイアスなど，問題のあるコンテンツに触れるリスクも生じる。しかしながら同時に，インターネットやソーシャルメディアを通じて，オンライン上で友情を育んだり親切さを示したりすることは，対面での交流と同様に有益な効果を生じさせる可能性がある (Decety, 2020)。

▶人間関係における最良の知性

　2017年のユニセフの報告書[*6]では，思春期の若者による携帯電話やソーシャルネットワークの利用について，他者の存在を求め，物事を共有しようとする点で，とりわけポジティブに働いていると結論づけている。携帯電話やソーシャルネットワークは，仲間とつながっているという感覚を高め (Spies Shapiro & Margolin, 2014)，孤立感を軽減し (Teppers et al., 2014)，すでに育ま

---

†5　枠組み（cadre）については本書第3部を参照。
*6　ユニセフ．（2017年12月）．世界の子どもたちの現状2017年版──デジタル世界における子どもたち．国連国際児童基金．https://www.unicef.org/english/publications/index_101993.html.

れた友情を強化するとされる[*7]。しかしながらこうした効果は，対面での交流も並行して存在する場合に，いっそう大きくなるようである。

▶反応時間の短縮

アクションゲームの長期的効果に関する研究によると，限られた期間だけプレイすることで，分散的注意の領域および空間認知の領域が大きく改善され，知覚についても明るい兆候が見られるという（第17章参照）。他方，これらのゲームは ADHD を悪化させると考えられている（Weiss et al., 2011）。

▶併存症の重要性

どのような場合においても，問題行動については併存症が重要な役割を果たしている。問題のある使い方をした場合に，子どもからデジタルツールを奪おうとしても意味がない。行動が習慣化し，その後で抜け出すのが非常に困難になる前に，隠れた根本原因を理解することが重要である（Andreassen et al., 2016; Griffiths et al., 2016）。

ポイント────────────────────────────

- 3歳前の子どもには，人間関係に関わる活動が不可欠である。
- 大人が幼児との関わりにおいてデジタルツールを使用することは，子どもの人間関係に関わる発達を阻害することになる（テクノフェランス）。
- ディスプレイの明るさによって睡眠障害が引き起こされる可能性がある。寝室では携帯電話の使用禁止を促すべきである。
- スクリーンタイムを管理するうえで，また子どもの発見をサポートするうえで，親の役割は不可欠である。こうした役割を果たすことで，子どもの学習，自己統制，物語能力の発達が促される。だがどの程度果たせるかは，社会的背景によって大きく異なる。
- 専門家は，情報を提供するという大きな役割を担っている。家庭におけるスク

---

*7　Kardefelt-Winther, D.（2017年）．子どもがデジタルテクノロジーを使って過ごす時間は，彼らの精神的幸福感，社会関係，身体活動にどう影響するのか──エビデンスに焦点を当てたレビュー．UNICEF. https://www.unicef-irc.org/publications/pdf/Children-digital-technology-wellbeing.pdf

リーンの位置づけについて，毎回の面接で親と話し合う必要がある。物理的な場所（どこにあるのか，子どもは自由にアクセスできるのか），日課の中でその場所はどう変わるか，家族の交流が行われる間どこに置かれるか。さらには夕飯の間，テレビや携帯電話，スマートフォンを使わずに，和やかな時間を過ごすことができるか。

- 枠組みの決まった利用しやすいグループ活動という点で，スクリーンに代わるものを提供してくれるような自治体の取り組みを利用するのもよいだろう。

第9章

生き生きとした非生命的エージェント への共感

セルジュ・ティスロン

　私たちの情動生活と愛着プロセスは，人間の同胞に対するのと同じくらい，諸対象にも動員される (Tisseron, 1999)。例えば，軍隊の兵士らが，破損した地雷除去ロボットに涙して，その葬儀を執り行うといったことが起こりうる (Singer, 2009)。共感に関する研究は，こうしたプロセスに新たな光を当て，私たちと対象との関係における擬人主義（anthropomorphisme）の重要性について意識させる。ロボットに向けた人間の行動には，どのような 力 が影響を及ぼすのか，そして，ロボットへの私たちの共感はどこまで広がっていくのだろうか。

「共鳴」からミラーニューロンへ

　1873 年に，ロベルト・フィッシャーは，Einfühlung〔感情移入〕という用語を創出し，哲学史の中に導入した (Vischer, 1873)。この用語では，他人の感情を「理解」することではなく，生命を持たない世界や，人間の同胞との調和的な一体感を感じることが問われており，フィッシャーはこれを「共鳴（résonance）」とも呼んでいる。テオドール・リップス (Lipps, 1903) は，この概念を芸術の観点から発展させていった。〔この系譜につながる〕「共 感」という言葉が，ミラーニューロン (Rizzolatti & Sinigaglia, 2011)，乳幼児発達における運動と感情の模倣の重要性 (Trevarthen & Aitken, 2003)，そして動物の行動の観察といった発見の3点セットによる影響のもとで復活したのは，ようや

第1部　課題と展望

く21世紀初頭に入ってからである（De Waal, 2010）。

　並行して，20世紀末以降の臨床研究からは，特定の対象への特別な情動的つながりに由来する家族的な問題系（Tisseron, 1996b）と，そうした対象が引き起こしうる愛着のさまざまなモードが注目されるようになった（Tisseron, 1999）。これら2通りの一連の研究が出会うことで，人間とテクノロジー対象との関係における，共感という問いへの道が開かれていった（Tisseron, 2015a, 2016a, 2018, 2020b）。

共感なるものからいくつもの共感へ

　共感には通常，二つの側面があると考えられている。一つ目は，厳密に感情的な側面である。ある感情を持っている人と対面したとき，同じ感情を感じ取って，その感情が相手に属するものであると同定すること。〔ある感情が相手に属するか自分に属するかの〕区別が明確につかない場合は，「同情シンパシー」と呼ばれる。この**情動的共感**によって，例えば，「私は君が悲しんでいるのが分かる」と自分に言う（または心の中で思う）ことが可能となる。この情動的共感は，生後4か月頃から現れるようだが，この時期にまだ至らない子どもは，自己と他者との違いを自ら表象する能力を持っていない。

　二つ目の構成要素は，4歳半頃より現れる**認知的共感**である。これは，他人が自分とは異なる何かを経験しうること，そして，そのいくつかの理由について理解できる能力である。「心の理論」は，感情的な構成要素がまったく関与しない「心の理論」に基づいている。「心の理論」は純粋に知的な能力であり，例えば，「君が悲しんでいるのが僕には分かるし（情動的共感），そして悲しんでいる理由を理解している（認知的共感）」と言うことができる。この能力は，相互扶助だけでなく，操作にも利用しうる（Tisseron, 2016a）。

　したがって，これら二つの側面だけではまだ不十分である。感情的・認知的共感を体験した後で，人が行動するのは，とりわけ他人の苦痛を妨げることが大事になるからなのだろうか。換言すると，介入する人間の動機を決定づけるのは何であろうか。これは，他人の視点を知的かつ感情的に採用する

能力であるように思われる（Decety & Cowell, 2014）。これが**成熟した共感**（Hoffman, 2008）であり，感情的な参画と，認知的に距離をとることを兼ね備え，他人の主観性を心的にシミュレーションすることに近い（Decety, 2004）。チベットの仏教徒たちによって，これは「慈悲」と名づけられている（Ricard, 2014）。この言葉は，苦痛を感じている人に向けられる感情的共感のことを指し示しているのだが（Tisseron, 2016a），フランス語や英語圏の伝統には照応していない。

　この成熟した共感は，観察，記憶，知識，推論を同時に干渉させる心的構築物である（Decety & Cowell, 2014）。この共感のおかげで，例えば，「君が悲しんでいるのを見て，その理由を理解して，私が君の立場であれば，私もまた悲しむだろう」と自分に言い聞かせることができる。これはまだ道徳的感覚ではないが，その条件となる。相互的感覚の発達を促された子どもは，正義の感覚の土台となる相互的共感に行き着く。

　最後に，**自己への共感**とは，他者への共感と並行して構築されるものであり，自分自身の感情状態，それから自分自身の心的状態に受容的となることである。最終的には同じ主題について，自己内部に複数の異なる視点を持って受容することが成り立つ（Tisseron, 2010a）。自己への共感が，他者への共感をも増大させ，それによって，自己への共感も増すことになる。自分の内面世界を自在に扱えることは，他人と共鳴できる可能性を顕著に増大させるのである。

　間主観的共感は，私たちが自分自身について，自分では気づかないことを，他人から教えてもらえることを受け入れることで成り立っている。間主観的共感は，友情の中でこそ最も顕著に示される。

機械への共感と，相互性を信じるリスク──イライザ効果

　情報工学者のジョセフ・ワイゼンバウムは，1960年代に，ロジャース派カウンセラーの会話をシミュレートできるプログラムを開発した。その機械はイライザと呼ばれ，ユーザーの言葉を質問形式で体系的に言い換えていく問いかけをし，どう答えるべきか分からないときは，「ワカリマス」とメッ

第1部　課題と展望

セージを表示した。その際，ワイゼンバウムは次のことを発見した。ユーザーの中には，イライザに多くの時間を費やす者たちがいたが，その人たちは，イライザが自分のことを理解してくれているような印象を述べていたのである。こうしたユーザーたちは，機械が機械であることを十分に理解していたが，人間と同じ質の関心・注意を示してくれると思い込んでいたのである。ワイゼンバウムは，これを「認知的不一致」と呼んだ。彼はこのことを，次のような人間の二つの傾向によって説明づけた。それは，コンピューターによって生成された一連のシンボル（ここでは，言葉）に，それらが実際に持っている意味以上のものを付与すること。そして，こうしたシンボルが，自らに親密さを伴って差し向けられていると考えることである。人間の脳には実際のところ，意味を求め，そしてまた，擬人化されたモードで，環境との関係を構築しようとする避けがたい傾向がある。ワイゼンバウムはまた，かくも単純なコンピュータープログラムとの相互行為が，正常とされる人にも妄想的思考を誘発させうるなど想像もしていなかった，とも述べた。

　コンピューターに，人間の社会的属性と似たものを帰属させる傾向は，認知バイアスのリスクとともに，今日，CASA[†1] パラダイムと呼ばれている (Gambino et al., 2020; Nass et al., 1994)。こうした人間中心的な取り扱いは，自然環境の中でも実験室の中でも適用される。たとえユーザーが，機械は人間ではないので人間のように扱うべきではないということに同意していたとしてもである。

二律背反となりうる2通りの推論モード

　私たちは，2通りの推論モードのおかげで，環境との関係をマネジメントすることができる (Kahneman, 2011)。ダニエル・カーネマン[†2] によって「システム1」と名づけられた一つ目のモードが，迅速かつ直観的[†3] に実行される

---

†1　Computers As Social Actors: 社会的アクターとしてのコンピューター。
†2　Daniel Kahneman（1934–2024）：米国の行動経済学者。2012 年にノーベル経済学賞を受賞。
†3　原語は intuitif で，哲学では「直観」と訳すことが多いが，心理学では「直感」とすることが多い。

システムであるのに対し，二つ目の「システム2」と呼ばれるシステムは，反対に，緩徐かつ再帰的である。対象との関係の場合，システム1は，しばしば便宜上，同胞たちに対するのと同じ行動をとるように私たちを仕向ける。例えば，もしも私のパソコンが故障すれば，私はそれに向かって，「ああもう，お前そんなことをしてはだめだよ！　よりによって今日じゃないだろう！」と叫ぶことができよう。私たちの環境との関係において，こうした態度はハンデとなるどころか，世界を飼い慣らす人間の素晴らしい能力の原点となる (Grimaud & Vidal, 2012)。しかし，私たちが諸対象を自分たちの社会的関係の中に自発的に統合するとしてもなお，一つの相違が認められる (Descola, 2005)。私は，自分のパソコンを叱責できても，パソコンのほうが，私に応答してくるなどとは考えもしないし，パソコンが気分を害したのではないかと心配する必要もない。実際のところ，システム2は，生物だけが自らに固有な論理に従って追求する特定の目標を持っている，という事実を考慮に入れたうえで，介入するのである (Gergely et al., 1995)。

　すべての文化が，対象を必ずしも等しく重要視しているわけではない。日本の文化では，対象への親しみとして，欧米人が人間に向けるのと同じくらいの配慮がなされることがある。例えば，針仕事に使えなくなった針はお寺に納めて供養され，不要になったペットロボットAiboに対しては，葬儀が行われる。漫画のキャラと結婚したいと願うことは，実際そのような結婚に法的価値はまったくないにせよ，受け入れられている。日本のペインクリニックで行われた実験では，診察のオブザーバーとしてロボットを導入した場合，33％の患者が，ロボットの存在にむしろ安心し，「いないほうがいい」と答えたのはわずか6％であったという (Yoshikawa et al., 2011)。しかも，医師の言葉に合わせてロボットが笑顔でうなずいた場合には，患者の4割が「安心できる」と回答し，患者の態度に同期してうなずくと，その割合は半数近くにまで上昇した (Takano et al., 2008)。

　これに対して西洋の文化では，完全な関係を持つパートナーは，生物だけだと考えられている。しかし人間的な能力を，どんどん上手にシミュレートするヒューマノイド型機械の使用とともに，状況は変化しかねない。このことは，ある意味すでに始まっている。というのも，私たちは生身の人間に対してと同じように，小説や映画 (Tisseron, 2005)，またはビデオゲーム (Tisseron

第1部　課題と展望

& Tordo, 2013) 上の登場人物に愛着を持つのだから。登場人物たちは，私たちの日常生活とは異なるフィクションの環境の中で動き回り，すべてが新たな意味を持つようになる。概して，書籍やスクリーンは，閉じればすべてが終わる。しかし，共有された物理空間の中にロボットが登場することで，すべてが変わってこよう。システム1は，推論バイアスに容易に陥りやすいが，そのことを意識するだけでは十分に事態に備えているとは言いがたい (Kahneman, 2011)。危険なのは，機械を人間と混同することではなく，機械に対して近しい人間と同じくらい親しみを感じているというのに，機械の操作性に対し批判的な目が十分に向けられていないことだ。とりわけ懸念されるのは，すでに一部のビデオゲームではそうなっているように，会話型エージェント（agent）がこうしたバイアスを，私たちを操作する目的で利用することである（第10章参照）。

「人工共感」のいくつかのリスク

　いかなる機械にも感情は備わってはいないし，したがって，いかなる機械も共感を体験できない。けれどもロボティクス研究者たちは，このような錯覚の創出を夢見ており，「人工共感」という撞着語法[†4]は，そこに由来している (Tisseron, 2015a)。実際のところ，機械は，感情の表象を自ら創出するために，人間の対話相手の姿勢やしぐさ，イントネーションを，いくつかのモデルと比較するようプログラムされている。これによって，機械は，まるで対話相手が何を問題にしているかを理解しているかのように，シミュレーションされた感情で応答してくれる。これらの機械は，まだ非常に初歩的なものだが，人間の行動に及ぼす影響は，すでに相当なものである (Vidal, 2016)。機械が自ら目標を設定する生物ではないことを重々承知していても，私たちが機械に話しかけて，機械が私たちに話しかけた途端，私たちは機械を人間と同じ社会性のネットワークに統合させる。そして，機械が人間とはかけ離れているのは明らかだというのに，人間が持っているのに近い能力を

---

†4　修辞技法の一つ。「喜ばしき不幸」など，矛盾する意味の言葉を意図的に結びつける表現方法。

機械に帰属させてしまいかねない (Tisseron, 2020b)。

　例えば，ロボットに話しかける人は，ロボットの視線に読み解くべき志向性がまったくないことをはっきりと確信していながら，人間の対話相手の目を見つめるのと同じくらいの時間を費やして，ロボットの目を見つめることが示唆された (MacDorman & Ishiguro, 2006)。

　同様に，手ひどく扱われたり壊されたりしたロボットの苦痛を想像することは，多くの観察者にとって非常に困難であり，他方，一部の観測者にとっては耐えがたいものになりうる (Rosenthal-von der Pütten et al., 2013)。また別の研究では，85人中13人が，「やめてください」と懇願するようにプログラムされたロボットの電源を切ることを，それが作為的なものだと気づきながらも，断念した (Horstmann et al., 2018)[†5]。カタストロフのシミュレーションでは，役に立ちそうなロボットよりも，役立たずに見える人間を犠牲にすることを選ぶ人もいる (Nijssen et al., 2019)。その一方，脳画像研究において，人間とロボットの感情表現は，観察者によって比較的似たように知覚されることが明らかにされた (Devillers, 2017)。

　しかしながら，人間と機械との間に確立されうる関係については，長期的な視点からは，ほとんど知られていない。どうやら好奇心を持ち，探究心の旺盛な態度を特徴とする最初の段階が終わった後に，ユーザーは，二つの態度を交互に選択するようである。つまり，いくつかの契機に応じて，同じ機械でも，単なる対象と見なされることもあれば，人間の等価物と見なされることもある (Giard, 2016)。その後には，いったい何が起こるのだろう。これについて，私たちはまったく分からない。長期的な人間同士の関係であれば，各々が，対話相手のすべての行動を説明づけ，正当化すると見なされる「性格」を固定的に捉え，自分に対する行動にも「性格」が影響を与えていると考えることは珍しくない。ロボットが相手の場合だと，違ってくるのだろうか。これらは今後，さらなる研究が必要となる。

　いずれにせよ，こうした機械のユーザーには，以下の四つのリスクが待ち構えている。①機械が，常時接続されていることを忘却するリスク。②機械が，プログラマーのソリューションを私たちに押し付けていることを忘却す

───────────

†5　第2章も参照。

るリスク。③機械は，感情のシミュレーションを行っているだけなのに，感情の能力を持っていると信じ込むリスク。④人間よりも機械を好む，さらには機械を人間の望ましいイメージだと見なすリスクである（第1章参照）。

不可欠な倫理的措置

今日，こうした機械に対する問題のある感情的愛着のリスクは，ほとんど考慮されておらず，一部の製造メーカーは，ロボットは感情や意識を持ちうるという錯覚を抱いてさえもいる（ハンソン・ロボティクス，ソフトバンク・ロボティクス）。加えて，会話型ロボットに付与される人格は，社会的ステレオタイプに沿って作られているため，これを強化してしまうリスクがある。倫理的な枠組みは，喫緊の課題である（Fiske et al., 2019; Tisseron, 2015a, 2020b）。

▶法的措置

自分が収集したデータがどのようなもので，それらがどのように使用されているかについて，EU一般データ保護規則（RGPD）[†6]に準じて皆が知っておく必要がある。「心を持ったロボット」についての誤解を招くような広告を禁止することは，最も脆弱な人たちを守ることになるだろう。また，人間にとっての人間関係の特異性を守るために，相手が機械か人間かを常に把握することも不可欠である。最後に，ロボットと一緒に仕事をする人は，過度に擬人化するような投影のリスクを測定できるテストから恩恵が受けられると便利であろう（Tisseron, 2012e, 2014a）。

▶技術的措置

テクノロジーツール，特にロボットに対しては，透明性のあるセーフガードを付与することで，機械の本性を決して見失わないようにすることができ

---

†6　RGPD: Règlement Général de Protection des Données.　日本では英語の略語であるGDPRで知られている。

るだろう。また，人間関係を伴うような課題で，人間をロボットに置き換えてしまわないように注意しよう。パートナーそのものとなるロボットよりも，人と人との関係を促進する「人間的な」ロボットを選ぶようにしよう（Tisseron, 2015a）。

▶教育的措置

　子どもたちに，幼稚園の頃からプログラミング言語に慣れ親しんでもらおう。そして，ロボットを組み立てたり分解したりすることで，常日頃から子どもたちにロボットに慣れ親しんでもらおう。それは，ロボットが機械以外の何ものでもないことを，常に考慮に入れておくことに慣れさせるためである。

ポイント────────────────────────────────

- 「共感」という言葉には，感情的であると同時に認知的であるという複雑な能力が含まれる。こうした能力には，感覚能力や感情そしてその他の認知能力のマネジメントに関わる特別な脳領域が関与する。いわゆる「人工共感」とは，一つの撞着語法であり，誤解を招きうる言葉の濫用である。
- 人間は，2通りの推論モードを保有している（Kahneman, 2011）。一つは，迅速で直観的な推論モードで，対象との関係において，擬人化を促す。もう一つは，緩徐で再帰的な推論モードで，追求される目標の自律性に応じて，生物と非生物とを識別することができる。
- 言葉と感情的シミュレーションを備えたデジタル対象は，言葉のシステムを欺いて，認知バイアスを作り出す可能性がある。これには，その機械が実際よりもずっと優れた力を持っているものと信じてしまうリスクを伴う。
- 生き生きとした非生命的エージェントの開発には，多くの倫理的問題が生じており，法的，技術的，教育的な措置が求められる。
- この研究分野は，心理学に広く開かれている。

第2部

精神病理

第10章　デジタルは「薬物なきアディクション」か

第11章　サイバーバイオレンス，サイバーハラスメント，デジタルな透明性

第12章　デジタルな二者一心──心的生との関連から見て問題のあるビデオゲーム

第13章　サイバーセクシュアリティとテクノセクシュアリティ

第14章　ひきこもり現象

第15章　機器に接続している患者の精神病理
　　　　──テクノロジーが心的補綴として使用されるとき

第16章　慢性疾患や身体疾患の患者におけるハイブリッド化という臨床基軸

第10章

デジタルは「薬物なきアディクション」か

セルジュ・ティスロン

　2019 年に，世界保健機関（WHO）は，ゲーム障害[*1,†1]（ゲーム行動症）を，国際疾病分類第 11 版（ICD-11）の中に組み込んだ。この障害は，デジタルまたはビデオゲームの行動モデルとして定義づけられた。他の日常的な趣味／関心や活動よりもゲームの優先順位が高いこと，そしてマイナスの弊害がもたらされているにもかかわらず，ゲームを継続またはエスカレートさせて続けること，と特徴づけられた。アディクションとして語られるには，その障害が 12 か月以上継続し，個人的，家族的，社会的，職業的な諸活動に重大な影響を及ぼしている必要がある。当人は，パソコンやモバイル端末機，ゲーム機から離れられず，社会生活全般が放棄され，健康面や精神的，身体的に害を及ぼすほどである。加えて，睡眠や食事を含め，他のすべての興味や活動がないがしろにされる。

　WHO のこの決定については，いまだ論争が続いている。米国精神医学会（APA）は，過度のゲーム遊び（そしてスクリーンタイム）を依存症[†2]と定義するのも，問題のある障害と定義するのも，現行のエビデンスでは不十分だと考えている。スクリーンの前で長時間過ごすことを形容するのに，「中

---

*1　国連.（2018 年 1 月）. ゲーム障害. https://who.int/features/qa/gaming-disorder/fr（2020 年 9 月 19 日確認）

†1　原語は trouble da jeu vidéo であり，直訳すれば「ビデオゲーム障害」であるが，本書では文脈によって addiction aux jeu vidéo と記載されている箇所がある。というのも，この章にあるように，定義が揺れているからである。

†2　本書は dépendance を「依存（症）」，addiction を「アディクション」と基本的に訳し分けているが，文脈によって必ずしも厳密に区別していない。

毒（toxicomanie）」と語る専門家もいれば，「問題のある行動」「過剰行動」「強迫」などと語る専門家もいる。しかし，こうした用語はどれも，今なお議論を呼んでいる（Tisseron, 2010d, 2012c）。「スクリーン・アディクション」「デジタル・アディクション」「インターネット・アディクション」といった表現についても，今日まで科学的な根拠づけはなされていない。

議論すべき行動上のアディクション

　ビデオゲームの過剰な使用は，睡眠障害，食行動の障害，欠勤（欠席）や落第，社会的ひきこもりといった，長期にわたる持続的影響を伴うことがある。また，いくつかの医学研究からは，てんかん，光線過敏症，排尿の問題，筋肉系や皮膚の問題，部分的麻痺，腱鞘炎，関節痛といった深刻な副作用が見られることが示されている。しかし，こうした極端な例は極めてまれで，実際には精神疾患と関連していることが多く，ゲーム自体が直接的に関与しているわけではない。

　WHOは，こうした行為の過剰さを「行動上のアディクション」と定義づけすることを選択した。この用語は以下のように，提唱したアビエル・グッドマン（Goodman, 1990）の諸研究と関連している。すなわちアディクションを，物質との関係ではなく行動との関係で考えるのである。グッドマンによれば，ある人に快を与え苦痛な情動を和らげてくれるような行動が，次の二つの重要な症状を生み出すとき，アディクションが生じるという。

- この行動の制御に繰り返し失敗する（「制御の喪失」）
- マイナスの結果をもたらすにもかかわらず，その行動を継続する

　グッドマンは，こうしたアディクションを引き起こしやすい四つの分野として，性欲，食べ物，スポーツ，ギャンブルを想定していた。現在までに，ギャンブルへのアディクション（ギャンブル障害／ギャンブル行動症）と，2018年以降はビデオゲームへのアディクション（ゲーム障害／ゲーム行動症）だけが，WHOにおいて認められている。

　広く用いられているとはいえ，これらの概念の限界は定義の不正確さにある。

第2部　精神病理

- WHO は，その定義を適用できる年齢を明示していない[†3]。しかし，「行動上のアディクション」の本質的な要素は，私たちの選択や決断に影響を及ぼす衝動制御の崩壊である。そもそも，この衝動制御システムの実装化が完成するのは年齢的に遅めで，20歳頃またはそれ以降となることもある（Berthoz, 2020）。したがって，衝動制御を〔獲得した後で〕喪失した成人と，衝動制御をまだ獲得していない子どもとを，同列の診断カテゴリーに置くことは難しいように思われる。スクリーンに釘づけにされた子どもの場合，破綻しているのは親の衝動制御システムではないのかとさえ思われる。親たちが，子どもの衝動を制御することを諦め，子どもと衝突する不快感を避けるために，子どもをスクリーンの前に放置するのである。したがって，「ゲーム障害」という診断カテゴリーが，すべての年齢層に当てはまるのか，それとも一部の年代にだけ当てはまるのかという問題は，今のところ未解決のまま残されている。

- 別々の家庭で育てられた双子研究により，依存症に対する脆弱性には遺伝的要素があることが示唆されてきた。もしも「ゲーム依存症」が存在するならば，少なくとも部分的には遺伝的要因が関連しているはずである。しかしこの主題に関しての研究は，皆無と言ってよい。

- 最後に，ゲームは病理の原因となりうることもあれば，うつ病，不安症，恐怖症，パーソナリティ症といった精神疾患の結果として現れることもある（これを併存症と呼ぶ）。一部の薬物と同様に，行動上のアディクションは，確かに，〔他の精神疾患への〕自己セラピーとして使用されているのかもしれない。しかしもしも，精神障害が，問題のあるゲーム行為やゲーム障害のリスクを増大させるのであれば，問題のあるゲームに取り組むこともまた，今日の製造メーカーが特に活用しているランダムな報酬効果〔＝ガチャ〕によって，これまで社会的に許容される範囲の中に収まっていた精神障害を悪化させるリスクがある（King et al., 2019）。

---

†3　2020年7月現在。

第10章　デジタルは「薬物なきアディクション」か

物質に伴う／伴わないアディクション

　承認された二つの行動上のアディクション（ギャンブル障害とゲーム障害）は，いずれも，中毒性製品へのアディクションのモデルであると同時に，このモデルの破綻を通して成り立っている。

▶中毒性物質へのアディクション
以下のような表出が見られる。

- 目先の快の追求に導かれた，自己への閉じこもり：その人は自分の人生のすべてを，たった一つの活動に捧げている。
- 衝動制御の喪失：その人は，自分の人生が制御できなくなっていると感じている。
- 対象となる中毒性の製品を取り上げられたときの生理的な離脱症状：その人がある活動を停止しても禁断症状が出ない場合は，依存症ではない。
- ネガティブな結果が生じるにもかかわらず，その行動を継続すること：活動によって内的葛藤が生じると，その活動から逃れたいと思うようになるが，その人はその活動から逃れたいと思いながら，それが成功しない。このような行為は，その人の仕事と私生活に負担をかけ，あるいはそれらの質を劣化させるものである。

▶行動上のアディクション
　目先の快を求めることに導かれての自己への閉じこもりが起こったり，自らの衝動を制御できなくなったりすることもある。

　またそれとは反対に，次のようなことが見られる。

- 生理的な離脱症状が見られずとも，心理的な離脱症状を認めれば，依存症として考慮されることがある。
- ヘロインやタバコの依存症者が，数年にわたって使用の中断を続けていても，こうした物質の使用を再開すると再発リスクが高いのに対して，〔ゲーム行動症では〕そうした再発リスクは見られない。「ビデオゲームの問題のある実践」を抱える思春期の子どもは，成人すると通常は中程

97

第2部　精神病理

度のゲーマーになる。

現在の研究動向

　ビデオゲームに関する現在の研究では，自分自身でゲームをするのと他の
プレイヤーを見るのとの違いも含めて，使用法の特殊性を考慮に入れている
(Polman et al., 2008)。それらの研究は，個人の特性の部分の研究 (Yen et al., 2017)
や，発達上および社会的ダイナミクス (Lobel et al., 2017)，特定の能力への諸
影響 (Ferguson et al., 2013)，脆弱性とその社会的決定因 (Ferguson & Olson, 2014)，
併存症の役割 (Andreassen et al., 2016; Wang et al., 2017) などである。

　病的ギャンブルにおけるプレイ時間の重要性も視野に入れられている
(Billieux et al., 2019)。スクリーンタイムについて，社会性と創造性という二つ
の基準に基づいて，「文脈化」することが重要である。ビデオゲームは，脱
社交的で強迫的なものであるのと同じくらい，社交的で創造的な実践にもな
りうる。これら二つを識別することで，他の活動を犠牲にしてでも，生を貧
しくする病的な実践と，生を豊かにする情熱的な実践とを対置させることが
可能となる。「過度なプレイがゲーム依存症なのではない。1日に8〜10時
間，ゲームで遊んでいても，マイナスの副作用を引き起こさない人はたくさ
んいる。私の考えだと，その人たちは，依存症者ではない」(Griffiths, 2012, p.
55)。同様の考えのもとで，ネット上での問題のある SNS 実践についてのス
クリーニングやアセスメントツールが提案されている (Griffiths et al., 2014)。

アディクションの製造──「無料ゲーム」は高い代償を払う

　ネットゲームは，以前から，病的ギャンブルのリスクを高めることが知ら
れている (Kuss & Griffiths, 2012)。しかしここ最近，懸念すべき新たな現象が出
現している。それは，ビデオゲームにギャンブル的な戦略が組み込まれる一
方で，ギャンブルゲームが，子ども向けビデオゲームと極めて似たゲーム環
境を創出することである。ゲーミングにギャンブル的要素が組み込まれ，

ギャンブルそれ自体が，ゲーミフィケーション化しているのである。

　まずは，「ゲーミング」概念から取り上げよう。2018年まで，プレイヤーは，娯楽を与えてくれると思われるゲームには定額で支払いをしていた。それは，本を読む人が，読書する喜びも期待して本を買うようなものであった。それが，いわゆる「Free to Play（F2P）」，つまりネット上の無料で遊べるギャンブルゲームに，ユーザーを「つなぎとめる」五つの戦略のエビデンスが証明され，それを構成することで，それまでの経済モデルが一転したのである（Tisseron, 2020b）。

- FOMO（Fear of Missing Out）：すなわち特別なイベントに参加し損なうことへの恐れ。
- 希少性効果：顔文字などが購入できるといった「おすすめ」を提供されたり，ゲーム内の新しいアクションの制限を解除できる可能性をもらえたり，アバターの外観を変えるアイテムの購入を提案されたりすることで煽られる。こうして，化粧品の購買で語られるのと同じことが起こる。
- 不確実性による動機づけ効果：これには，有名な「ルートボックス〔＝ガチャ〕」も含まれる。これはプレイヤーが購入する宝箱を指し，貴重と見なされるアイテムが入っている場合と，そうでない場合がある。そのため，倫理的観点からも法的観点からも，国ごとの制度や倫理によって解決策が異なってくる[*2]。
- 損失回避：例えば30ユーロを獲得する可能性よりも，同額を失うリスクのほうが高いということを発見するほうが，動機づけが高くなり行動に影響を与えるという事実に基づく。
- 埋没費用バイアス（「サンクコストの誤謬」）：「Free to Play」式ゲームに費やすのが少額でも，課金すればするほど，プレイヤーはそこで長い時間を過ごすことになって，より多く浪費する可能性が高くなるという事実に基づく。

　最後に，こうした新たなゲームモデルが，特にTwitchなどのプラットフォームを通じて，プレイヤーの視認性に中心的な場を与えているというこ

＊2　Cerulli-Harms, A. et al.（2020年7月）．オンラインゲームにおけるルートボックスと，それが消費者とりわけ若年層の消費者に与える影響．https://www.europarl.europa.eu/RegData/etudes/STUD/2020/652727/IPOL_STU(2020)652727_EN.pdf　（2020年9月25日確認）

第2部　精神病理

とだ。この新たなモデルは，ソーシャルネットワークのユーザーの習慣を，このようにうまく利用しているのである。

　しかし，ギャンブルゲームでは，ギャンブルに関する諸々の戦略が，プレイヤーの本質的な動機になっている。その一方で，これらはビデオゲームをプレイする動機としては，しばしば辺縁に位置づけられており，プレイヤーは別の動機で動いていることが多い。それでも，ますますユーザーを引き留めるために，ゲームのダイナミクスとして，基本的な保証や保護の欠如した購入システムが考案されるようになってきている (Derevensky & Griffiths, 2019; King et al., 2019)。これらの問題を理解できる能力をもった人であれば，リスクを適切に見積もり，距離を置くことで，自分の身を守ることができるだろう。けれども，大多数の人たちにとって，こうした専門知識を身につけることは不可能である。そうなると，主たる問題は，ユーザーが十分な情報を得た上で行動できるようにするために，どのような情報を提供するかということになる。

　このようなゲーミングの変化と並行して，ギャンブル系ゲーム制作会社は，18歳以上のプレイヤー用に，提供するものを拡大している最中にある。すなわち，現在「12歳」（つまり12歳以上でプレイ可能）に分類されているゲームと同等のグラフィックとインターフェースを採用することで，こうしたゲームに子どもの頃から慣れ親しんだティーンエイジャーが，18歳になると自然にギャンブルゲームに移行するようにしているのである。

▶過剰なゲームプレイの診断的面接

　プレイヤーが，家族と一緒に相談に来られるような場合には，面接は，家族および個人の面接という二つの時間で展開される。セラピストは，同じ内容の調査を行うが，相談者（プレイヤー）は，二つの状況で異なる回答をすることがある。相談の目的は，過剰なゲームプレイが，情熱の次元の問題なのか（おそらく過剰で，枠づけをする必要がある），あるいは，乗り越えられないものとして体験されている課題からの逃避という，問題のある態度なのかを知ることにある。

第 10 章　デジタルは「薬物なきアディクション」か

■プレイヤーのプロフィールを判断する

　より細かく言うと，探検，競争，挑戦に興味があるのかどうか，それとも
オンラインでの出会いに興味をひかれているのかどうかを判断する（Tisseron,
2006a）。

■学校生活や社会化に与える影響について，実生活とオンライン双方から
　探索する

　この課題に取り組むために，セラピストはプレイヤーに以下の三つの質問
をすることがある（Tisseron, 2013b）。

　　➡1人で遊ぶのか，他人と一緒に遊ぶのか。1人で遊ぶ人，または知ら
　　　ない人と一緒に遊ぶことが好きな人は，しばしば人間関係がうまく
　　　かず，ゲームの中で孤独になることが多い。ゲーム中の彼らの孤独
　　　は，実生活上の孤独と重なっている。

　　➡ビデオゲーム業界での仕事に就こうと考えたことはあるか。未来に自
　　　らを投影することは，取り組もうとする内容がどのようなものであ
　　　れ，明らかによい兆候である。「いいえ，1人で静かに遊ぶほうが好
　　　きです」といった返答は，明らかに懸念を生じさせるものである。

　　➡ゲームの中で，またはゲーム以外のところで，創作活動（デジタルか
　　　どうかは問わず）を行っているか。もしそうならば，1人でやってい
　　　るのか，仲間と一緒にやっているか。その活動は，ソーシャルネット
　　　ワーク上で評価されているか。

■正常あるいは少々過剰なギャンブル系の遊びから，家族相談に来ること
　が正当化されるほどのギャンブル狂いに移行した原因と思われる出来事
　について探求する

　　➡精神的な苦痛の可能性とその原因を診断する（例えば，死別，感傷的
　　　な別れ，学校生活の失敗，離婚に関連した悲しみ，親のどちらかが病
　　　的である，など）

　　➡家庭状況を評価する

　　➡関連する病態（特にうつ病）の可能性とそのいくつかの原因について
　　　評価する。もしそうであれば，プレイヤーからゲーム機本体やコン

第2部　精神病理

ピューターを奪っても意味はない（Andreassen et al., 2016）。

■相談によって，行動指針を固定する

　病的ではない過剰なプレイは，最も頻繁に見られるもので，多くの場合，監督者や親のケアの欠如によって悪化した思春期の危機と関連している。セラピストは，親に次のように枠づけし，付き添っていく。

→枠づけをする：夕方の一定時間以降，特にインターネットへのアクセスを遮断することで，遊ぶ時間を制限すること。そして，汎欧州ゲーム情報（PEGI）に準拠させる[*3]。

→付き添う：子どもがプレイしているゲームの内容を調べ，一緒に話すことで，以下のことを実現する。言語による象徴化プロセスを促すために，子どもと一緒にゲームについて話し，感覚－運動的なゲームよりも物語的なゲームを優先させ，デジタルメディア以外の場での挑戦と自己肯定の可能性についても促していく。

　背景として根本的な心の病理が見受けられるときは，個人，家族，またはその両方によるセラピー的フォローアップ，さらには入院治療も可能であるよう明確に方向づけして，プレイヤーが自分の心理的な苦しみと向き合えるようにする。それが，セラピーを開始する条件となる。

ポイント───────────────────────────────

・「スクリーンアディクション」の存在は，国際的なコミュニティでは認識されていない。しかし，2018年にWHOは，ゲーム障害をICD-11に組み入れた。この分類は，エビデンスが不十分であると判断する研究者らによって反論がなされている。

・このアディクションは「行動上のもの」である。これは，中毒性物質への依存症とは異なり，禁断症状が生じた場合の生理的な離脱症状も，急に中断された

───────────────
*3　汎欧州ゲーム情報（Pan European Game Information; PEGI）ラベルとは，各ゲームソフトの消費者に，その推奨年齢と若年者に衝撃を与えるような内容を示すロゴを使用し，情報提供するものである。PEGIは，30か国以上で採用されている。

後の再発リスクもない。アディクションによって増悪しうる精神疾患との関連性については，頻繁に見られている。

- デジタル商品の制作会社が，ユーザーの囲い込みのために，ギャンブル業界で効果が実証されている戦略を採用することがだんだんと増えている。いくつかのアルゴリズムは，プレイヤーの認知バイアスにつけ込むように特別に設計されている。認知バイアスによって，プレイヤーに仮想アイテム（とりわけアバター用の衣服）を購入させたり，個人情報を提供させたりする。
- 予防キャンペーンには，小児科医，かかりつけ医（一般開業医），ソーシャルワーカー，教師が参加する必要がある。
- セラピーは，家族面接，個人セラピー，グループセラピーを基本とする。引き金となる可能性のある原因を探すことが重要である。

第 2 部　精神病理

【事例紹介】

アレクサンドラ・ピテリ（臨床心理士）

　今日，デジタルスクリーンの日常的な使用に関する懸念は，古い時代の遺物のように聞こえる。セルジュ・ティスロンが指摘するように，デジタルは，日常生活の中にしっかりと根づいていることから，自分自身，環境，そして知識に対する関係性をかつてないほど変化させている。それゆえに問題は，それらを遠ざけることではなく，その創造的な使用を取り入れ，他の人間的活動とのバランスをとることである。

　この実存的調和（ハーモニー）の探求が，アントワーヌとのサイコセラピーの中心にくるものであったと思われる。アントワーヌは，デジタルスクリーンへの「アディクション」の相談を希望してきた 20 代の若者である。私の相談室にて，彼の精神分析的フォローは，週 1 回の「対面式」で 3 年間続けられた。

　初回面接のとき，アントワーヌは，昼も夜も自分の部屋でネットサーフィンに明け暮れていると言った。彼は，デジタル空間の外での生活に，自分を定着させるための情報を探していた。そんな彼にとって，YouTube は，とても貴重で便利なツールであった。彼はそこから，いろいろなことを学んでいた。食事の作り方，会話の始め方，女の子へのアプローチの仕方，さらには関係の持ち方まで。「すべてはそこにある，ただ必要なものだけが欠けている」と，シュテファン・ツヴァイク[†4]ならば述べただろう。というのも，アントワーヌが，こうした知識すべてを「実」生活に移すのは難しかったからだ。外界と対峙することへの不安がひどく強いため，彼は私に，自分の頭の中にチップを埋め込んでくれるよう頼むほどであった。彼のすべての動作と，「人間」関係を導いてもらうために，である。外部の対象への依存は，彼にとって明らかに，心理的にこれ以上なく必要不可欠なものであった。

　私には，アントワーヌのテクノロジーへの慣れを尊重すること，そして何

---

†4　Stefan Zweig（1881–1942）：オーストリアの作家，評論家。伝記作品が有名（『マリー・アントワネット』『メアリー・スチュワート』など）。近年では，ウェス・アンダーソン監督・脚本の映画『グランド・ブダペスト・ホテル』（2014 年）でツヴァイクに献辞が捧げられている。

第10章　デジタルは「薬物なきアディクション」か

よりも，彼が確立したこの種の「デジタルな二者一心」(Tisseron, 2009c) を維持することが大切なことのように思われた。おそらくそれは，安心できるつながりの取り入れが欠けていることから生じた，彼の内的感情を和らげるためであろう。私たちの面接からすると，アントワーヌは，この絆を見つけるのが難しいように見えた。なぜなら，彼の弟と母親は，最も身近にいながら彼に対し「距離を置いている」からである。2人とも，迫害的な不安にとらわれて，専門の治療施設でフォローされている。アントワーヌの父親との関係も，こうした安心感を与える機能を担うものではなさそうであった。アントワーヌは，父親のことを「よそよそしく」て，家族の経済的安定をいつも心配している男だと説明していた。それゆえ，この若者の人生において現実的に，そして真に，無条件に信頼できて，利用できる唯一の要素というのは，常にデジタル対象の形をとっているように思われた。

　そういうわけで，フォローアップ当初，アントワーヌが予約した面接に現れなかったとき，テクノロジーを通じて彼と連絡をとることが，彼にとって受け入れ可能なつながりを始めるための，唯一の方法であると私には思えた。アントワーヌのセラピーを引き受けた時点では，彼のデジタルへの愛着の重要性を認識しつつ，セッションの中で，心的なつながりの家族的シェーマを間欠的に複製することを受け入れる必要があったことは確かである。

　こうして，アントワーヌが相談室まで来れないときは毎回，私は彼に電話をかけて，セッションのリズムを維持し，最終的には，彼が定期的に約束の時間帯に来られるようにした。しかし，このセラピー的フォローアップの第1段階は，未達の勝利の味を残すことになった。なぜなら，アントワーヌが私の相談室に来たとしても，彼の思考がいつも彼に付き添っているわけではないからだ。アントワーヌの思考は，いまだ，彼の安心できるデジタル対象にとらわれたままなのである。この若者は，私と接触することを自分に許さないし，面接中も YouTube 上で見たキャラクターと内輪で会話し続けていた。

　こうした状態は，ある日まで続いた。その日，私の相談室のパソコンの前で短い時間を共にすることで，身体と心をつなぐことができたのだ。アントワーヌは私に，自分が登校を希望する学校にメールを送るのを手伝ってほしいと頼んできた。このデジタル空間における結合を契機にして，私たちの間

には，心地よい感情の共鳴が呼び起こされて，アントワーヌには，近親者と共有していた快の時間を，再記憶化する扉が開かれたのである。アントワーヌの思い出は，何よりもまず，きょうだいと一緒に楽しんだビデオゲーム（『マリオブラザーズ』）のプレイに関するものであった。

　自分の情動と和解することでアントワーヌはだんだんと，より能動的な態勢をとれるようになり，いろいろなビデオゲームで遊ぶようになったなかでも『ザ・シムズ』というゲームに特になじむようになった。この若者は，『シムズ』の中で，多少なりとも，1人の女性になりきって，家庭を築こうとするようになったのである。

　近しい人との心的なつながりがスクリーンの中で視覚化され，最終的に「実」生活の中で，形作られるようになったと言える。以来，アントワーヌは家事に関わるようになり，母親の手伝いをし，自分が父親に似ていることに関して，自問するようになった。家族の団欒が，目に見えて十分な安心感を彼に与えて，デジタルスクリーンの外の世界に足を踏み入れることができるようになった。アントワーヌは，学生になる夢をかなえて，劇団に入ることになったのである。

第11章

サイバーバイオレンス，サイバーハラスメント，デジタルな透明性

フレデリック・トルド

　10代の若者を対象とした調査 (Blaya, 2018) によると，フランスでは調査対象者のうち6%がサイバーハラスメントの被害に遭ったことがあり，42%がサイバーバイオレンスの被害経験があると推定される。欧州全体では2014年，11〜16歳の若者の12%がサイバーハラスメントの被害者になったことがあると回答している。この数字は2010年の7%と比べ増加している (Stassin, 2019)。加えて，サイバーバイオレンスに関わる主要人物たちは，三つどもえの関係から構成される (Bellon & Gardette, 2010, 2013)。すなわち，1人（または複数）の被害者，1人（または複数）の加害者またはストーカー，1人（または複数）の目撃者である。

　本章では，サイバーバイオレンスにおいて表現される〔加害者の〕心的メカニズムと，被害者の心的メカニズムの説明を試みる。

サイバーバイオレンスとサイバーハラスメントの形態

　サイバーバイオレンスとサイバーハラスメントの七つの形態を最初に区別したのはナンシー・E・ウィラード (Willard, 2007) である。以下に紹介しよう。
①**炎上**：ネットワーク上の異なる人物たちの間で交わされる短い（ときに非常に暴力的な）侮辱のメッセージによって特徴づけられる。
②**ハラスメント**：デジタルコミュニケーションチャンネル[†1]を通じて暴力的メッセージを繰り返し送ることを特徴とするもので，「ネットリン

第2部　精神病理

チ」とも呼ばれる（Blaya, 2018）。

③誹謗中傷：人の評判を落とすための噂やゴシップ全般の総称。

④**模倣**または**仮装**：悪意ある目的のもと行われる，なりすましの総称。これは，**プロキシによるいじめ**（他人の身分や偽名を借りて他者を侮辱したり噂を広めたりすることで，偽名の本当の所有者を罰する意図で行われる行為）を指す。

⑤**ハッピースラッピング**：スマートフォンで撮影しながら身体的暴行や性的暴行を加えるというものである。さらに，その動画はインターネット上で共有される。

⑥**アウティング**：私的情報や機密情報を公にするために使用されるすべての手段を指す。アウティングには，ヌードであったり性的であったりするような写真もしくはビデオを流布するセクスティングも含まれる。

⑦排除：例えばディスカッショングループやオンラインゲームから意図的に排除するような場合を指す。

　これらのサイバーバイオレンスの形態は固定されたものではなく，さまざまな度合いで――「通常の」サイバーバイオレンスからサイバーハラスメント，**サイバーストーキング**（インターネットストーキング）まで――結びつくことがある。サイバーストーキングとは，被害者に一刻の猶予も許さないような形態のサイバーハラスメントが結集したもので，侮辱的なメッセージの送信，恥ずかしい写真の拡散，なりすましなどが含まれる。

デジタルな透明性とサイバーバイオレンス

　ここからはサイバーバイオレンスを説明すると思われるメカニズム（Tordo, 2020a）について検討しよう。これは私たちがデジタルな透明性と呼ぶ概念によって整理できる（Tordo, 2020d）。この概念は，テクノロジーとデジタルによって引き起こされる，自我そのものに対する主体の透明性という，特異な

---

†1　メールやSNS，インスタントメッセージアプリ（WhatsApp, LINEなど），チャットルームなどのデジタルテクノロジーを使用して情報を送受信するための手段を指す。

心的状態として定義される。デジタルな透明性は，モニーク・ビドロゥフスキが「心的透明性」(Bydlowski, 1991) として概念化したものを，テクノロジーやテクノロジーに付随する特定の特性とともに拡張したものである。「心的透明性」についてビドロゥフスキは，妊娠中の若い女性において，無意識下に抑圧されたものに対して通常の抵抗が減ずるような，特定の心の働きから説明している。当人の個人史や心的葛藤への過剰な備給が見られ，心的表象の著しい可塑性によって特徴づけられるという (Bydlowski & Golse, 2001)。それゆえ「心的透明性」は，心的イメージ，夢，夢想，あるいは単に情動という形態のもと，驚くべき方法で過去を再活性化する。こうした何らかの形態によって記憶を露出させ，表面に浮かび上がらせるのである (Bydlowski, 2001)。そうすることで，口に出せない記憶や扱いづらい記憶を，検閲を受けずに口に出せるようにさせる。

　同様に，デジタルな透明性とは，上記の心的透明性に含まれるようなある一つの状態であり，患者と世界の関係や，患者と心の世界との関係を修正するような，デジタル世界への没入を伴うものである。これから紹介するように，デジタルな透明性には三つの次元がある。以下ではこうした三つの次元をサイバーバイオレンスやサイバーハラスメントの分野にも適用する。

▶デジタルな透明性の第一の側面——外密性

　デジタルな透明性の第一の側面は，セルジュ・ティスロン (Tisseron, 2001) が「外密性」(第2章参照) と呼んだものと関連している。これは，内密な生の一部を，身体的にも心的にも，前面に出すよう後押しされる運動を指す。これによって個人は，正負両方の反応を誘発するような自らの内密な部分を，インターネット上で共有することになる。こうした内密な部分が，（例えばコメントの形で）他のインターネットユーザーに対して引き起こす反応のおかげで，後に，これを別のモードで内面化し，場合によってはより適切に扱うことができるようになる。

　サイバーバイオレンスの分野においては，（特に）ソーシャルネットワークにおける外密性の悪用が存在するが，これは次の二つの問題点をはらんでいる (Tisseron, 2018)。一つ目の危険性は，「いいね」競争のような形で，何を犠牲にしてもソーシャルネットワーク上で知名度を上げようとすることであ

第2部　精神病理

る。とりわけ，自らを現実よりも攻撃的に見せることで戯画化するという危険性がある。二つ目の危険性は，外密性への欲望が露出症に変質してしまうことである。外密性への欲望には，自らの価値について（いまだ）不明の部分を見せることが含まれている。他方，露出症者は，自らが確実に知っており，かつ経験から，視聴者たちの関心やショックを引き起こすものだけを見せる。こうした二つの危険性が，外密性をサイバーバイオレンスに偏らせてしまう。

▶**第二の側面──デジタルな脱抑制**

　デジタルな透明性の第二の側面は，ジョン・スラー (Suler, 2004) が「オンライン（あるいはデジタルな）脱抑制効果」と呼ぶものと関連している。つまりインターネットユーザーは，物理的世界では言わないようなことをサイバー空間では言ってしまうのだ。このようなオンライン脱抑制は，インターネット上での複数の相互作用要因に関わっていると考えられる。

　①アイデンティティを密封した匿名性：これによって発言しやすくなり，個性の一部から切り離した自らの内密性を表現しやすくなる。

　②不可視性：インターネット上ではたいていの場合ユーザーは互いを見ることができないので，相手の非言語的反応を気にする必要がない。

　③反応の遅延：ソーシャルネットワーク上では，関係性は非同期的であり，個々人の裁量で返信に時間をかけることができる。

　④独我論的な取り込み：オンライン上のアイデンティティが，他我 (soi-autre) と融合したかのような印象を指す。この結果インターネットユーザーは，他のユーザーに対し自らと対話するかのように話すことができる。

　外密性が**欲望**に関するもの（インターネットユーザーは自らの内密性を示したいという欲望を表現する）であるのに対し，デジタルな脱抑制は，より直接的に**デジタルな特性が心に及ぼす効果**に関するものである（物理的人間関係の枠組みと比べてネットワーク上では，インターネットユーザーは自らの内密性に関し，より多くを語るようになるが，これはテクノロジーと結びついた因子の働きによるものである）。その上でジョン・スラーは2種類のデジタルな脱抑制を区別している。一方の良性の脱抑制は，自己開示し，互

いに開示し合うことがまったく容易であることを際立たせるものである。これには，内密性の領域にあるような要素を互いに共有し，他のインターネットユーザーに対する思いやりと寛容性を高めることが伴われる。他方，悪性の脱抑制は憎しみの媒体となる。ここでは，不健全な欲求や欲望が，快感を伴う形で発散される。こうした脱抑制の形態は，人間関係や個人から人間性を失わせる（Gozlan, 2018b）。サイバーバイオレンスの現象にとりわけ強く含まれているのは，このような脱抑制の形態であり，これは，テクノロジーに特有の属性によって支えられている。まず匿名性は，インターネットユーザーが自らの内面性やアイデンティティから部分的に切り離されることで，憎しみを表現することを可能にする。次に，こうした表現に対する罪悪感を軽くしてくれるのが不可視性である。インターネットユーザーは直接的には相手を観察していないため，自らの攻撃性が引き起こすかもしれない苦しみについて懸念することなく攻撃性を発散することができる。反応の遅延は，自己と他者が必ずしも同じ時間軸にいないことで，同様の効果を発揮し，自らの暴力が他者に及ぼす結果から自らを切り離すことを可能にする。要するにサイバーバイオレンスは，インターネットユーザーが他者と相互作用しているという感覚が持てない場合に発生するのだ。

▶第三の側面──サイボーグ–自我

　デジタルな透明性の第三の側面は，サイボーグ–自我に関連するものである（Tordo, 2019d および第 7 章，第 15 章参照）。つまり，自我の表面をあるテクノロジー上に引き伸ばすことで，そのテクノロジーが幻想的な形で自我の新たな表面となる。このとき個人は，自らの中にいるようにしてテクノロジーの中にいる。要するに私たちは，「接続された人間」の時代において，自らの身体の外にいると同時に，（無意識に）身体の内にとどまってもいることに気づいたのだ。そのため，この（身体の外側と自我の内側における）矛盾した内密性に言及することができる。この内密性は自己の表現に重大な転覆をもたらす（Tordo, 2020a）。それゆえデジタルな透明性においては，デジタルやテクノロジーに没入することで，個人が自己の中に沈む。このため，自らの心的内容の現れについて，他の文脈においてよりも容易に発見しうる。

　サイバーバイオレンスの分野では，サイボーグ–自我における心的透明性

第 2 部　精神病理

の効果は不可欠であるように思われる。このことを理解するために，2 人の
人間がソーシャルネットワークの外で，さらには，ソーシャルネットワーク
上で議論（または対立）している状況について考えてみよう。ソーシャル
ネットワークの外にいる状況では，両者は対面しており，物理的な文脈の中
にいる。（例えば攻撃的な）幻想が生じつつあるが，これらは自らの内に閉
じ込められたままである。だが，2 人の主要人物がソーシャルネットワーク
を介して議論する状況においては，自らの内にある幻想が，より自由に——
すなわち透明性を伴って——ソーシャルネットワーク上にあふれ出ることに
なる。というのも，この人物たちの自我の表面が，ソーシャルネットワーク
上にまで広がってしまっているために，この人たちは，自らの中にいるのと
同様に，ネットワークの内部にもいることになるからである。その結果，最
初の（物理的）状況においては自我の内部に収められていた幻想が，二つ目
の（デジタルな）状況においては，（想像的自我と見なされるような）ソー
シャルネットワーク上にあふれ出ることになる。
　そこで，サイバーバイオレンスとこれに付随するサイバーハラスメントに
ついて，サイボーグ–自我と比較しながら考察してみたいと思う。ネット
ワーク上では，ある個人が相互作用する相手は，他者として幻想され続ける
と同時に，（テクノロジーを介して）自己が延長されることで，自我の内部
にいる人物としての心的身分をも獲得する。そしてこうした人物にこそ，暴
力が行使される。すなわち自我の内部と同じようにして，ソーシャルネット
ワーク上で，実際に暴力が発露されるのだ。ソーシャルネットワークという
ものは結局，自我の幻想的拡張にすぎない。だからこそソーシャルネット
ワーク上では，ときに奔放な（そして普通の）暴力が見られるのだが，こう
したものについてはほとんどの場合，幻想の表現と見るべきだろう。こうし
た仮説に従えば，ソーシャルネットワークは（あるいは，ソーシャルネット
ワークも）幻想の空間である（Tordo, 2012）。これこそが以下のような事態を
説明しうる。ハラスメントをする人の心理的パターンは存在せず，ハラスメ
ントを助長するような状況のパターンがあるのみである（Catheline, 2015）。ま
た，その他の条件がすべて同じであるような場合には，ハラスメントをする
中学生の心の健康状態は，その場に関係のない中学生たちと違いが見られな
い（Godeau et al., 2016）。

112

第11章 サイバーバイオレンス，サイバーハラスメント，デジタルな透明性

サイバーバイオレンスの被害者の心理

上述した仮説に従えば，サイバーバイオレンスを振るう側が幻想生活の中で安らぐ一方で，サイバーバイオレンスの被害者は，トラウマを与えられた状態のまま現実を暮らすことになる。というのも，ハラスメントやサイバーハラスメントの被害者になることは，内面化という観点（うつ，不安など）において，中学生の心の健康状態の悪化と関連していることが定期的に観察されるからである（Catheline, 2015）。サイバーハラスメントの被害者の3分の1が，PTSDのすべての症状を示す（Mapple et al., 2011）。また，若者の自殺の主な原因のうちの一つは学校でのハラスメントであるが，サイバーハラスメントを受けた若者のうちの3分の2（66％）が少なくとも一つ以上の自殺リスク因子を示しており，研究によるとこの数字は，学校でハラスメントを受けた人よりも約9％多い（Twenge, 2018）。サイバーハラスメントの被害者に関しソーシャルネットワーク上で（またより広くはインターネット上で）繰り広げられる事態を説明するために，アンジェリーク・ゴズランは，共有された内密性から脱−内密性（désintimité）への移行を以下のように整理している（Gozlan, 2018b）。

- 共有された内密性：デジタルなプラットフォーム上で，他人と内密性を共有することを指す。ゴズランが想起させるように，何人かの思春期の子どもたちにとってこうした共有は，「混沌としていて，過剰に刺激的で内密な内容を収めるための容器を見つけるため，自らの手に余る何かを互いに共有する」という根本的な必要から始まるのかもしれない。しかしながら，こうした内密性の形式を，外密性と混同してはならない。というのも，共有された内密性が潜在的な相互性を意味する一方で，外密性は，自らが秘密にしていたことや無意識のままにしていた側面の暴露を含んでいるからである。

- 純粋な脱−内密性：ゴズランが強調するように，内密性が共有される際，その一部が公にされると，取り返しのつかない喪失が起こってしまう。それゆえ純粋な脱−内密性とは，内密性の共有によってもたらされる内密性の剥奪のことであり，インターネットユーザー間での共有に

第2部　精神病理

よって，内密性が変容することではない。それどころか外に出されたこうした内密性は，自分以外の人（あるいは集団）に乗っ取られてしまうのであり，こうした共有の原点にあった個人の内面そのものが消えてしまうのだ。このとき，内密なものと外密なもの，私的なものと公的なものとの間にある境界は消えてしまう。こうした純粋な脱‐内密性は，自我を変質させるトラウマ的な傷となり，自己愛も傷つけられるため，個人にとって破局的な瞬間をもたらすことになる。

ポイント――――――――――――――――――――――――――――――

- サイバーバイオレンスやサイバーハラスメントには，いくつかの形態が存在する（炎上，ハラスメント，誹謗中傷，模倣，ハッピースラッピング，アウティング‐セクスティング，排除）。

- こうしたサイバーバイオレンスを説明しうるのが，デジタルな透明性である。デジタルな透明性とは，テクノロジーとデジタルによって引き起こされる特異な心的状態，つまり自我そのものに対する主体の透明性からなるものである。

- デジタルな透明性には三つの側面がある。一つ目は外密性（セルジュ・ティスロン）であり，意識的であれ無意識的であれ，自己の一部をさらけ出さんと個人を駆り立てるような欲望と関わるものである。二つ目はデジタルな脱抑制（ジョン・スラー）である。これによってインターネットユーザーは，物理的現実では言わないようなことをインターネット上で言ってしまう。三つ目はサイボーグ‐自我（フレデリック・トルド）である。これによって，まるで自分自身の内部にいるかのように，インターネット上で幻想的に自らを表現することができる。これらの三つの側面は，サイバーバイオレンスを振るう人において，これがその人の幻想の表現であるかのように見える理由を説明してくれる。

- 他方，このとき被害者は心の健康が害されており，トラウマ的状況の現実において，脱‐内密性という形で自らを見いだす。

第11章　サイバーバイオレンス，サイバーハラスメント，デジタルな透明性

【事例紹介】

オード・バリヨン（臨床心理士）

　性犯罪者更生支援への私たちの関わりは，人々を評価し，最も適切な公的セラピー措置へ導くことを中心に構成される。面接は法的手続きのさまざまな段階で，その都度行われる。性暴力の問題は私たちの活動の中核をなすものであるが，その方法はますますデジタル化している。この急速な変化のために，立法者はサイバー性暴力に対する枠組みの限界を再評価せざるをえない状況にある。ここでは，サイバー犯罪の三つの典型を示す。

　性犯罪者のプロフィールが多様であるのと同様に，児童ポルノの閲覧者もまた，心理的，社会的，文化的にさまざまな人々からなる。にもかかわらず，こうした人々はしばしば同じ困難を共有している。すなわち，自らの行為に対して被害者たちの存在を認識することの困難である。ポルノの閲覧が，他人の視線や判断から隔たった自宅で行われること，自らと行為の対象との間に，直接的で物理的な接触がないこと。これらが，ときには何年にもわたって行動を継続させる要因となる。

　カルロスは思春期の子どもたちを生徒に持つ教師であり，自分が生徒たちにとって危険な存在だとは思っていない。彼は次のように言う。「私は画像を手に入れるためにお金を払ったことは一度もありませんし，誰かに触れたこともありません」。彼には，仮想現実と実際の現実との区別，何が本物で何が偽物か，何が合法で何が違法かの区別をつけることの困難さが定期的に現れる。サイバー空間は，現実の外にある泡のようなものであるが，そこで彼は存在し，体験し，喜びを感じることができる。

　ブノワは46歳で，いまだに母親の家で暮らしており，インターネットだけが外部からの干渉（とりわけ，近親姦のような雰囲気[†2]をまとった母親からの干渉）から守られる唯一の場所である。彼は，閲覧がいかに強迫的で，

---

†2　原語は incestuel で，ラカミエ（Racamier, P.-C.）が提唱した概念であり，近親姦のような気配が流れていることを指す。実際に近親姦があったかどうかを問うものではない。

115

第2部　精神病理

強烈で，侵襲的なものとなっていたかを報告している。このような状況にある事例ではよくあることだが，法的介入が，こうした嗜癖性の悪循環を断ち切り，真の救済をもたらすことがある。

　ほとんどの場合，こうしたインターネットユーザーは未成年者たちと直接交流したいとは考えていない。それでも交流が生じた場合には，インターフェース上では未成年と成人の区別がつかないことがよくある。強制わいせつ罪で告訴されたギヨームのケースを見てみよう。彼はテキストチャットやビデオチャットを通じて，「14歳から性的イニシエーションを行ってきた」と言うが，「相手の女性は何歳であろうとかまわなかった」と報告している。そういうわけで23歳になっても，「以前と同じように」未成年者と成人，両方とやりとりを続けていただけだと彼は考えている。

　こうした人々に加えて，未成年者との接触を優先する人々もいる。人格形成に構造的欠如があったり未熟であったりする場合や，いわゆる逸脱した性的関心が存在する場合である。ウィリアムは26歳であり，彼は自らを理解し表現することに少し困難がある。インスタントメッセージを通して9歳から12歳の見知らぬ未成年に自分の性器の写真を送ったことがあるが，それについて何と言えばいいのか分からない。共感的で他人を尊重するような印象を与えるにもかかわらず，彼自身は日常生活で孤立し差別されていると感じるという。彼が自らの苦しみについて周囲に知らせることができるのは，大人よりも威圧感の少ない未成年者に対して露出する，こうした浅はかな行為を通してだけなのだ。

　こうした人々の他に，〔サイバー〕スペースを，自らの内的世界と，そこに隠れている心的葛藤の拡張として使う人々もいるようである。父親であり夫でもある39歳のグザヴィエは，かつて性暴力の被害者側だった。チャットで接触した未成年の少女たちから性的写真を入手するために，脅しや恐怖に訴えたことはない。彼はさまざまな偽のプロフィール（男性と女性）を巧妙に使って彼女たちを説得する。こうした行為は，ベルギーで犯罪として認識されている「グルーミング」に該当する。すなわち，成人が性的接触を得ることを目的としながら，デジタルインターフェース上で未成年者と接触することは，刑事罰化されているのだ。また，強制性交で有罪判決を受けたジュリアンは，16歳の同性愛者の少女を装って他の少女たちに接近した。

会っている間，彼女たちに性行為を強要し，それを写真に撮り，ばらまくぞと脅す。彼においては，貧弱な幻想活動に対し行為が優勢となっている。（ジェンダーや性の）アイデンティティに関する深刻な懸念を反映しているため，こうした人を操作するような手口がおのずと定着したようだ。

　〔インターネット上の〕やりとりにおいて，未成年者たちは内密なコンテンツを共有し合い，自らを開示し，互いに見せ合う（外密性）。オンライン脱抑制効果が，やりとりし合うメンバーに対し，自らが選んだ仮面をかぶる機会を与えてくれるからだ。サイバーバイオレンスは，この空間に置かれたコンテンツが，メンバーのうち1人でも練り上げ能力の限界を超えてしまえば，即座に出現する。性的なものは，幼少期，思春期，成人期においてさまざまな声／道（voix/voies）をとる。それらが通る空間は，外在化した内的暴力の劇場となり，未成年者は意に反して目撃者，行為者，被害者となるのだ。

第12章

デジタルな二者一心

心的生との関連から見て問題のあるビデオゲーム

セルジュ・ティスロン

　新生児がある時期に周囲と取り結ぶ特別な関係のことを「二者一心」[†1]と呼ぶ。そうした時期，乳児は自らが世界の創造主であり，世界を望みどおりにコントロールしているという錯覚にとらわれている。同様にゲームプレイヤーも，全能感に焦点を当てた幻想活動を維持しようとする場合がある。すなわち機械を通じて，心的に解離した状態で，素晴らしいことを成し遂げるのだ。これが「デジタルな二者一心」である (Tisseron, 2009c)。対処できないと感じる状況を忘れさせてくれるような，一時的なものである場合もあれば，長期的に続く場合もある。両者の違いは，「トラウマを忘れるためにプレイする」――すなわち問題のあるプレイ方法――か，「プレイに没頭してすべてを忘れてしまう」――すなわち病的なプレイ方法――かにある。

　本章では，〔長期の場合には病的となるような〕問題のあるプレイヤーの四つのタイプを提示する。そしてこうした人々の心の働きへのアプローチ方法を，臨床経験に裏打ちされた仮説として提案する。ここで重要なのは，問題のあるゲームプレイに関し，可能性としてありうる原因の複雑さを否定することではない。ここで目的としているのは，臨床家たちが観察してきたことに意味が付与されるよう，複数の道筋を切り開くことである。

---

†1　第7章の訳注†1を参照。

第 12 章　デジタルな二者一心

デジタルな二者一心の四つの極

　プレイヤーや契機に応じて，「デジタルな二者一心」の構築について，四つの分野に焦点を当てることができる。

▶安全な愛着を求める

　子どもは自分の周囲にあるものを手本としながら，内なる安全を築いていく。こうした安全を確立することを周囲が妨げる場合には，正常な愛着形成プロセスは失敗に至る (Bowlby, 1980)。思春期には，こうした不安を埋め合わせるためにヴァーチャル空間を利用することができる。常にインターネットとつながっているスクリーンを持っているおかげで，見捨てられたと感じない人々もいる。ダウンロードバーのことを，こちらを見る目や顔に例える人々さえいる。自らを不死の存在であるアバターとして作り上げ，そこから決して離れない人々もいる。アバターたちもまた，プレイヤーたちから決して離れることはない。このようなプレイヤーたちにとって現実の身体のほうは，最終的には完全に重要性を失ってしまう。拒食症と同様に，身体の否認が見られるのだ。こうした人々にとって重要なのは，ピクセルで作られた自らの分身だけである。自らが破滅に至るまで，どんな犠牲を払ったとしてもアバターを放棄してはならないのだ。アバターは，自己の一貫性と連続性の感覚を保証してくれる唯一の存在となる。思春期の若者は食事の時間をやり過ごし，トイレに行くことを我慢し，倒れる寸前だが，そのアバターは決して倒れない。こうした態度は，精神分析家のウィニコットが「破綻恐怖」 (Winnicott, 1975) と呼んだものに対しての，躁的防衛を思い起こさせる。

▶期待に応じて刺激を調整する

　子どもは通常，周囲の大人から助けられることで環境からの過剰な刺激に対処することができようになる。空腹も，寒さや暑さも，親たちが何とかしてくれるからだ。だが大人は過剰な刺激を鎮めてくれるだけでなく，刺激を子どもに伝えうる存在でもある。愛撫や過剰なキスだけでない。親たちは表情やしぐさを駆使し，子どもを常に見守り，視線を交わそうとしてくる。こ

119

うした刺激によって子どもは，安らかなままではいられなくなる（Racamier, 1995）。刺激不足の子どもが，自らのリズムに合った刺激補助の役目をコンピューターに見いだすというのなら，刺激過多の子どももまた，コンピューターに有益な役目を見いだしうる。思春期には，視覚，聴覚，触覚への強烈な刺激のシャワーを再び味わうために，スクリーンを通した交流に身を投じることになる。かつて母親が過剰に興奮させてきたときと同様に，スクリーンを見る若者は，興奮しすぎているが，かつてとは違って現在は，状況を自らコントロールすることができる（Tisseron, 2002）。

　早期に心的トラウマ——特に虐待——を体験した子どもたちは，思春期に極端な両価的感情を経験することが多い。父，母，継父，継母を並外れた強さで憎み，かつ愛しているのだ。またトラウマのせいでしばしば自分の感情の強さに持ちこたえることができず，消化することができない。こうした若者たちは自らの感情について話し，表現することや，他人の感情を感じたりすることがたいへん困難である。ジョイス・マクドゥーガルはこれを失感情症（アレキシサイミア）と呼んだ（McDougall, 1982）。自らの感情の強さに持ちこたえることもこれを管理することもできない若者たちは，感情を感覚に置き換えてしまう危険性がある。というのも，感覚は常に感じられるし，コントロールすることができるからである。このような状況にある若者は，ますます極端に強い感覚を体験しようとする。ゲームに没頭するのは，何も感じられないという不安から自らを守るための方法なのかもしれない。また，求めている感覚こそが，その不安を和らげてくれるのかもしれない。

▶満ち足りた情動調律を体験する

　子どもは通常，自らの態度や行動の鏡となる大人たちを周囲に見いだす。ダニエル・スターンはこうした状況について，情動調律（Stern, 1989）と名づけて記述した。大人は子どもの反響板や鏡となり，共感を通して相互作用する。模倣されるのは他者の行動そのものではなく，その感情の状態である。つまり，別の感覚様態に変換された状態で感じられるのである。ここから，「トランスモダリティ」という考えが生まれる。ダニエル・スターンは——情動状態の共鳴を組織化することで心的生の維持を可能にするような——「滋養ある」対象を見つけ出す感覚に対し，調律の質が寄与すると強く主張

する。

　十分な情動調律を周囲から見つけられなかった子どもは，思春期になって
から PC を介してこれを構築しようとするかもしれない。そのような場合，
こうした子どもたちは PC に向かい，身振りだけでなく思考と感情にとって
の鏡を見つけようとする。つまりそこで，是認の鏡を探すのだ。そうした子
どもたちは例えば，繰り返しボタンを押して，操作するキャラクターをリズ
ムに合わせてジャンプさせたりする。あるいは指や手の動きに合わせて，
キャラクターに「バン，バン」と騒がしい武器を発射させたりする。「Wii」
というゲーム機は，こうした対応関係をさらに進化させたものだ。

▶理想を受肉する

　子どもたちは通常，周囲を取り巻く大人たちから，適切な自己肯定感を築
けるような反応を受けて育つ。しかしながら幼少期の環境がこうした役割を
果たさなかった場合——特に周囲の大人たちが，子どもの成功を自らの抑う
つ的な懸念を癒す手段として転用してしまった場合——子どもは不適応な自
己愛の形に固執したままになる。

　思春期に入ると子どもたちは，ヴァーチャル空間で起こる相互作用に支え
られながら，こうした機能不全を乗り越えようとするかもしれない。その結
果子どもたちは，ハインツ・コフートが「理想化された誇大自己」(Kohut,
1971) と呼ぶような姿を形成することになる。特別な武器や服を身につけた
アバターを制作することで，注目され賞賛されるような存在として自らを作
り変えるのだ。こうして，現実とは関係を持たない自らの表象を育てるよう
になる。その結果少しずつ，現実の中の自らの能力の表象と，ヴァーチャル
世界での理想化されたイメージとの間に，溝ができていく。

　さて，問題のあるゲームプレイを助長する，自己愛のもう一つの病的形態
こそ，コフートが「理想化転移」と呼んだものである。プレイヤーは，並外
れた力を持つ他のプレイヤーたちを信用してしまう。ゲームのランク上位者
は尊敬すべき人々であると思ってしまうのだ。うらやましい地位にあり，実
生活においてもよいアドバイスをくれるだろうと想像する。またプレイヤー
は，ゲームの上位ランクに達することで，他のプレイヤーたちから同じよう
な尊敬の念を受けることができると思い込んでいる。

第 2 部　精神病理

デジタルとともに空想すること，夢を見ること，想像すること[†2]

　ウィニコットは，心的な態度について三つの重要な区別を提案した
（Winnicott, 1971a）。まず，英語の fantasmatisation であるが，このフランス語
訳は rêvasserie〔空想〕である。これは全能の表象が逃げ込んでいる避難所
と特別なつながりのある語である。二つ目の白昼夢（rêverie diurne）は，
夜に見る夢と同様に，主体のさまざまな欲望の舞台によって涵養されるが，現
実世界を動かそうとするものではない。他方，三つ目の想像力（imagination）
は，現実世界を変容させようとするものである。こうした区別によって，プ
レイスタイルを分類することが可能になる。この分類では，プレイヤーがデ
ジタルな対象にどのように備給し，またプレイヤーの内的対象にプレイヤー
がどのように関わっているかが考慮されている（Tisseron, 2012e）。

▶PC によって支えられる空想

　白昼夢，すなわち目覚めたまま見る夢は，ポジティブで建設的な場合もあ
るが，時間とエネルギーを奪い，現実の生に対しても想像上の生に対して
も，何の役にも立たない場合がある（Glausiusz, 2014）。素晴らしい何かが成し遂

---

†2　この節見出しの原語は Rêvasser, Rêver, Imaginer avec le Numérique であり，ウィニコット
　の『遊ぶことと現実』の第 2 章「夢を見ること，空想すること，生きること」，原語 Dreaming,
　Fantasying and Living から来ている。ただし，こちらのフランス語訳（C・モノーと J-B・ポ
　ンタリスによってガリマール社から出版）は Rêver, fantasmer, vivre なので，節のタイトルと
　して重複している言葉は Rêver（夢を見ること）だけであるように見える。しかしながら内容
　を読んでみると，ティスロンは英語の fantasying とフランス語 rêvasser を同義で使用している
　ことが分かる（モノーとポンタリス訳では fantasmer）。ここで重要なのは，ティスロンとウィ
　ニコットの両者において，空想すること（英語 fantasying，仏語 rêvasser）あるいは空想（英
　語 fantasmatisation，仏語 rêvasserie）とは，主体のエネルギーを奪うものであり解釈不能であ
　ると見なす点で一致していることである。これに対比される語として本章では，夢想する（英
　語 dreaming，仏語 rêver）あるいは夢想（英語 dream，仏語 rêverie）が提示される。これは
　上記の空想と同様にエネルギーを奪い侵襲的である一方で，空想とは違って，夢想する人の欲
　望や心的生とのつながりを保っているとされる。これによって夢想は，セラピストによる解釈
　の余地が残されていると説明される。なおティスロンは Rêver, fantasmer, virtualiser という著
　書（Tisseron, 2012d）も書いていることから，ウィニコットの『遊ぶことと現実』からの影響
　が相当大きいことが分かる。

げられたとしても，それはすべて頭の中での出来事であり，現実の生とは何の関係も持たないのだ。人によっては，こうした活動が他のすべてに優先されることがある。こうした人々は，避難所となっている内的な幻想世界の中に，できる限り入っていようとする。心的構造に強い圧力をかけてくるような強迫的なイメージにとらわれ，もはや自分の人生をコントロールすることはできないと感じているのだ。このような心的活動は，「強迫的夢想症（trouble de la rêverie compulsive）」（不適応性白昼夢（maladaptive daydreaming））と呼ばれ，強迫症の一種と考えられている (Somer et al., 2016)。

　ヴァーチャル世界は，こうした夢幻的な強迫に陥ってしまった人々にぴったりの空間を提供してくれる。このため，ゲームに没頭することが，WHOが言うところのアディクションによるものなのか（第10章参照），それとも強迫によるものなのかについては，未解決の問題となっている。こうした没入状態にあるプレイヤーは，他のプレイヤーたちの状況や提案を考慮したり，自らの現実に組み込んだりすることができない。むしろこうしたプレイヤーは，他のプレイヤーたちからの提案をデジタル空間に還元し，現実とのつながりを否定することに重きを置く (Tisseron & Tordo, 2013)。現実が存在すること——とりわけ自らのアバターが対峙しているさまざまなアバターが，実在のプレイヤーたちによって動かされているということ——を思い出させるものは，プレイヤーにこの上なく強い不安をもたらす。これこそまさに，私たちがRvoと名づけて描写したものである（第3章・第23章参照）。

　プレイヤーは現実世界と同様にヴァーチャル世界での接触を避け，架空の世界で反復的なパフォーマンスにふける。彼らは実際の社会生活からも想像することからも完全に切り離されている。プレイヤーは自らの人生が常に満ち足りたものであるかのように錯覚しているが，思考を遠ざける強迫的なゲームを展開させることで，現実世界の虚しさを隠しているのだ。しかし，ビデオゲームをプレイしない人々にも同様の心の状態が見られることがある。クロスワードや1人でカードゲームをする場合などだ。また，まったくゲームをしない人々においても，こうした心の状態が見られることがある。例えば，ほとんどの時間をただ空想にふけって過ごすような人々のことである。

　こうした遊び方は，私たちが本章冒頭で確認した「デジタルな二者一心」

第2部　精神病理

における，最初の二つの形態に相当する。まず，自らを無力で脆弱で，鎧を脱いだままにさせるような分離不安と闘うプレイヤーの場合である。また，期待に比べてあまりに刺激が強い――あるいは十分でない――状況に対し，脅威を感じているプレイヤーの場合だ。どちらの場合においても，現実は本質的に脅威を帯びたものとして経験されている。

　こうした強迫的で型にはまったゲームプレイについては，解釈することはできないが，セラピーを施すことはできる。こうしたゲームを行うプレイヤーたちに最も適したセラピーの形は，複数のプレイヤーたちと，2,3人の大人のセラピストたち――遊びの進行役，学校の先生，カウンセラーもしくは精神科医――からなるグループを作ることである。その目的は，強迫的に夢想にふける人たちに，共有できる遊びと生きたつながりを味わってもらうことである。

▶PC によって支えられる夢想

　夢想（rêverie）は空想（rêvasserie）と同じように侵襲的でありうる一方で，ある本質的な点でこれとは異なるものである。すなわち，プレイヤーの欲望を上演するという点だ。ここで最前面にあるのはもはや全能への欲望ではなく，現実の状況に由来する欲望が，想像の中で実現される可能性である。

　夢想はデジタル世界においても，自らを展開させるための基盤を見いだす。夢想は，現実の環境が描かれた欲望のシナリオを上演するものであるが，夢想家（le rêveur）がそれを具体的な生活において実現しようとすることはない，ということを思い出そう。状況に応じてヴァーチャル空間は，象徴的なライバルの代わりとなったり，母や父のような人物を誘惑したり，友愛関係にある人物を攻撃したり，その人物に救いの手を差し伸べたりすることなどを可能にしてくれる。こうした遊び方は，プレイヤーを一時的に社会的生から切り離すことはあっても，前に挙げた遊び方〔強迫的ゲームプレイ〕とは異なり，心的生から切り離すことはない。そして夢想はプレイヤーにとって，心的生と親しむための方法――特に思春期から脱しようとする際，ある側面を強化し，困難を乗り越えるためにしっかりと足を踏みしめるための方法――でさえあるかもしれないのだ。

こうした状況は，私たちが確認したデジタルな二者一心の，第三，第四の
形式——すなわち〔トランスモダリティを介した〕多感覚調律の構築と，理
想化された誇大自己の構築——にぴったり対応している。ここでは，デジタ
ルな二者一心の最初の二つの形式のように，全能の夢想が展開されることだ
けが問題となっているわけではない。第三，第四の形式においては，たとえ
それがプレイヤーの具体的な日常の現実とは関係がなくとも，個人的夢想の
探求が行われているからである。すなわちこれらのプレイ方法においては，
個人的象徴の問題がゲームの最前面に配置され，意味の領域でゲームが展開
されているのだ。それゆえ上述したように，PCに支えられた夢想における
強迫的ゲームは解釈不能なものだったが，第三，第四のゲーム形式について
は，セラピーの場面で解釈することが可能となる。

　この場合，プレイヤーたちには個人セラピーが有効となるが，有効となる
ためには，満たさなければならない条件がいくつかある。まずセラピスト
は，ビデオゲームに十分精通していなければならない。プレイヤーがゲーム
の中で自ら作り出す個人的意味と，プレイヤーの選択とは無関係にゲームに
よって押しつけられる意味とを混同することなく，プレイヤーと個人的意味
との出会いに付き添うためだ。次に，プレイヤーがゲームにおいて上演する
物語が，明瞭に構築されるよう促すことが重要である。つまりプレイヤー
が，自らの連続したアイデンティティの語り手となるよう，促さなければな
らないのだ。当然これは共感を持ってなされなければならない。だからこそ
ビデオゲームを忌み嫌うセラピストは，こうした子どもたちを相手にするこ
とを控えるべきである。ゲームで出会った困難や失望にまつわる心的加工
は，第2段階においては，——いや，むしろ第2段階でのみ——ゲームへの
避難の原因でありうる，個人的な困難への接近を促すことに向けられる。第
1段階でプレイヤーにゲーム中の快・不快を語ってもらうことで，第2段階
では，現実の生での不安を煽るような状況に対し，過度な不安を抱くことな
く対処できるよう補助することが可能となる。

▶現実との出会い

　プレイヤーはゲームを，親密な心的生の問題と社会的関心の両方が映し出
される空間として使用することができる。これは精神分析家のウィニコット

が「潜在（可能性）空間」(Winnicott, 1971a) と呼んだものに相当する。これは実生活でも知り合いであり，定期的に会う関係のパートナーと一緒にプレイするような場合である。従来の基準に従えば「過剰」と見なされたとしても，一部のプレイヤーたちは優れた社会性を持っており，ゲームという遊びを通して自らの生を豊かにしている。これは病的なプレイヤーたちとは対照的であり，病的なプレイヤーたちは孤立と非社会化によって自らの生を貧しくしている。優れた社会性を持つプレイヤーたちは，セラピーを受ける必要がない。そもそも思春期の子どもたちの場合は，現実の目標を実現しようとするネットワーク——特にプロフェッショナルなネットワーク——に加わると，自らゲームから距離を置くようになる傾向が顕著である。にもかかわらず，こうした心配のない子どもたちが，相談を求める人々の大部分を占めているのが現状である。これは，「ゲームアディクション」という誇大広告を心配する親たちが子どもを連れてくるからである。だが親にゲームの内容を理解させやり，安心させたりする助けになりうるゆえに，こうした相談は決して無意味なものではない。問題のあるゲームプレイにしないための枠組みを，親，そして子どもとともに整えることこそが重要なのだ。思春期の子どもたちは傷つきやすい。それゆえ子どもたちの誰もが，創造的で社交化してくれるようなプレイ方法から離れ，自己愛的で心地よい夢想へと，——さらには個人の心的生と人間関係からなる世界の両方から切り離された，強迫的でステレオタイプ的なゲームへと——ひきこもってしまう困難と，無縁ではないのだ。

ポイント────────────────────────

- ゲームの過剰なプレイは，問題のあるプレイとは別の現象である。前者は情熱と熱狂から生じるものであり，生を豊かにするものである。他方，〔長期の場合には病的となるような〕問題のあるプレイは生を貧しくさせてしまう。前者は社交的で創造的であり，後者は社会から孤立し，反復的である。
- 通常のゲームプレイにおいてプレイヤーは，デジタル世界を意味の領域として使用している。またこの領域の中心となっているのは，象徴的で社会化させるような争点である。他方，問題のあるゲームプレイにおいて，プレイヤーは

PC を，周囲の世界を忘れさせてくれるような特権的パートナーとして扱う。このときプレイヤーは機械と「デジタルな二者一心」関係を確立する。プレイヤーは機械にあらゆることを期待し，これによって非常に深刻な社会的孤立に至る場合がある。

• 病的なゲームプレイにおいて，プレイヤーはもはや，想像する（心的生と結びついた活動であり，かつ現実の生の変化のための計画を育む）状況にも，夢を見る（心的生と結びついた欲望のシナリオを上演する活動であるが，夜の夢のように社会的生から切り離されている）状況にもない。このときプレイヤーは空想する状況にある。すなわち全能感という太古の幻想を満たす強迫的活動を行っているのであり，心的生からも社会的生からも同時に切り離されている。

第13章

サイバーセクシュアリティと
テクノセクシュアリティ

フレデリック・トルド

　「サイバーセクシュアリティ」とは，「サイバー」と「セクシュアリティ」の合成語である。この言葉は，どのような方法であれ，テクノロジーのツール（インターネット，IoT など）を用いるセクシュアリティを指している。サイバーセックスとは，すべてのサイバーセクシュアルな実践を含む総称である。

　本章では，サイバーセクシュアリティが，〔オンラインに〕接続された人間において呈するさまざまな臨床例を紹介する。

サイバーセクシュアリティの主な形態

　まずはサイバーセクシュアリティとサイバーセクシュアルな行為の主な形態を区分することから始めることにしよう（Tordo, 2019d, 2019g, 2020c）。

- 受動的サイバーセクシュアリティ：エロティックな作品あるいはポルノ作品の受動的な消費に関するもの。
- 双方向的サイバーセクシュアリティ：簡単なインタラクティブ機能を持つエロティックな作品，あるいはポルノ作品（例えば，エロティックなテレビゲーム）の半能動的消費を指すが，他の人間のパートナーとの関係は築かれてはいない。
- コネクテッド〔＝接続された〕・サイバーセクシュアリティ：テクノロジーのシステム（例えば，デジタル世界）を通じて人間同士を結びつけ

るサイバーセクシュアルな実践に関するもの[*1]。

- トランス@セクシュアリティ：物理的なセクシュアリティと，（他の人間との）コネクテッド・サイバーセクシュアリティとのハイブリッドな形態として現れるもの。
- テクノセクシュアリティ（別称「ロボットフェティシズム」）：機械（ロボット，人工知能など）を（ロボットだけをもっぱら愛するか，そうでないかを問わず）性的対象とするセクシュアリティのこと。

同様に，私たちはサイバーセクシュアリティを二つのカテゴリーに大別することもできる。一方はテクノロジーのインターフェースを介したセクシュアリティ（受動的サイバーセクシュアリティ，双方向的サイバーセクシュアリティ，コネクテッド・サイバーセクシュアリティ，そしてトランス@セクシュリティ）であり，もう一方はテクノロジーとともに行われるセクシュアリティ（ロボット愛，ロボットとのセクシュアリティなど）だ。

受動的－双方向的サイバーセクシュアリティとポルノグラフィ

デジタルな領域では，受動的－双方向的サイバーセクシュアリティは，例えばエロティックなテレビゲームを通じて見られる。最も人気のあるジャンルの一つは，恋愛シミュレーションゲーム（あるいはデートシミュレーションゲーム）であり，プレイヤーはロールプレイを行い，ゲームの中を進んでいくために，女性あるいは男性を誘惑するなどの目標を達成していかなければならない。

しかし，サイバー心理学で何より研究対象となっているのは，ポルノグラフィである。マリオン・アザ (Haza, 2018, 2020) が指摘するように，ポルノ画像は性というものをパフォーマンスの次元で表現し，出会いを単なる所有へと縮減してしまう。ポルノグラフィは見る者に強い興奮を引き起こすために性的身振りを誇張したり，戯画化したりするのである。また，ポルノシーン

---

*1 Minh, Y. (2013 年 6 月 25 日). サイバーセックス，サイバネティックなセクシュアリティ. http://www.tryangle.fr/yann-minh-le-cybersexe-cest-la-sexualite-cybernetique　（2020 年 7 月 18 日確認）

第2部　精神病理

には精神的な複雑さが欠けているように思われる。アザが指摘するように，ポルノは制限されない生々しい性欲を目の当たりにさせ，そうすることで太古の幻想に回帰することを可能にしている。ただし特に思春期においては，イメージの中のこのような暴力性は，場合によっては必要不可欠な加工作業の条件そのものとなる可能性があるのだ（Bidaud, 2016）。

コネクテッド・サイバーセクシュアリティと
トランス@セクシュアリティ

▶コネクテッド・サイバーセクシュアリティ
——没入型セクシュアリティの形態

　さて，サイバーセクシュアリティについて説明しよう。これは没入型のセクシュアリティの形態であり，一つの例を挙げれば，デジタルの世界で，介在するアバターを通して，互いに働きかけるパートナーたちによってなされることがある。パートナーたちはモニターを介してつながるだけではなく，ヴァーチャルリアリティ（VRchat などの VR アプリを用いて）を介してつながることもある。ヴァーチャルな没入感は，テクノロジーと，デジタルな世界でプレイすることのできる幻想のシナリオの両方に結びつけられているのだ。ところで，サイバーセクシュアリティのパートナーたちは性的な用途のテクノロジー機器（テレディルドニクス[†1]・タイプのものや，サイバーディルドニクス・タイプのもの）を用いて，さまざまな感覚を手に入れたり，あるいは接続されているもう一方のパートナーにさまざまな感覚を引き起こすことができる。そういうわけで，コネクテッド・サイバーセクシュアリティは，受動的−双方向的なサイバーセクシュアリティと，これから説明しようとしているトランス@サイバーセクシュアリティとの中間に位置する，代替的な形態のサイバーセクシュアリティなのだ。

---

†1　遠隔で使用するセックストイのこと。

▶トランス@セクシュアリティ
──二つの世界を横断するセクシュアリティ

　実際のところ，今日におけるサイバーセクシュアリティの舞台は，リアル
をヴァーチャルに対立させるこれまでのよくあるアプローチをはみ出してし
まっているように思われる。第3章で見たようにサイバー心理学は，恒常的
な横断可能性，つまり二つの世界（物理的な世界とデジタルな世界）が可塑
的につながっているという角度から，こうした問題にアプローチする。二つ
の世界は柔らかに連結し合い，心的な現実においてそれらは，ただ一つの同じ
世界として表象されるのだ。性もまたこれら二つの世界を行き来し，「拡　張
された性」と言われる形態にあるが，この性のあり方を私たちはトランス@
セクシュアリティと名づけた (Tordo, 2019d, 2019g, 2020c)。それは，物理的なセ
クシュアリティとサイバーセクシュアリティの間を往来する過渡的でハイブ
リッドなセクシュアリティなのである。

　このトランス@セクシュアリティの二つの例を挙げよう。

- 簡易的な形態：この形態においては，パートナーとなった人たちは性的
  欲望を維持するために，肉体的な接触が一時的にない状態で，オンライ
  ンで即時的なメッセンジャー（例えば sexto というアプリ）を用いる。
  トランス@セクシュアリティの文脈では，sexto でのやりとりは性的な
  前戯として計画されることがある。

- よりハイブリッドな形態 (Tordo, 2020c)：パートナー同士はマルチプレイ
  ヤー形式のゲームの中で出会うのだが，出会うのは，アバターを介して
  である。そして，**チャットによって**親密な関係を共有すると，アバター
  で性的なシーンを演じるけれども，それらのすべては相手に**チャットに
  よって**性的欲望を呼び起こすことでなされるのだ。続いて，パートナー
  たちは物理的な世界で出会い，相互の欲望を確認する。最終的に，とき
  には物理的な世界で行為を行うことができるにもかかわらず，自らのア
  バターを装着して性的なシーンを演じたり，再演したりする。このよう
  に，この形態において性的行為は両方の世界を行き来するその一方で，
  カップルの性的行為において心的な現実は，物理的な表象とデジタルな
  表象の間に（自己共感的な）ループを作り出すのだ。

第 2 部　精神病理

▶トランス@セクシュアリティとジェンダーアイデンティティ

　さらに，私たちの仮説（Tordo, 2020c, 2020e）に従うと，現代のアイデンティティ，特にジェンダーアイデンティティの変容（transformation）や変身（métamorphose）は（部分的に），物理的なセクシュアリティとデジタルなセクシュアリティの間のこの（心的な）ハイブリッド化にこそ，基づくことになる。言い換えると，身体とテクノロジーの間のこの横断は，アイデンティティの構築において取るに足らないものであるとは言えない，ということだ（Tordo, 2016）。自我とサイボーグの間の心的なループの実装（Tordo, 2019dおよび第7章参照）は，心的なハイブリッド化を可能にする。この心的なハイブリッド化は，現実のただなかにおいて物理的な世界とデジタルな世界，物理的なアイデンティティとデジタルなアイデンティティといったものをハイブリッド化し，異なる複数の現実を混淆させることで，心的な現実を少しずつ変容させていくのだ。

　このことに関連してシェリー・タークル（Turkle, 2003）は，同時に複数の役割を果たすことによる複数的なシステムとして自我を扱っているのだが，それは，心的生がいくつかの世界に割り振られたものから構成されることによる。実際，デジタルなアイデンティティのケースのように，アイデンティティはもはやある特定の一つの領域に割り当てられるものではない（Ganascia, 2010）。アイデンティティはローカル性から自由になるのである。アンドリュー[†2]（Andrieu, 2010）は身体的な体験が生物学的なマテリアルとインターフェースのハイブリット化によって変容することを指摘するため，「トランス身体化（transcorporation）」について論じている。ところで，この「トランス身体化」において，再形成されるように見えるのが，身体の心的イメージでもある。ネットユーザー（あるいはプレイヤー）が自分の性別とは異なる性別のアバターを選ぶとき，あるいは異なるジェンダーのデジタルなアイデンティティを創造するとき，自らの身体についての新しいイメージを実験するのだが，その体験は，しばしばその人の生物学的な性別と異なる態度（想像上の，あるいはヴァーチャルの）を行ってみることで，性的バイアス

---

†2　Bernard Andrieu（1959-）：「生ける身体（corps vivant）」概念の提唱で知られる哲学的身体論の専門家。

をクリエイティブに解体することになる（Andrieu, 2011）。

　こうしたアイデンティティのトランス形象性（trans-figuration）の中で，テクノロジーは，トランスヴェスティズム[†3]を促進する点で，中心的な役目を担っているようである（Tordo, 2019d, 2020c, 2020e）。実際，サイバー空間は，例えばコミュニケーションの側面で抑制を解除する（第11章参照）性質を持つことはよく知られている。同様に，サイバー空間の効果は身体イメージやその変容の面にまで及ぶものだという仮説を立てることも可能である。またその一環として，こうしたアバターの変身は，その身体のトランスヴェスティズムを明証するものであり，身体や自我の変身のプロトタイプであるように思われる。つまり，ネットユーザーはそのデジタルな身体の特徴，体つき，肌の色，姿勢のみならず，その名前（ハンドルネーム），属性（ヒト，ケモノ，エイリアン，その他），そして性別（女性，男性，中性）までをも選ぶことができるのだ。同じように，アイデンティティと，ジェンダー化されたアイデンティティの構築において，逆転的な「トランス身体化」の現象（物理的な身体からデジタルな身体への移行，そして同時にデジタルな身体から物理的な身体へのトランス）によってアバターは，ある（ヴァーチャルな）モデルとして私たちの前に現れる。言い換えれば，主体はそれ自身，自らの固有のアバターになるのだ（Tordo, 2019d, 2020c, 2020d）。したがって，同じように，サイボーグになるということは，複数のジェンダー，複数の性別，複数の文化，複数のテクノロジー，複数の身体とマルチにつながりながら身体として存在するような，新しい可能性を受け入れるということなのである（Andrieu, 2013）。

テクノセクシュアリティと精神病理

▶性的なロボット，あるいはロボットフェティシズム

　最後に，テクノセクシュアリティについて触れよう（Tordo, 2019d, 2019g）。

---

†3　日本語では異性装を意味するが，ここでは単に服装の問題にとどまらず，セクシュアリティの問題も含んでいる。

第2部　精神病理

この言葉が最初に用いられたのは，文学においてのことで，特殊なセクシュ
アリティの形を形容し，特に精神病理に関するものを指摘しようとするもの
であった。まず最初にそれは「ロボットに関するセクシュアリティ」を記述
したのだが，つまり，機械だけを排他的に性的な対象とするセクシュアリ
ティであった。その病理的な性質を特徴づけるのは性的な行動における排他
性である。このフェティシズムは当初「ASFR」という（Alt-Sex-Fetich-
Robots の）頭文字で呼ばれた。転じてテクノセクシュアリティは，その対
象（が人間ではなく機械であること）どころか，その目的（セクシュアリ
ティがもっぱら自体愛的なものであるような場合，他者とのエロティシズム
に向けられているかのように偽装される）において，逸脱したセクシュアリ
ティを意味するものとして用いられる。こうしてテクノセクシュアリティ
は，性的なロボットとの性的行為の（繰り返すが，他人を排した）実践に関
するものだけでなく，テクノロジーがその特殊な興奮の源であるすべての自
体愛的な実践に関するものを指すようになる。この文脈において，興奮の追
求の表現は多様である（テクノロジーとの摩擦，マッサージ，あるいは「視
覚のオルガスム」など）(Tordo, 2016)。しかし，こうしたテクノセクシュアリ
ティが（排他的に），性的なロボットに及ぶとき，当の対象が部分的なもの
でしかないにもかかわらず，ある全体的な対象との性的行為という幻想を形
作る。実際のところ，機械との間の欲望の相互性は欠けているのであって，
性的なロボットは常にユーザーの欲動に従順であり部分的なのだ。

▶（ヴァーチャルな）性的対象の物象化と液状化するセクシュアリティ

　精神病理学では，こうしたテクノセクシュアリティからは厳密に離れて，
性的対象の物象化 (Honeth, 2007)——いわば，他者を一つの「もの」へと還
元してしまうこと——のさまざまな問題性に直面している。実際，臨床家
は，デジタルな世界に没入する個人に遭遇するが，こうした人々は物理的な
世界を行動する主体として，自らを適切に位置づけることできずにいる
(Tordo, 2016)。とはいえ，インターネットはそれと同時に，自分の期待に応え
る他の人物が探し求められる場になりつつある。ときにこうした人物は，操
作可能な人物や交換可能な人物として見なされて引っ張りだこになる。すな
わち，人間存在がピクセルに還元されるリスクを伴った，支配欲とコント

ロール欲の新しい次元において，インターネットは，他者を自分の期待に応じて縮減したいという欲望を満たしうる（Tisseron, 2015b）。このような状況で個人は，横断可能性が不在となり，デジタルな対象の地位に還元される。こうして，本当には（すなわち物理的には）現れえない対象として自らを表象してしまうのだ。

　物象化の一つのバリエーションは，私たちが「液状化するセクシュアリティ」と名づけたものの中に現れる。バウマン[4]（Bauman, 2005）は「ハイパーモダニティの居心地の悪さ」に言及し，その中では生が液状化してしまうことを指摘する。液状化した生は，その形を保つこともできなければ，長い間十分な軌道を保ち続けることもできない。存在は不安定で，新しい出発と始まりの連続する恒常的な不確定性を生きている。なぜなら液状化した生とは消費生活なのであり，それは，世界のすべての断片（人々および物事）を，使うや否や役に立たなくなる対象として扱う。対象は厚みを，一貫性を，強さを失うのだ。同じように，（消費の）対象と廃棄は，その上に社会の構成員が配置され，日々行き来する連続体の概念的な極点をなしている。他者は対象としてその消費と撤退（廃棄）との間で分有されるがゆえに，少しずつ欲望の対象としての関心を失ってしまう。つまり対象は，それが消費されるや否や排出されてしまうのだ。対象は液状になってしまう。そしてこの（消費 – 廃棄の）ループの中では，他者は単なる消費対象なのだ。同じように，セクシュアリティも液状化する。つまり，欲望の対象は消費の対象であり，例えば，消費を促進する位置情報ゲームやマッチングアプリを通じて出会うことになる。この文脈でセクシュアリティはその対象を見つけることができず，対象は消費されるや否やぼやけてしまうのだ。ときには形態を変えながら，したがってある欲望の対象からまた別の対象へと移り変わることで，対象は少しずつ消えていき，性的な欲望は対象から離れた状態になっていく。したがって，問題は欲望の対象が姿を変えることだけにあるのではなく，この対象が対象として消失してしまうことにある。つまり，セクシュアリティは一貫性を失うことで，そして性的対象を消費し空っぽになることを自ら強

---

†4　Zygmunt Bauman（1925–2017）：『リキッド・モダニティ――液状化する社会』（大月書店，2001）などで知られる社会学者。

第2部　精神病理

いることで，液状化していく。つまり，ここでの性的な問題は性的なものの
抑圧に関係するというよりも，自我の絶え間ない問いかけ（Godart, 2018b）に
結びついているだろう。こうした自我の問いかけは対象に一つの形態を与
え，それによって性的行為を引き起こすものだ。しかし欲望自体は，だから
と言って必ずしも排出されるわけではなく，ますます主体を（性的な，ある
いはアイデンティティに関する）問題へと直面させる。

ポイント

- サイバーセクシュアリティとは，テクノロジーツールを使用するセクシュアリ
  ティの形態を指す。
- サイバーセクシュアリティの実践には，いくつかの形態がある（受動的サイ
  バーセクシュアリティ，双方向的サイバーセクシュアリティ，コネクテッド・
  サイバーセクシュアリティ，トランス@セクシュアリティとテクノセクシュア
  リティ）。
- これらのサイバーセクシュアリティの形態の中には，機械をインターフェース
  として用いるセクシュアリティと，機械と関わるセクシュアリティ（テクノセ
  クシュアリティ）という違いがある。
- トランス@セクシュアリティは，拡張されたセクシュアリティをなしている点
  でサイバーセクシュアリティの中でも特権的な形態にある。すなわち，物理的
  なセクシュアリティとサイバーセクシュアリティを架橋している。
- このセクシュアリティにおけるハイブリッド化は，同様にアイデンティティと
  ジェンダーアイデンティティにおけるハイブリッド化をも伴う。
- 最後に，テクノセクシュアリティはむしろサイバーセクシュアリティの病理的
  な形態に属している。それはこのセクシュアリティが，（ときには，しかし必
  ずしもそうではないが）機械だけを排他的に性的対象とする傾向があるからで
  ある。

第14章

ひきこもり現象

セルジュ・ティスロン

　ひきこもり (hikikomori)[†1] とは，1990 年代に日本で発生した大きな社会現象を示す用語である。それは，若者，思春期あるいは若年成人であり，大部分が男性で，通常は家庭内の自室にひきこもっていることを指す。また，(勉強，仕事，人間関係で) 社会参加していない状態が少なくとも 6 か月間続く (Saito, 1998)。ひきこもりは数年続くこともある。こうした現象は，今日，日本国内で 50 万人から 100 万人に影響を及ぼすと言われている。ひきこもるという態度は，統合失調症，感情障害，パーソナリティ症，恐怖症，広汎性発達障害などの，明確に同定された精神病理が関係していることもある。この場合は，「二次性ひきこもり」と呼ばれる。しかし，いかなる精神病理も認められないこともあり，その場合は「一次性ひきこもり」と呼ばれる (Suzuki, 2014)。この現象は，遷延した思春期の一形態として想定されている (Fansten et al., 2014)。フランスにおける状況とのパラレル性が指摘されたこともある。しかし，フランスのひきこもり青年は，具体的で特定可能な失敗の後にひきこもることが多いのに対して，日本のひきこもりは，失敗を経験する前にひきこもるとされる (Furuhashi et al., 2013; Guigné, 2014)。

---

†1　フランスと日本のひきこもり (hikikomori) 概念の紹介や相違については以下を参照：鈴木 國文・古橋 忠晃・ヴェルー ナターシャ(編) (2014). 『「ひきこもり」に何を見るか』 青土社。／古橋 忠晃 (2023). 『「ひきこもり」と「ごみ屋敷」——国境と世代をこえて』 名古屋大学出版会。／Guedj Bourdiau, M.-J. (2024). *Hikikomori : réparer l'isolement*. Doin éditeurs.

第2部　精神病理

複数の原因と関連する現象

　ひきこもり現象は，日本では非常に顕著な形で見られる（問題視されている）が，実際のところ，他の国々では，同じような形態では知られていない。その原因については，いくつか指摘されている。今のところ，そうした原因のすべてが日本には存在している。この事実こそが，ひきこもり現象が日本特有なものである理由を説明しうるのかもしれない。

▶インターネットの発展

　デジタルツールのおかげで，家にいながらできることが増えていくと，その結果，いろいろな形の脱社会化が促進されうる。ひきこもりの中には，デジタルな世界と関わっている人もいれば，そうでない人もいる（Furuhashi & Vellut, 2014）。

▶社会モデルへの信頼の喪失

　多くの若者にとって，日本社会はもはや，社会が要請する犠牲に見合うだけの十分な見返りが得られるとは認識されていない。若者たちは，日本社会が必ずしも，卒業後の就職を保証してくれるとは限らないし，たとえそうしてくれたとしても，わくわくするような将来の展望をまったく与えてはくれないと考えている。新卒の若者は伝統的に，つまらない単純労働に従事させられてきたが，そうした下働きの仕事には，ますます耐えられなくなっている。

▶家庭における法外な期待

　日本では，子どもに勉強させるために莫大な借金を背負う親たちもいる。さらには多くの親が，子どもの成功によって自らを判断する。子どもは，失敗したら親の尊厳を傷つけるのではないかと恐れている。この現象についてフランスでは現在，「パフォーマンス不安」あるいは評価の場面への不安として知られている。こうした不安は，失敗を恐れ，退却したい誘惑を呼び起こす[*1]。若者のひきこもりの場合，退却は一種の病気と見なされ，結果とし

て罪悪感が免除される。

▶同調圧力

　日本では，自分の自尊心を高めることだけではなく，自分の帰属集団の自尊心を高めることも重視される。しかしながら今日では，日本の若者は北米文化に後押しされて，より個人主義的なモデルを重んじるようになっており，このような集団の圧力に耐えることがより難しくなっていると考えられる。若者たちはそれを，親からのプレッシャーに加えられた，別のさらなるプレッシャーとして経験する。どちらの場合も，失敗によって拒絶されるリスクと，成功によって個人的な長所を奪われるリスクの両方がある。このような状況は，ティーンエイジャーが通常仲間に頼ることで逃れようとする家庭問題を悪化させるため，逃げ道のない印象を与えるだろう。

▶母子の愛着と老後の孤独に対する親の不安

　日本の家族構成は母と子を密接に結びつけ，分離をより困難にしている(Galan, 2014)。反対に，老後の孤独への不安のため，親は，死ぬまで家にいる覚悟ができているように見える子どもに対し，より寛容になってしまうのかもしれない。ひきこもりの子どもは，自分の部屋にひきこもって暮らすかもしれないが，少なくとも，「そこにいる」ことは保証されるからである。

▶精神障害が関連する可能性

　一次性ひきこもりという現象には，二つの精神疾患が関与している可能性がある。それは，軽度のアスペルガー型自閉スペクトラム症と，シゾイド型の自己愛性パーソナリティ症である (Ogawa, 2014)。軽度の広汎性発達障害を抱える若者は，実際のところ，自分に対する特定の，周囲からのある種の期待を，特に仲間との協調や社会性の面で実現不能であると感じることがある。シゾイド型の自己愛性パーソナリティでは，失敗した場合，関係から物理的にひきこもる形で反応することが多い。

＊1　Miller, M.（2020 年 2 月）．クラスのトップのパフォーマンス・ストレス．http://lirelactu.fr/
　　source/le-monde/926dd31c-1478-4917-a5ba-e7a39eea0da8　（2020 年 9 月 19 日確認）

第 2 部　精神病理

▶なかなか進まない子どものメンタル問題に対する早期セラピー

　日本では児童精神科医がまだまだ不足しているため，幼児期の早期の障害が思春期に顕在化・悪化する前に，早期診断・治療することがなかなかできないでいる。

▶恥の文化

　最後に忘れてはならないのは，恥の重要性である (Tisseron, 1992)。日本では，日常生活に支障を引き起こすほど重い病気もないのに学校を休む子どもは，家族にとって非常に恥ずかしいことであるため，その子どもを世間の目から隠すことを決断するかもしれない。一時的でも孤立した若者は，もはや外に出ることを禁じられたかのようになる。再び社会的包摂を望んでも，社会参画に失敗したことのある人を永続的にスティグマ化する文化によって，社会復帰がひどく損なわれてしまうのである。

思春期の問題系

　ひきこもり的な退却は，心的表象が大きな再編成を体験する思春期頃に始まる (Gutton, 2008)。こうした再編成については，以下の三つの点が大きな役割を果たしている。世界が自分の期待に応えないこと，世界が自分が夢見ていたようには自分を待望していないこと，そして，これが間違いなく最も困難な点であるが，自分が自分自身に期待していたことに応えないということ。これらすべてを受け入れる必要がある。

　これらを受け入れるためには，以下の二つの条件を併せ持つ必要がある (Tisseron, 2012d)。思春期の子どもが，自分が予期している世界を離れて，ありのままの世界に入ることのベネフィットをはっきりと認識していること。そして，他者が自分に対して抱く期待に，自分が応えることができると感じられること。そのためには，次の二つのことをせざるをえない。自らのもろもろの可能性を含む現実に自尊心を適応させるために，自らの壮大な自己愛的備給の一部を放棄すること (Kohut, 1971)。そして，社会，人間同士，制度の間で織り成されるものの基礎となる，贈与と返礼の社会的論理への参入を

受け入れること (Mauss, 1923)。

　そして，まさにこうしたものこそが，ひきこもりが放棄していることである。この点で，ひきこもり者はハーマン・メルヴィルの短編小説「バートルビー」の主人公に例えられよう。主人公は，どんな新しい提案にも「できればそうしないほうがいいのですが」という言葉で応答する (Pionnié-Dax, 2014)。彼は，自分が世界に期待していることと，現実の世界とのギャップに向き合う必要性から逃れようとしている。なぜなら，自分が望んでいたようには世界が待っていないことに気づくリスクを拒みたいからだ。また，他人が自分に期待していることと，自分自身の経験を比較することも放棄している。言い換えればひきこもりとは，世界と自分自身に向けての自らの期待と，世界と自分の具体的な経験との間を，絶えず行き来しながら，連接することを放棄しているのである。その結果，通常は密接に連結している二つの領域が，ばらばらになってしまう。一方では，自分自身に対する期待が自分の経験から切り離され，他方では，世界に対する期待が，世界の経験から切り離されるのだ。こうした状況については，「脱連接 (désarticulation)」あるいは「脱接合 (désemboîtement)」という言葉で言い表すことができよう (Suzuki, 2014)。この脱連接は，はじめは心的なものであるが，その後，急速に社会的なものとなる。ひきこもりとは，まずは心的に「ひきこもり」，次に社会的に「ひきこもって」いく。世の中の課題から精神的に退却するのだが，日本文化において，こうした退却は，取り返しがつかないものとなる。ひきこもり者は，巨大な国家的経済闘争からの脱落者として自身を非難する文化の中，自らが社会から追いやられていることに気がつくのである。

心的な脱接合から社会的な脱接合へ

▶心的な脱連接

　一次性ひきこもりが，特別な精神医学的症状を示すことはない。多少とも意識的に，自己の内部に裂け目を作ることで，その後の経過の中で，抑うつや見捨てられ感や迫害などといった特定の病理を引き起こしうるような，不快な感情や表象から逃れることができるようである。この一次性の脱連接

第2部　精神病理

が，知覚 - 感情的表象と心的表象とのつながりの間で起こっていると仮説を立てることができる (Tisseron, 2014b)。

　つまり，ひきこもり者は自分の感情の知覚から切り離され，何も感じなくなっているのである。他方で，退却の時期から抜け出したひきこもり者（つまり，おそらくは思春期の危機に際して身にまとっていた，ひきこもりという衣装を脱ぎ捨てた者）は，自分がうつ病であったかもしれないという考えを受け入れ始めるようである (Suzuki, 2014)。

▶社会的な脱連接

　心的な脱連接が，世界に対する予期的な表象と，それと接しながら作られる経験との間の不可欠な行き来を途切れさせるように，社会的な脱連接は，周りの人々からの期待と，期待を向けられた当人の反応との間の不可欠な行き来を途切れさせることになる (Tisseron, 2014c)。他者からの自分への期待に無理に応える必要がないと感じることで，ひきこもりは，具体的には，学校生活をはじめとする，社会的な期待が最も大きい社会化の形態から身を引くのである。そうすることで，「集団における自己評価は，他者からの期待に応じて自己を変容させる能力に相関する」という，集団内の自己愛的契約を破棄する。世界に対する期待を抱き続けることはできても，それらの期待に基づいて行動することは放棄する。いかなる予期や計画も含まれていないような行動しかできなくなる。例えば，買い物に出かけたり，ゲームをしたりすることはできるが，それがいかなる要求にも，いかなる目的にも従属しないという条件つきである (Suzuki, 2014)。すなわち，自分が他者の期待に応えられることを証明しなければならないプロセスに参加することを拒否しているのである。

▶デジタル世界における可能な避難所

　必ずそうなるとは限らないものの，退却プロセスがデジタル世界への社会参画につながることがある。デジタル世界は，実際に，上述したような二つの脱連接化と正確に対応する二つの特徴を兼ね備えている。それは匿名性が原則で，誰もが一つまたは複数のペンネームの背後にしか存在しないことと，他者の期待を満たす必要がないことである。なぜなら，私たちは説明な

しに，そうした関係からいつでも足を洗うことができるからである。いずれにせよ，デジタルの乱用がひきこもりの人に存在する場合，それはひきこもりの原因ではなく，むしろ退却の結果であるように思われる。ヴァーチャルへの関わりは，退却に先行するというより，むしろ，ひきこもりに付随するものである (Furuhashi & Vellut, 2014)。今後，ヴァーチャルへの関わりが，どのようにひきこもりに影響するのかを明らかにする研究が必要である。こうした関わりの仕方が，ひきこもりがもたらす心的かつ社会的な二重の脱連接を，どのように示しているのか。そしてまた，ヴァーチャルへの関わりが，どのような形で自己治癒の試みとなっているのかを明らかにする研究が求められている。

「退却する者」が暴君に──自らを通じた他者への攻撃性

　ひきこもりについて説明する際に，攻撃性を抜きにしては十分に語れないだろう。実際，親や仲間たちからの期待に応えようとした結果，ひきこもる道を歩み始めた青年は，まるで自分がいなくても他人はやっていけるだろうと決意したかのようである。そして，他者の希望を背負うことを放棄するだけでなく，今では他者に背負われるようになる。「普通の」学校システムでは，親が急かせば急かすほど，子どもは早く進まなければならない。しかし，ひきこもりの子どもは，親が急かせば急かすほど，減速して，まるで不活性なおもしのように振る舞う。拒否や拒絶を通じて，ひきこもりは，自分の対話相手に，非常に強烈な心的興奮を引き起こす (Pionnié-Dax, 2014)。これは社会的自殺の一形態であるが，また彼を手助けするつもりであることを主張する人々に対する攻撃でもあり，深刻な家庭問題を引き起こすこともある (Fansten & Figueiredo, 2014)。

　実際，ひきこもりは，他者を攻撃した場合に感じられる罪悪の問題を，まず自分の攻撃性を自らに向けることで解決したかのように見える。自分に多くを求めすぎる親を恨んだり，世の中をよくしてくれなかった大人を恨んだり，世界を自分に都合のよい形にしなかった大人たちを恨んだり，自分への共感が不足していた友人たちを恨んだりしているかもしれない。しかし，ひ

第2部　精神病理

きこもりの人は決して文句を言ったり，誰かを攻撃したりはしない。私たちがこれまで話してきた心的な脱連接とは，社会的な脱連接や退却の前兆であり，まずもって自らに対する攻撃である。それらは，つながりを築く能力，興味や感情を感じる能力，熱中する能力，憎んだり愛したりする能力，要するに生きる能力に対する攻撃なのである。その意味で，ひきこもりは，システムから身を引いているのであるが，他方では，決して反抗を示さないという，一つの大きな規則を遵守してもいる。1970年代の日本の学生運動の暴力は〔その後〕，ひきこもりにおける自己暴力に道を譲ったのだが，それらは同じ暴力である。日本社会は，他の選択肢を残しているのだろうか。いずれにせよ，周りに対しての攻撃性がないという点で，この姿勢から引き出されるベネフィットに，私たちは惑わされてはならない。心的な脱連接とは，まずは主体が，（他者からであれ，自分自身からであれ）自らへの期待と，自らが提供できると感じている諸々の応答との間で，個人が感じるギャップから生じる苦痛を取り除くことを目的としているのだから。

再包摂化をベースにしたセラピー

ひきこもり現象には，心理，社会，文化そして家族に関わる複数の原因が含まれるため，セラピーもまた，多焦点的に行われる。学習意欲を高めるためには，グループ活動が奨励されるが，競争的な側面は避けるようにすべきである。グループ活動は，大学機関やインターネットを通じて可能となる。とりわけ，大学構内で構築されるSNSの活用が重要となろう (Suzuki, 2014)。こうした命題は，社会的な脱連接に先立って，心的な脱連接が生じるとする私たちの仮説と一致する。支援は，まずはその人がありのままで受け入れてもらえることをしっかりと伝えたうえで，成果評価に準拠しない課題を与えることを通して行われる。

ポイント─────────────────────────────
・ひきこもり（hikikomori）という用語は，1990年代の日本で登場した大きな

社会的現象を示しており，今日，50万人から100万人の若年成人に関係している とされる。ひきこもり現象は，日本に特有で，家族，経済，文化的な諸 要因と関連するようである。

- ひきこもりの人は，実家で親と暮らしている。こうした人々は，学校に行く， 仕事をするといった社会生活を営むことができない，または，しようとしな い。それが，6か月以上続くような状況にある。こうした人々には，親しい友 人もいない。ひきこもり現象は，学業や職業，情緒的な失敗とは無関係であ り，必ずしも当人に過剰なデジタル実践を伴うわけでもない。

- 精神病理が同定された二次性ひきこもり（自閉症，精神病症状，社交恐怖，う つ病など）と，それらを呈さない一次性ひきこもりとが鑑別される。したがっ て，ひきこもりという用語が，精神病理と同義というわけではない。

- セラピーは，オンラインまたは周りの近しい人たちとの再社会化をベースとし て行われる。

第15章

機器に接続している患者の精神病理
テクノロジーが心的補綴として使用されるとき

フレデリック・トルド

　第7章で私たちは，心的機能が生物学的機能のみならずテクノロジーによっても支えられているということを確認した。本章では，第7章の補足となる仮説を提示する。すなわち代置（vicariance）(Berthoz, 2013) のように，テクノロジーが患者に不足している心的機能を補完することを確認する。別の言い方をすれば，サイボーグ‐自我の諸機能が，皮膚‐自我 (Anzieu, 1985) の諸機能の代わりとなりうるという仮説を立てる (Tordo, 2019d)。この場合，サイボーグ‐自我の心的諸機能は，他の諸機能の補綴として働くことになる。つまりテクノロジーが（サイボーグ‐自我の介入によって）患者の心的補綴として働くのである。

心的補綴と心的装具

　アンジュー（Anzieu, 1985）自身がすでに，機能不全に陥った皮膚‐自我の代わりとなる補綴の問題を論じている。彼は人間関係における特殊な状況を取り上げた。すなわち，乳児にとって愛着の対象となる人物が，適切な方法で乳児を内包する容器としての機能を果たさないような状況である。こうした場合，乳児は愛着の対象となるべき人物を，自らの内側に宿すことができない。結果として，正常な取り入れの代わりに病的な投影同一視が用いられることになり，アイデンティティの混乱が引き起こされる。このとき乳児は，身体の各部分の統一感を維持するために，必死になって対象（例えば光を発

第 15 章　機器に接続している患者の精神病理

するもの）を探す。

　とりわけアンジューは，第一の心的皮膚の作動不全について言及している。この作動不全によって乳児は，「代用補綴（prothèse substitutive）」や「まがいものの筋肉（ersatz musculaire）」としての第二の皮膚を形成し，容器である対象への正常な依存の代わりに，擬似依存を行うようになる。こうした場合，筋肉でできた第二の皮膚は，皮膚－自我の重大な機能不全を補うため，異常に発達する。例えばアンジューは，とりわけセラピー的退行状況において，患者を保護しうる衣服の役割について言及する。

　2003 年にセルジュ・ティスロン（Tisseron, 2003a）は，こうした代用あるいは補綴の問題を再度取り上げた。外部テクノロジー装置による皮膚－自我の代償（compensation）機能が，明確に言及されたのはこのときである。ここでティスロンは，皮膚－自我（Anzieu, 1985）の覚醒および再備給機能を，（具体的）イメージの使用から論じている。すなわち，イメージを使用することで個人は，内的エネルギーの緊張を調整しうるのだ。このとき，周囲の大人がこうした役割を適切に果たさなかった場合ほど，リスクが大きくなるとティスロンは考える。というのも，多くの子どもたちは，自分の世話をする大人による世話の中断に比例して，落ち込みや絶望感を経験するからである。子どもたちは，大人たちによるエネルギー備給が放棄された無関心の瞬間を心の奥底に刻み込んだまま成長し，興奮不足の悲劇的感覚への回帰に脅かされ続けることになる。このような子どもたちにとって，イメージ（映画，ビデオゲームなど）にしがみつくことは，興奮レベルを維持するための反復的試みなのである。この興奮は，目を覚まし続けていると感じること，すなわち，自らがまだ生き続けていると感じるのに，十分なレベルでなければならない。ティスロンは後に，デジタルな二者一心を通じて，こうした代償に立ち戻る（Tisseron, 2009c および第 12 章参照）。

　アンジューとティスロンはまた，皮膚－自我の裂け目を塞ぐにあたっては，対象からの反応が有効であることを，精神病理学の分野に導入した。こうした代置については，機器に接続している患者（Tordo, 2019d）やテクノロジー，加えて（例えば医療に関わる）デバイス，あるいはより広範な意味での機械に関する論が展開されている。しかしながら精神病理学においてテクノロジーは，サイボーグ－自我を媒介とした心的補綴という形でのみ現れる

第2部　精神病理

わけではない。というのも，テクノロジーによる代用や代置は，二つの形態に分けられうるからだ。すなわち，一方では**心的補綴**（prothèse psychique）として使用され，他方では**心的装具**（orthèse psychique）として使用される。医学用語においては，例えば補綴は負傷した手足の代わりとなるものを指し，装具は手足を補助するものを指す。サイボーグ－自我における補綴と装具の力学は，これと同じような関係にあるように見える。心的補綴としてのテクノロジーが，機能不全に陥った心的機能の代わりに使用されるのに対し，心的装具〔としてのテクノロジー〕は，機能に代わるのではなく，（リハビリのように）補完的な機能を加えるものである。言い換えれば，サイボーグ－自我において，心的補綴は空虚な場を埋めようとするものであり，他方で心的装具は，空虚をそのまま残すとともに，そこに別の何かを加工する余地を残すものである。だからこそサイボーグ－自我は，（とりわけアイデンティティに関する）真の構築作業を組織しうるのだ。この構築作業は，精神病理学的な継ぎはぎを用いるものである。すなわち，一つもしくは複数の機能，一つまたは複数の心的力学（補綴または装具）に関わるものである。

心的な障害において心的補綴として使用されるサイボーグ－自我の諸機能に関する記述

　ここでは，サイボーグ－自我のさまざまな機能（第7章参照）と，心的補綴であるところの，（一つまたは複数のテクノロジーと連動する）諸機能を使用した臨床例（Tordo, 2019d）について記述する。

▶内包と増強[†1]
　患者の中には，テクノロジーに包み込まれることを求める人もいる。（医療機器などで）身体を，あるいは（心的生の一部を幻想的に内包してくれるスマートフォンのようなもので）心を包んでもらいたがるのだ。車の中にい

---

†1　この項の原著タイトル Contenance et augmentation は第7章でも登場する。合わせて読むとより分かりやすい。

たがる患者のことを考えてみよう。なぜそこにいたいのかというと，そこにいると守られていると感じるからだという。彼は乳児の頃，車の中でしか眠りにつくことができなかった。こうしたケースでは，家族による内包に温かみがなかったことが語られている。こうした欠如を補うための補綴について，他の例も見てみよう。患者の中には，自己愛の次元で，言い換えれば自己愛を回復しようとする次元において，なおも自我を拡張しようと，いわば増強させようとする人もいる。私たちはここである患者のことを考えている。自尊心が低く，大脳の能力を機械によって増強したいという幻想に取りつかれ，それを可能にするテクノロジーをすっかり実装するつもりでいる。別の例を挙げよう。ある場合においてテクノロジーは，人工的な容器（contenant）としてではなく，自らが受け入れられない自分自身の一部，あるいは刺激的すぎる自分自身の一部を**抑え込む**（contenir）ために使われる。この部分はテクノロジーの中に閉じ込められ，人格の残りの部分とは切り離される。ステファン・セネシャルはパリ大学サイバー心理学の修了証書DU[†2]を持つ精神科医であるが，彼は私との個人的なやりとりの中で，実践的な分析セッションでこの点に気づいたと話してくれた。いわく，ある小児性愛者の患者は，被害者の画像をスマートフォンに密かに保存することで，逸脱した欲動的生を意識から切り離しておくことができるという。実際に，乳児期における初期の投影を通じて，〔家族による内包をはみ出してしまった〕あらゆるもの（心的審級，トラウマなど）が，テクノロジーに投影される可能性を持っている。次いで，人格の残りの部分が人工的に切り離されるのだ。

▶メンテナンスとセルフメンテナンス

　自らを支えるのに十分なほどの強度のある内部骨格を持たない患者の中には，テクノロジーを補綴として用いる人もいる。何かを支え，何かに支えられ，支えられていると「感じる」ために，テクノロジーを使用するのだ。ある患者は，ヴァーチャルイメージに変身できるという感覚，あるいは液体に変身できるという感覚があることを私に語ってくれた。ただし，「知性型」

---

†2　DU は diplôme universitaire の略称であり，学士課程のうち 1 年分に相当するディプロマ。

第2部　精神病理

（彼がプレイしているゲームのキャラタイプのうちの一つ）のアバターを操作している状況を除くという。別の患者のケースでは，当人の心的構造は，機械，特にゲームから得られる興奮によって維持されていた。

▶アイデンティティ

アイデンティティの障害（もしくは主体化の障害，詳細については後述）に苦しむ患者は，テクノロジーの中に，補綴として機能する支えを見いだすことがある。例えば，デジタルなアイデンティティに多大な注意を払うことで，物質的なアイデンティティを完全に放棄してしまった患者がいた。彼女は物質的なアイデンティティに対し「空虚」を感じていたのだ。また別の患者は，私に次のように話してくれた。「PC を使い，そこに個人的なファイル（そこには彼女のセラピーに関連するファイルも含まれていた）を保存しておきます。PC 内は私にとって，自分が存在することと，感じることを可能にしてくれる空間です。」 最後の例は，自らのジェンダーアイデンティティに不安を感じ，身体イメージにも大きな違和を抱いていた患者である。いわく，SNS（Instagram）を使って自分を表現することで，（メイク，アクセサリー，衣服などを身につけたときの）自分がどのようであるかが，（よりいっそう）はっきりするようになったという。この人は SNS を通じて，誰かの皮膚の中にいる自分を幻想したのだ。こうした幻想は，「フィルター越しのアイデンティティ」への，フォロワーからのたくさんの肯定的なコメントとともに経験されたという。

▶刺激保護

痛みとして感じられるような内的刺激を取り除くため，テクノロジーを使う患者たちについては，〔第7章で〕すでに取り上げた。こうしたケースにおいては，心的構造の保護バリア，さらにはフィルターバリアを構築しうるものが，テクノロジーだったのだ。第7章において私たちは，私たちと世界との間にスクリーンを介入させるため，テクノロジーを使用する患者たちの例に言及した[3]。ある患者は，独特の〔心的〕作動とともに生きている。彼

---

†3　本書第7章「刺激保護」を参照。

は常に小型のデジタルタブレットを持ち歩く必要があった。端末上のコンテンツ——彼は必ずしもそれに興味があるわけではない——のためではなく，スクリーンが自分と他人との間にフィルターをもたらしてくれるために，端末を持ち歩いていたのだ。実際彼は，感情にかかる過負荷を避けるために，自分と社会との間の障壁としてスクリーンを使用していた。つまり彼の場合，テクノロジーは（感情の）ホメオスタシスを調整するものとして使われているのだ。

▶自己共感と反省性

ある患者たちは，主体化の障害に苦しんでいる。主体化の障害とは何か。私たちの仮説では，反省的思考にアクセスできないために，二重化作業に取り組むことができないことを意味する (Tordo, 2016)。言い換えれば，こうした患者たちにとって，自己表象を可能にしてくれる，内的でヴァーチャルな二重性は，不在，空虚，あるいはまた「幽霊（spectral）」のように機能する。こうした不在を補うために，患者たちは外部に分身を探し求めることがある。すなわち分身によって，心的内部の二重性の錯覚を保証してもらうのだ。そうした過程において患者たちは，（例えばデジタルアバターのように）分身のイメージを多数提供してくれるテクノロジーに出会うかもしれない。私たちはセラピーにおけるこうした問題群を，転移の新たな様態の中に見いだしている（第26章参照）。

▶痕跡の刻み込み

サイボーグ – 自我の機能と結びついたこうした補綴を通して患者は，従来の方法では定着させることのできなかった内包物（contenus）を，定着させる方法を見いだしていく。例えばある患者は，次のように私に言った。私の心的構造の中にあるものはすべて吹き飛ばされ，排出されてしまう——ただし自分自身に関し，自分で PC の中に書き留めたものを除いて，と。あたかも PC が，自らの痕跡を記録することのできる人工的な容器（contenant）であるかのように。別の患者は，（陰性幻覚の一種のために）鏡に映った自分の姿を定着させるのに苦労しているのだが，スマートフォンの中に自分の姿を見つけられると思うと落ち着く，と話してくれた。

第2部　精神病理

▶セクシュアリティに関わる覚醒とサポート

〔第7章でも取り上げたように，〕ティスロンが上述した患者は，テクノロジーを通して興奮を求めることで覚醒を維持していることから，テクノロジーによるリビドー備給の例となる。あらゆるテクノロジーが，興奮の追求において補綴として使用されうるのだ。例えばテレビシリーズを，新たな感覚の源であり，自らを維持し，うつ状態になることに抗うための助けとして頼る患者がいた。加えて，（ポルノグラフィーやマスターベーションといった）自体愛的な行動において，テクノロジーを使用する患者にも出会うことがあるが，こうした行動は，ときに排他的なものとなる。この点については，ハイブリッドなフェティシズムに関する記述を参照することもできる(Tordo, 2017a, 2019d)。心的補綴として使用されるこうしたサイボーグ−自我の諸機能は，1人の同じ患者においてすべて現れることもあれば，このうちのいくつかだけが現れることもある。したがって場合によっては，（補綴としての）サイボーグ−自我が，すべての機能を備え，心的装置全体に取って代わることがある。あたかもテクノロジーとの結合が，心的構造とその安定にとって不可欠のものであるかのように。

ポイント

- サイボーグ−自我のある機能は，患者が欠いている特定の心的機能に代わりうるし，一つもしくは複数の機能の心的補綴として働きうる。
- このような機能に関して，二つの代置的使用を精神病理学的に区別することができる。一つ目に，（ある機能に代わる）心的補綴として使用されるテクノロジーである。そして二つ目に，（機能を追加しながら，不足している機能を新たに加工するための空間を残す）心的装具として使用されるテクノロジーである。
- サイボーグ−自我のすべての機能（内包，メンテナンス，アイデンティティ，刺激保護，反省性，刻み込み，セクシュアリティに関わる覚醒とサポート）は，心的補綴や心的装具として使用されうる。
- さまざまな理由から，補綴としてのサイボーグ−自我が，心的構造にすっかり取って代わることがありうる。

第16章

慢性疾患や身体疾患の患者における
ハイブリッド化という臨床基軸

フレデリック・トルド

　身体疾患や慢性疾患を持つ患者は，治療やモニタリング，さらには個人的な使用のため，テクノロジーに恒久的に接続される可能性がある。そこで，ここでは以下の問題に取り組むことを提案する。すなわち，テクノロジーとの基本的な関係について患者とともに考えるため，臨床における手がかりとして役立つような主要基軸とは何か，という問いである。

基軸1——身体図式の内在化と変容

　脳とはシミュレーションを行う機械であり，表象する対象の特性をヴァーチャルに再現できることが知られている。それはまず，自己の身体から始まる (Berthoz, 2013)。これは「身体図式」と呼ばれるものであり，脳内における身体のヴァーチャルな複製で，周囲の空間に合うよう，自動的に運動の調整をしてくれるものである (Morin, 2013)。この内的シミュレーションは硬直したものではなく，それどころかさまざまな要因，特に個人と対象との関係によって著しく変化しうる。「ラバーハンド錯覚」と呼ばれる実験パラダイムがその代表である (Brotvinick & Cohen, 1998)。実験は以下のものだ。被験者をテーブルの前に座らせ，両腕を前に伸ばしてもらう。このとき左腕だけをついたてで隠し，左手の代わりにゴム製の腕を置く。次に，実験者が，隠されている左腕と〔目の前にある〕ゴム製の腕を同時に触る。これを何度か行ううちに被験者は，ゴムの手が自分の手であると感じるようになる。つまり被

第2部　精神病理

験者は，自らの腕の感覚的特性をゴムの手に移したのだ。

　この実験パラダイムによって観察できるのは，身体図式の輪郭は，対象や道具と接触することで伸びうるあるいは拡大しうるもので，展性に富むということだ (Chapouthier & Kaplan, 2013)。テクノロジーで作られた対象についても，この実験と同じような結果が得られる。例えば，人工の手がゴムの手に代わるような状況や (Ehrsson et al., 2005)，ヴァーチャルリアリティにおいて分身が刺激を受けたときに触れられたと感じる実験などが挙げられる (Guterstam et al., 2015)。加えてこのパラダイムは，脳内における身体の境界置換のみならず，境界拡張についても説明してくれる。実際，研究者たちは6本指のアバターを作成し，参加者たちをヴァーチャルリアリティに没入させた (Hoyet et al., 2016)。これは，参加者たちが自らの指と対応させながら，アバターの指がどのように動くのかを認識するための実験であった。ほとんどの被験者が，まるでずっとそうであったかのように，6本指の手を自らのものと感じるようになった。デジタル上で5本指の手に戻す際には，欠落したかのように感じられたという。この結果から，「第六の指のパラダイム」とここで私たちが呼びうるものは，ある仮説 (Tordo, 2019d) の妥当性を強化するように思われる。すなわち，脳はテクノロジーを自らの身体の一部として内在化する力を持っており，それは身体図式の変更という形で現れる，という仮説である。

　臨床において，医療テクノロジー機器を日常的に装着することは，身体の一部としてテクノロジーを内在化することを伴う。例えば，（人工網膜のように）有機的な代用品としてである。あるいは，例えば（パーキンソン病用のアポモルヒネ持続皮下注射ポンプなど，医療器具が身体の延長である場合のように），「第六の指」として機器が内在化されうるのだ。しかしながら，こうした内在化を確実なものにするためには，テクノロジーを自らの身体を通して実感できる必要がある (Andrieu, 2013)。そうでない場合には，患者は不快感のみならず不安を感じる可能性がある。このことは，身体図式の内在化が簡単ではないことを，臨床的に証明している。ベルトス[1] (Berthoz, 2013) はブレイン・マシン・インターフェースの一環として，脳刺激を受ける患者の

---

†1　Alain Berthoz (1939-)：フランスの工学者，神経生理学者。

例を挙げている。患者の脳に電極を埋め込み，その電極でロボットアームを操作して患者自身を補佐するというものだ。しかし初期の臨床試験では，まるで誰か他の人間が，自分の代わりにロボットを操作しているかのような不快感を患者が体験することが明らかになった。

基軸2——心的統合という幻想

　しかしながら，テクノロジーの身体図式への内在化は，テクノロジーの取り込みをいつも意味しているわけではない。取り込みには，幻想もしくは主観を通じた備給が必要となるからだ。したがって，ここで中心となるのは心的統合の次元である。この統合の起源は，私たちが名づけた幻想，すなわち**統合幻想**（fantasmes d'intégration）に根ざしている（Tordo, 2019b, 2019d, 2019f）。こうした幻想の中に，テクノロジーを自らの皮膚の延長として，あるいはさらに拡大して，身体の延長として生きることを可能にする幻想が位置する。たとえ機械が，身体の延長としては幻想されないとしても，少なくとも，生命や生気，生命力の延長として，あるいは生命の投影として幻想されるのである（Hacking, 2007）。それゆえ，こうした幻想的な関係性のおかげで，身体とテクノロジーとのある連続的な形態が具現化する。他方で，例えば（映画『ターミネーター』や，ある種の機械による補綴のように）攻撃の脅威に対する幻想を呼び起こすようなテクノロジーは，こうした主観的統合を妨げる可能性がある。このように，テクノロジーとの関係における主観化[†2]は，テクノロジーから距離を置いたり，反対に，テクノロジーを可能にしたりする幻想的な表象によって涵養されるように見える。だからこそ臨床は，不可避の質問を投げかける。「患者はどの程度まで，自らの内に統合幻想を呼び起こすことができるのだろうか？」

---

†2　この概念は本書のキーワードの一つである。詳しくは結論部分で整理されている。

第 2 部　精神病理

基軸 3——身体イメージの混乱と再構築

　テクノロジーによって動員されるのは身体図式だけでない。身体イメージもまた複数のレベルで関与していることは明らかである。というのも，身体図式は自動的に機能するが，身体イメージは主観的なものだからである (Morin, 2013)。ところで，身体イメージは身体的な病から影響を受けるし，場合によっては破綻することさえある。一方では，身体が変容したり歪んだりしたために，身体イメージに混乱が生じる場合がありうる。他方で，病気の身体を治療するためのものであると見なされているテクノロジーが，身体イメージをさらに混乱させることもありうる。すなわち身体イメージは，変容もしくは損傷するものとしての身体の証なのだ。移植を受けた場合について考えてみよう。(医療) テクノロジーを備えた身体は，有機的な表象と機械的な表象が並び立つキメラを形成する (Consoli & Consoli, 2006)。両者の並列こそが，身体イメージに基づくアイデンティティに多かれ少なかれ一致するような一つの総体を作り上げる。他方で，こうした並列が身体イメージを解体させることもある。自らの視点からのみならず，他者の視点からも「怪物 (monstre)」と見なされる可能性があるからだ。ここで言う怪物とは，差異によって注目される何者かを意味する。ここではとりわけ，医療テクノロジーによって形成される差異を意味するが，こうしたテクノロジーは，原則として外部に置かれることで，内部にある欠如 (あるいは障害) を顕在化させる。ときにテクノロジーは，内部にある (実装されている) 一方で，外部にも現れ続けることで，他者に病んだ身体を示すことがある。例えば，大動脈弁を人工弁に置換したある患者は，夜中に鳴る音のせいで目が覚めてしまうことに苦しむのみならず，他者から「怪物，あるいはロボコップ」のように思われることを恐れるあまり孤立してしまった，と私たちに訴えた。

　したがって，慢性疾患における身体イメージについては，使用されるテクノロジーにもよるが，上述したように，さまざまなレベルで混乱が生じうるということに注意しなければならない。だがこうした状況とは逆説的に，混乱から脱し，幻想的に身体イメージを再構築するために，テクノロジーを使用しようとする患者たちもいる。例えば臨床の現場では，デジタル世界内に

外在化させることで，身体イメージを再構築しようとする試みがなされ，結果として，身体イメージの想像上の再建につながっている。というのもデジタルアバターには，イメージによる身体獲得についての，個人史的な痕跡が残っているからである（Tordo, 2019d）。写真家ロビー・クーパー[†3] の「アルターエゴ（Alter ego）」シリーズは，このことをよく表している。彼は62人のビデオゲームプレイヤーを撮影し，本人の写真を，それぞれのアバター画像の横に並べた。アバター画像とプレイヤーの写真は，たいていの場合，鏡像のように似ている。だが対照的に，重度の障害により人工呼吸器を使用しているジェイソンは，想像上の超身体化（transcorporation）[†4] の一つの形態であるところの，非常に頑丈な装甲を備えたモバイルアバターを作成した。

　このように，慢性疾患の場合には，身体イメージをデジタル世界に外在化させることで代償するという側面が，非常に顕著になる場合がある。こうした力動を患者とともに探るための，二つの主要な機会について検討してみよう。一つ目に，ビデオゲームについて，とりわけデジタルアバターの作成について，患者と話をする機会である。二つ目に，デジタルメディアシオン[†5] を利用して，セッションでビデオゲームを直接使用する機会が挙げられる（Tisseron & Tordo, 2017）。ここで目標となるのは，身体イメージの探求や治療である。

---

†3　Robbie Cooper（1969-）：英国のメディアアーティスト。「没入プロジェクト」でも知られる。

†4　第7章の「トランス身体化」と同じ原語であるが，ここではジェンダーのトランスという意味ではなく，現実世界とヴァーチャル世界との間の「トランス」を意味する。

†5　デジタルメディアシオン（médiations numériques）とは，人々がデジタル社会で行動する力を養うことができるよう，デジタル世界についてよく知る仲介者（物）を通して橋渡しすることを意味する。デジタルメディアシオンという考え方は，フランス独自のものであり，ヨーロッパ内でも極めてユニークと言える，フランスとデジタル世界との関係の深さを理解する鍵ともなる。また近年，教育現場や公共施設などで働く専門家以外の人々も，デジタルメディアシオンの担い手としての役割を負わなければならない状況となっている。このため，デジタルメディアシオンからデジタルインクルージョンという考え方に移行しつつある。なお，本書では文脈によって「媒介」「媒体」とも訳している。参照：Rigoni, C. S.（2022）. La technologie et les pratiques évoluent… la médiation numérique aussi ! *Les Cahiers du Développement Social Urbain*, 75, 26-28.

第2部　精神病理

基軸4——テクノロジーによる加工と侵襲

　慢性疾患では，心的外被が破られてしまう。ここにテクノロジーを実装したり，補助として働かせたりする場合には，患者の適応能力を超えてしまい，トラウマ的侵襲の追加要因となることがある。

　このことを理解するために，心筋症のため，埋め込み型の除細動器を体内に留置している臨床状況について考えてみよう。患者は定期的に，電気ショックのような激しい刺激をトラウマ的に体験する。とりわけこうした刺激が，意識を失う直前に不意にやってくるような場合には，その影響は大きくなる。それゆえ患者は刺激による痛みと事実を覚えており，装置が再び動き出すことを恐れることがある。患者の中には，この装置から迫害されていると感じるために，装置の除去を要求するに至る者もいる。こうした患者たちは，埋め込み装置を除去した結果としての，自然で安らかな死のリスクを選び，医師たちに乗り越えがたい倫理的問題を突きつける（Consoli & Consoli, 2006）。

　患者がこうした侵襲的なテクノロジーを受け入れるために，逆説的ではあるが，ヴァーチャルリアリティのように，テクノロジーそのものを使用する臨床的な仕組みを想定することができる。例えば，認知行動療法のアプローチに基づいて，患者に対し電気的な刺激を，デジタルイメージを通して段階的に提示することで，症状を緩和できるかもしれない。

基軸5——身体の帰属とテクノロジー

　医療テクノロジーと身体との接続において，患者は，自らの身体への帰属感についても疑問を持つようになる。インスリンポンプを使用する糖尿病患者の例について確認してみよう。血糖値の測定システムは，昨今ではますます洗練されてきており，1型糖尿病の状態管理については，AIを統合することでインスリン注射を自律的に行うことを可能にする，というアイデアもある。スクリーン，もしくは機械に接続された特定のアプリケーションは，

血糖バランスに関するさまざまな情報を提供してくれる。つまり，スクリーンは内面へのアクセスを提供するものであると，ナディーヌ・ホフマイスターも指摘している（この点については本章後ろの事例紹介を参照）。

　身体のデータが管理下にあることは，患者に安心感を与えてくれるかもしれない。しかしながら，感覚の管理を機械に委ねることが，不安感につながることもある。とりわけ，自らの病んだ身体に対する帰属意識が損なわれるときがそうである。というのも，一つの疑問が強く浮かび上がるからだ。暗号化されたデータの一部が機械に委ねられた場合，誰がそれを管理するのだろうか。これは，自らの身体帰属において，想像的なものがどう関係しているかについて問うことにつながっている。こうした起こりうる不安の上に，自らが第三者の管理下に置かれることへの不安を加えることができる。とりわけ幼少期には，こうしたデータを参照する責任は，〔自分ではない第三者としての〕親にあることが多い。したがってここで私たちは，二つの隠れたリスクを指摘する。他者の視線が身体内部に侵入してくるかのように感じられるリスクと，身体イメージの一部が切り離されて機械の中にとらわれるリスクである。どちらの場合においても，とりわけ病からの影響によって，身体イメージの構築と，心的自律性の両方が脅かされている。したがって〔医療テクノロジーと身体の接続が〕，はっきり分からないままに迫害的モードで体験されることで，身体と精神の一種の分裂を引き起こすリスクが極めて高い。このリスクは，自らの身体にとって異物であるもの——病，機械，あるいは第三者の視線——に対する不安を伴っていることがある (Tordo, 2019d)。

基軸6——テクノロジーと心的補綴

　通常では皮膚 – 自我に割り当てられている機能に混乱が生じた場合，サイボーグ – 自我の機能がこれを補いうることについて，私たちはすでに確認した（第15章参照）。テクノロジーは心的補綴として機能するのであり，あるいは最良の場合には，心的装具として機能する (Tordo, 2019d)。

　慢性身体疾患においては，このようなサイボーグ – 自我による補填が，日

第2部　精神病理

常的に見られる。例えば腫瘍のある患者においては（Tordo, 2020b），トラウマ
の累積によって引き裂かれた外被の補綴として，こうしたテクノロジーが使用
されることがある。臨床的には，こうした状況はテクノロジーへの過剰備
給と見なされる。例えば，臨床的見地から過剰と判断されるような使用がそ
の例である。そしてこれと同じ力学は，家族による内包においても見られう
る。例えばあるシンポジウムの直後に，ある女性が私に話しかけてきた。い
わく，彼女に乳がんの診断が下されてからというもの，15歳の息子は，昼
も夜もビデオゲームに没頭しなければ生きられなくなったという。ゲームを
することは彼にとって根本的欲求である，と。それはまるで，人工的に再現
された内包に，新たに身を包み込まれなければならないかのようであった。
浸りきることで，彼にとってゲームは擬似的に，家族的な内包や母胎的な内
包の役割を果たすのだ。これはまた，次のことをも意味する。サイボーグ‐
自我の時代に患者は，常に自らの身体の外側にいながら，幻想的に，自らの
自我（その境界はテクノロジーの境界によって制限される）の内側にいるこ
とになりうる（第11章参照）。

ポイント

- 身体疾患や慢性疾患患者を対象としたサイバー心理学の臨床には，複数の臨床
基軸がある。
- 基軸1：テクノロジーの内在化とは，身体図式の修正を通じて，テクノロジー
が身体の一部となることを指す。
- 基軸2：心的な**統合幻想**の観察。
- 基軸3：身体イメージの起こりうる混乱と，その損傷を補うための，テクノロ
ジーの逆説的な利用。
- 基軸4：テクノロジーは，病によって引き起こされたトラウマ的な侵襲の強度
を，維持させてしまう可能性がある。こうした状況においては，侵襲的な〔心
的〕統合を促進するために，（例えばヴァーチャルリアリティのような）テク
ノロジーを使用することがある。
- 基軸5：身体データを機械に委ねるということは，患者が自らの身体における
イメージ上の帰属について，問わなければならないことを意味する。
- 基軸6：患者が**心的補綴**としてテクノロジーを使用することについての調査。

第16章　慢性疾患や身体疾患の患者におけるハイブリッド化という臨床基軸

【事例紹介】

ナディーヌ・ホフマイスター（臨床心理士）

　1型糖尿病は小児期または思春期に発症する自己免疫疾患である。この慢性疾患は，1日数回のインスリン注射で治療される。インスリンが発見されたのは1921年だが，血糖値の測定やインスリンの投与に必要な器具類は，ここ数十年，科学とテクノロジーの発展の恩恵を受けてきた。注射によるインスリン投与と毛細血管の血糖値測定は，依然として広く用いられている治療法であり，インスリンポンプや持続型の血糖モニタリングシステムといったテクノロジーについては，現在，1型糖尿病の子どもおよび思春期の若者の半数近くによって使用されている。インスリンポンプと持続型の血糖モニタリングシステムは，今日の医療においてより洗練され，ますます人間と接続されるようになってきている。こうした医療器具が持っている共通の特徴は，その一部が皮膚に埋め込まれ，時折接続される「機械」であるという点である。

　糖尿病の臨床実践が明らかにするのは，以下のことである。1型糖尿病の子どもや思春期の若者たちが直面しているのは，慢性疾患を自らのものにするという困難なプロセスだけでなく，埋め込まれ，接続されたテクノロジーに適応するという課題である。1型糖尿病治療の未来が示すのは，埋め込まれ，接続されたテクノロジーの使用はますます多くなるだろうということである。したがって臨床医においては，「身体とテクノロジー対象の結びつきがもたらす，心的な影響について考える方法を学ぶ」ことが重要となる（Tisseron, 2019b）。

　言い換えれば，糖尿病に苦しむ子どもや思春期の若者と向き合う際には，慢性的な病に適応するという困難さに加えて，子どもや若者たちが，機械とどのような関係にあるのかを問うことが，常に必要とされているのだ。

　2年前に1型糖尿病と診断された13歳の少女は，インスリンポンプと持続型の血糖モニタリングによる治療を受けている。彼女のインスリンポンプは，スマートフォンに接続されている。そのスクリーン上では，彼女の血糖

第2部 精神病理

値と予定された食事内容に応じて，インスリン投与量を計算してくれるアプリが作動している。家では親がそのアプリを使ってインスリン投与量を計算するとともに，娘の血糖値を定期的に監視している。クラスメートたちにからかわれたことで，彼女は，学校でスマートフォンを使うのが嫌になってしまった。そのため，食事に基づいたインスリン投与量を暗算するようになった。〔操作の際〕ポンプを出さないで済むよう，インスリン投与をスキップすることもときどきあった[†6]。さらに，彼女にとって最もつらいのは，低血糖になっている感じがすると親に伝えても，親が血糖値を数字で示しながら，低血糖ではないと彼女に言い，彼女の言葉よりも機械の数値のほうを信じているような気がすることだ。彼女はますますポンプに耐えられなくなり，高血糖を繰り返すようになった。

　この臨床例はまず何よりも，この「非常に細かく敏感な」テクノロジーを取り入れるプロセスが容易ではないことを示している。身体にとっての異物であるものに初めて対峙した際，拒絶し，抵抗し，敵意を抱く場合がありうるのだ。

　身体的，心理的に変容を遂げる思春期に，目に見える器具を身につけていることは，他者の視線に自分の内密な病がさらされ，羞恥心を生じさせる場合がある。

　上の少女の例もまた，機械との関係において不可欠な自律性の問題を浮かび上がらせるものである。インスリンポンプと血糖モニタリングシステムの特徴は，インスリンを投与し，血糖値を測定するだけでなく，血糖コントロールに関する数々の情報（平均値，割合など）を提供することにある。このようにしてスクリーンは，内側にアクセスする手段を提供してくれるのだ。ただし，数学的な言語によって数字に変換された状態で，という条件が付与されている。これらの数字にアクセスできることは，私たちに安心感やコントロール感を与えてくれるかもしれない。だから，こうした装置を使い始めた頃は，こうした数字を頻繁に確認したり参照したりする傾向がある。このようなとき，自らの感覚のコントロールが外部に委ねられるリスク，つ

---

†6　近年ではスマートフォンから直接操作することのできるポンプも開発されているが，ここで使用されているのはポンプそのもので操作するタイプであると思われる。スマートフォンは，食事内容からインスリン投与量を計算したり，データを表示したりするために使用されている。

まり身体の固有感覚への信頼が失われるリスクが生じる。機械は，自らの身体の声に対する傾聴を妨げることで，身体とのある種の乖離を引き起こす可能性があるのだ。機械は，糖尿病の治療に役立つ不可欠な情報を提供してくれるが，病と折り合いをつけるためには，思いやりと注意を持って身体の声に耳を傾けることが重要であることに変わりはない。

　フレデリック・トルド（Tordo, 2019d）は，体内に埋め込まれたテクノロジー装置を自らのものとするためは，一種の同盟や相互内包といった心的創出を経なければならないと述べている。個人が機械を自らの一部として内包している感覚を持ちうるのと同じだけ，機械は個人データを内包しているのだ。

　上の少女の例では，機械との関係における自律性の問題が，親子関係においても，決定的に重要な要素となっていることが分かる。幼くして1型糖尿病を宣告された子どもにとって，ポンプやセンサーについて習熟して使いこなせることは，まずは本人ではなく親の課題であることは明白である。だが他方で，子どもがこれらの機械を自らのものとするための歩みは，子どもが病を自らのものとする歩みと同じく，本人が引き受けなければならない課題である。確かな自律性を獲得するにつれ，子どもは，これらの機械を完全に自らのものにしなければならず，機械が，もはや子どもと親を結ぶ「へその緒」ではないようにしなければならない。というのも，機械を通じて絶えず誰かに監視されている限り，子どもは，自らの身体はもはや自らのものではない，と感じるようになってしまうからである。もし機械が，親にとってのコントロールのための道具になってしまったら，機械が子どもの味方になりえないことは明らかである。ケアだけでなくコントロールのためにあるような，こうしたテクノロジーツールの適切な位置を，親子関係において見つけることは，明らかに容易な仕事ではない。しかしながら，子どもが自らの病およびその治療法とともに成長できるようにするためには，常に問い続けるに値する課題である。

　移植されるテクノロジーツールの治療効果は，そのテクノロジーあるいは機能の質のみならず，何よりも，個人がそれらを**心的統合**できるかどうかにかかっているのだ（Tordo, 2019d）。

第 3 部

サイコセラピー

第 17 章　ビデオゲームを媒介として使用するセラピー

第 18 章　アバターと具現化

第 19 章　サイコセラピーにおいてビデオゲームを使用する場合の心的力動
　　　　　　――没入，退行，転移の特異性

第 20 章　ロボットセラピーにおける枠組みと技法

第 21 章　サイコセラピーにおけるロボット活用の心的力動
　　　　　　――セラピー機能と転移の特異性

第 22 章　ヴァーチャルリアリティ，その定義，用途と倫理

第 23 章　オンラインおよび遠隔での臨床面接における関係性
　　　　　　――新たな枠組み，新たな内容

第 24 章　サイコセラピーにおけるオンラインライティングの枠組みと技法

第 25 章　オンライン相談におけるデジタルな転移

第 26 章　接続された人間における新たな転移の様態

第17章

ビデオゲームを媒介として使用するセラピー

セルジュ・ティスロン

セラピーで効果的にテクノロジーを活用するためには，セラピーの枠組み
を超えて，テクノロジーが自己構築の一環としてどのように活用されうるか
を理解することが最善である（Givre, 2013; Tisseron, 2017）。そして，ビデオゲー
ムはこうした自己構築を促す力を持っている（Tisseron, 2004）。逃避手段として
利用される場合や，社会からの隠れ家として利用される場合もある（Coussieu,
2010）。もちろん，ビデオゲームは一部の子どもや思春期の若者にとって，心
配事を可視化し，不安に満ちた将来を予測し，セルフケアを学ぶ手段ともな
りうる。これらは，子どもたちが操作する，「アバター」と呼ばれるピクセ
ルでできた小さなキャラクターのおかげで可能になる（第18章参照）。しかし
ながら，ゲームをうまく利用する子どもたちがいる一方で，失敗し，行き詰
まってしまう者もいる。ヴァーチャル世界はこうした子どもたちにとって
は，堂々巡りの迷宮となってしまう（Tisseron, 2007b）。このうち何人かは，
ゲームの世界から離れることでしか解決策を見つけることができない（Duris,
2017b, 2017c; Leroux, 2009, 2012; Leroux & Lebobe, 2015; Lespinasse & Perez, 1996; Stora, 2006a,
2006b; Stora & de Dinechin, 2005）。だからこそゲームセラピーは，セラピストによ
るサポートの質が重要な役割を果たすような（Haza, 2019），より伝統的な媒
介[†1]の世界に再び合流しつつある（Brun et al., 2013）。

---

†1　原語は mediations で，「（セラピー的）媒介」と訳しているが，第16章での「（デジタル）メ
ディアシオン」の意味合いも含まれている。

第17章　ビデオゲームを媒介として使用するセラピー

ビデオゲームにおける相互作用の二つの形態

　ビデオゲームをセラピーの媒介として使用する重要性を理解するために
は，プレイヤーの視点に立って考える必要がある。彼らは感覚－運動的な相
互作用と物語的な相互作用という，相互作用の二つの形式を使用している
(Tisseron, 2009b; Tisseron & Khayat, 2013)。

▶感覚－運動的な相互作用
　〔この相互作用を使うゲームでは〕プレイヤーは基本的に，特定の対象が
スクリーン上に現れるのをじっと見つめ，消したり，つかんだり，分類した
りする[*1]。
- さまざまな感覚と感情はストレスやその管理と密接に関連している。不
  安，恐れ，怒り，嫌悪などが，互いに競合することはほとんどない。
- この種のゲームにおいて振るわれる暴力は，交換可能なキャラクターを
  できるだけ多く殺戮することを目的とするため，とりわけ自己愛的であ
  る。
- この種のゲームで喚起される運動反応はステレオタイプ的なものでしか
  ないし，ストーリーへの関心はほとんど喚起されない。
- こうした単純な「刺激－反応」状態を喚起するプレイスタイルは，ソロ
  プレイの場合にはヨーヨーやピンボールに似たものとなるし，マルチプ
  レイの場合にはテーブルサッカーに似たものとなる。

こうした相互作用は ADHD を悪化させうるが (Weiss et al., 2011)，影響は
ゲームによって異なる。繰り返しプレイすることでプロセスが自動化され，
スキルの伝達が伴わなくなる。これはほとんどのミニゲーム（特にブレイン
ゲーム）やテトリスに当てはまる (Bediou et al., 2018)。しかしながらゲーム
が，認知的適応力，意思決定，注意の柔軟性を促しつつ状況を変化させるよ
うなものであれば，実行機能，特に注意のコントロールに関連する機能によ

[*1]　『キャンディークラッシュ』，『どうぶつの森』シリーズ，『コールオブデューティー』などの
　　ゲームは，こうした操作を促すものである。

167

第3部　サイコセラピー

い影響を与えると指摘されている。注視能力（Dye & Bavelier, 2010），視覚運動協調性（Lynch et al., 2010），短期記憶（Boot et al., 2008），視覚鋭敏度および注視の可塑性（Bavelier et al., 2011）において，長期にわたってプラスの効果があると言われている。大人が『スーパーマリオ64』を1日30分，2か月間プレイしたところ，空間ナビゲーション，記憶形成，戦略的計画，細かい運動技能に関わる脳部位に変化が見られた（Kühn et al., 2013）。

　注意力や感情的スキルなど，特定の高度な認知スキルの向上に役立つような子ども向け教育ゲーム（「シリアスゲーム」）を作ろうとする研究が増えている。しかしその有効性を示す証拠はまだほとんどない。

▶物語的な相互作用

　この種のゲームの遊び方は，〔上述のゲームとは〕まったく異なるものである[*2]。

- 相対的に感覚が重要ではない一方，プレイヤーに対し同一化と共感を促すことから，ゲーム内で喚起される感情は複雑なものとなる。すなわち，プレイヤーはアバターたちに対し感情を抱き，またアバターたちと感情を共有する（Tisseron & Tordo, 2013）。
- ゲームによって引き起こされる不安と暴力行為は，通過儀礼となるとともに，しばしば競争を生じさせる。なぜなら，強大な敵を倒しその地位を奪うことが主題となるからである。
- 運動反応は急務ではなく，物語への関心が中心となる。これによってプレイヤーは，行動する前に考えるようになる。
- こうしたタイプのゲームは，「あなたが主人公の本」に近いものである。

　こうしたタイプのゲームをプレイすることは，ある種の不安を克服するための助けとなりうる。なぜなら，ゲームを通してプレイヤーは，自らの攻撃性に象徴的な形態を与え，さまざまなアイデンティティの領域を探求し，チームでの作業を学び，通過儀礼的な儀式を発明することを学ぶからである（Tisseron, 2009b）。だからこそこうしたタイプのゲームについて，セラピーへ

---

*2　『ゼルダの伝説』『ワンダと巨像』『ICO』『Dishonored』『レッド・デッド・リデンプション』『ザ・シムズ』『プレイグテイル──レクイエム』などがこの種のゲームの例として挙げられる。

168

第 17 章　ビデオゲームを媒介として使用するセラピー

の活用が模索されている。

ゲームを媒介として使用するセラピーの五つの段階

　問題のないゲームの場合，感覚 - 運動的相互作用と物語的相互作用の間で
の交替が繰り返し引き起こされることで，社会化と創造が生じる。他方，問
題のあるゲームにおいては，強迫的かつ脱社会的な精神活動が引き起こされ
る。すなわち，ゲームが避難所として機能するのだ (Andreassen et al., 2016)。
このときプレイヤーは，楽しむためではなく，苦痛から逃れるためにゲーム
をしている。具体的には，以下のような四つの状況が想定される (Tisseron,
2009b)。

- 身体的な苦痛（特に癌によるもの）。
- 個人または家族の問題に由来する心の苦痛。例えば喪の悲しみ，確執に
  よる断絶，学業の失敗，親の離婚，親の抑うつ状態などから起因するも
  の。一部のプレイヤーは，学業の遅れによって下がった自己評価を補う
  ためにゲームをプレイする。
- 心の病理の初期段階に由来する心の苦痛。
- ゲームへ逃げ込む原因となる最も一般的な苦痛として，思春期的危機に
  伴って生じる心の苦痛が挙げられる。強迫的なゲームプレイはこの危機
  の克服とともに終わる。

どのような場合でも，ビデオゲームという媒介は，これまで感覚的，感情
的，運動的なモードでしか表象されてこなかった状況を，イメージや言語と
いう形態に練り上げるための特別な空間を構成する (Tisseron, 1995b)。これを
達成するためにセラピストは，患者が自らの一部をアバターに移譲し，これ
に慣れるために時間をかける様子に注意を払う。これによって，将来的に
は，アバターに移譲した部分を自らの人格に再インストールすることが可能
となる (Virole, 2013)。アバターが，ウィニコット (Winnicott, 1971a) が言う意味
での「移行対象」となるのだ。物語の要素を含むような，「あなたが主人公
の本」モデルに基づくゲームは，明らかにこうした作業に最も適している
(Stora & de Dinechin, 2005)。

169

第3部　サイコセラピー

　セラピストにサポートされながら，患者は以下のような五つの段階からなるセラピーのプロセスに参加する。これによって患者は，自らについてのみならず他者についても，期待と現実の間にある差異を受け入れられるようになっていく (Tisseron, 2009b, 2013b)。

- 第1段階は，自己のデジタルな二重化の段階である。アバターの中に自らの一部を入れるだけでなく，これを外から見ることが重要となる。そうすることでプレイヤーは，他者のように自らについて語ることができるようになる (Ricœur, 1990)。これに加えて，セラピスト，プレイヤーおよびそのアバターの三者関係がもたらされるようになる。

- 第2段階は，アバターに実現してほしいことと，実際にアバターが実現できることの差異を，プレイヤーが受け入れる段階である。アバターがいつも期待どおりに振る舞ってくれるわけではないということを受け入れられるようになればなるほど，プレイヤーは，自らと自らが想像しているものとの差異を受け入れられるようになる。

- 第3段階は，プレイヤーが自らのアバターをケアする方法を学ぶ段階である (第18章参照)。

- 第4段階は，自らのアバターに対する共感を手がかりに，他のアバターに対する共感への道を開く段階である。ただしプレイヤーはまだ，アバターの背後にいる他のプレイヤーを，自分自身の分身のようなものとして想像するにとどまっている。

- 最後の第5段階は，相手は自分の想像したままの存在ではないということを理解する段階である。

セッションでビデオゲームを用いる個人セラピー

▶選択の自由

　臨床面接の場面では，デジタルなもののみならず，さまざまなタイプの活動を子どもに提供することが重要である。どのようなサポートを受けるかを決めるのは患者である。もしセラピストがビデオゲームを使うのであれば，異なる「ジャンル」に属する，言い換えれば，異なる世界や異なるスキルに

第17章　ビデオゲームを媒介として使用するセラピー

関わる，さまざまなゲームを用意するのもよいアイデアである（Duris, 2017a）。

▶並んで座る

　セラピストとプレイヤーは並んで座り，一種の共同没入において一つのデジタル体験を共有する（Virole, 2013）。このときセラピストは，物語の展開，プレイヤーによって操作される選択，感情的な反応，そしてプレイヤーがアバターを自らのものとする仕方に注意を払う。並んで座ることは，子どもの興味のあることに大人が注意を向けることを通して，共同注意による快を再発見することを可能にする。これによって，まだ幼いプレイヤーの自分自身への信頼が強化される（Stora & de Dinechin, 2005）。

▶共有している状況を言葉で表現する

　セラピストという心強い存在のおかげで子どもは，1人では対処することができないかもしれない，不安を引き起こしうる内包物（contenus）と対峙することができる。こうした状況こそが，プレイヤーの自尊心を適切に涵養し，より大きな自信を持つことを促す。このときセラピストは，プレイヤーのアバターが置かれている状況に対する自らの感情や考えを述べる。これによってプレイヤーとセラピストは，ゲーム体験を共有することができる。セラピストのこのような態度によってプレイヤーは，自らがプレイし，セラピストと共有している運動表象から，これと対応するイメージ表象へと，徐々に移行できるようになる。そしてさらに，自らが語る物語を通して言語表象へと移行するのである。

▶子どもがゲームを通して体験していることと現実において体験していることの間につながりを作る

　適切なタイミングであると判断した場合にセラピストは，ゲームの中で起きた内容と，実際に起こった過去や現在の出来事とを結びつけるよう子どもに促すことができる。しかしながら，それには慎重であるべきである。プレイヤーがゲームの中で体験している内容と，プレイヤーの個人的生との間に存在しうる関係性を性急に解釈することは，侵襲的な行為であり，セラピーのプロセスの端緒を損なってしまいかねない。ゲーム体験は思考にとって，

171

第3部　サイコセラピー

イメージ表象の構築を促すうえで，言語表象と同じくらい重要なものなのだ（Tisseron, 1995b）。ゲーム体験はプレイヤーたちに，いまだ言葉にならない状況や体験について，考え始めることを可能にする。理想を言えば，プレイヤー自身が適切な言葉を見つけるための十分な時間が与えられるべきだ。最良の解釈とは，患者が自ら行うものであり，セラピストはそれを確認するためだけに存在すべきである（Tisseron, 2003b, 2013c）。

個人セラピー——ゲームをプレイせずに話すための，語りのサポート役としてのアバター

　共同遊びは，共鳴の形式や感覚 − 運動的象徴化の共有を確立するために，幼児にとっては重要でありうる。しかしながらこれが，思春期の若者にとって役に立たないことは明白である。自宅でのプレイ時間がしばしば非常に長くなるということを考慮すればなおさらだ。しかしながらお気に入りのアバターについて話すようプレイヤーに依頼することで，プレイヤーが自分自身について語ることを可能にする，三者関係を確立することができる。アバターの冒険や不運を語るプレイヤーの物語に，セラピストが受容的に接することで，プレイヤーは創造性を発揮し，状況に対して距離をとり，メンタライゼーション − 主観化のプロセスに参入できるようになる。

　実際，プレイヤーにゲームについて語ってもらうことは，アバターを通して体験している数々の冒険の語り手になることを促すのみにはとどまらない。それはまた，プレイヤーたちが直面している不安，落胆，失敗，そしてそれらに対する幻想と向き合うよう促すことでもある。ここで，病的なプレイヤーは，乗り越えられないように見える〔現実の〕状況を忘れるためにプレイすることが多いということを思い出そう。どのようなセラピーにおいても，目的は，子どもたちの自信と心的加工能力，言わば実行能力を高めることにある。子どもたちがいざというときに，心的生からこれまで隔てられてきたトラウマ的な諸状況について考え，これらを加工し，当初は意味を失っていたものに意味を与えることができるよう支援しなければならないのだ。したがって，プレイヤーがアバターについて語る際には，主体化（主観化）のプロセスに入っていると考えられる。

172

思春期の子どもがセラピーのある時点において，自分の PC を持ってきてセラピストに特別なアバターを見せたがったとしたら，拒否する理由はない。しかしながらこの欲望を解釈する際には，子どもがセラピストに対して語りかける内容について，より深い理解に至るための欲望として解釈することが重要だ。これは，セラピーがまず何よりも言葉の場であることを忘れないためである。

グループセラピーにおいてゲームを媒介として使用する

ルールが明確に定められ，新たなルールが設けられるときに説明され，こうしたルールが毎回のセッションで確認されるという条件を満たすなら，どんなことでも可能である。これらの条件が満たされるならば，デイケア，医療心理センター（CMP），児童医療心理センター（CMPP），日中型治療受け入れセンター（CATTP）[2] でケアを受けている思春期の子どもの多くが——そこには自閉症および精神病症状を呈する子どもたちも含まれる（Duris, 2017c）——，ゲームを使った活動から恩恵を受けることができるだろう（Tisseron, 2013b）。

▶友好を目的としたオープンなグループ
その目的は，自らの中に閉じこもりがちな思春期の子どもたちが，非公式な交流のひとときを見いだすことにある。この間，子どもたちが激しい感情に身を委ねるとともに，協働活動を通じた仲間との交流を可能にする。

▶友好を目的としたクローズドなグループ
各プレイヤーはゲーム中にどのヒーローになりたいかを選び，自分の「残機」をすべて失ったときのみ，その座を譲る。他人の失敗や失態をからかうことは禁じられている。ファシリテーターは，プレイヤーに対し自分のター

---

†2　CMP は Centre Médico-Psychologique，CMPP は Centre Médico-Psycho-Pédagogique，CATTP は Centre d'accueil thérapeutique à temps partiel の略称である。

第3部　サイコセラピー

ンが回ってくるのを待っている人への注意を促し，必要であれば別の戦略を
提案したり，難所踏破の手助けをしたりする。「マルチプレイ」のゲームで
は，協力してプレイする戦略をとることもできる。

▶相互関係に焦点を当てたクローズドなグループ

　目的は，1人で遊ぶことの多い若者たちに活気ある交流への意欲を取り戻
させ，ゲームに逃げ込むきっかけとなった問題，特にスクール・ハラスメン
トに対処するための手助けをすることにある。この適応となる対象は，学校
を中退した，あるいは中退しようとしている若者で，社交恐怖や境界性の病
理（pathologies limites）を持つ可能性のある人たちである。

▶共通のシナリオを創造するクローズドなグループ

　若者たちは同じゲームを順番にプレイすることで，間接的に，人生観や自
分自身についての意見を交換する。このようなグループは，言語能力は高い
が社交性において困難がある若者を対象としている。その目的は，軋轢を解
決するために言語や論証を使えるようになることにある。結論としてゲーム
には，まだ活用されていないセラピーの可能性が秘められていると言える。
しかしながら，研究数が増えているにもかかわらず，ゲームをどのように評
価するかについての意見の一致は，いまだ得られていない。とりわけ以下の
ことを知るためには，より多くの研究が必要とされている。

- タイプの異なるゲームによって変化する心的な処理能力。
- 長期的な人間関係に与える影響。
- 共感を高めることに積極的に貢献しうるとともに，より暴力の少ない社
  会を涵養しうるようなシナリオを創造する可能性（第18章参照）。

ポイント

- ビデオゲームには，感覚－運動的と物語的という二つの相互作用形式がある。
  通常のプレイではこの二つが交互に現れる。ゲームはメンタライゼーションの
  プロセスをサポートするために使用されうる。問題のあるゲームにおいては，
  感覚－運動的な相互作用形式が優勢となり，物語的な相互作用形式がまったく

現れないことさえある。

- ゲームは三つの方法でセラピーに使用されうる。

  ➡個人セラピーにおいて，〔セラピストと〕遊びの時間を共有する。

  ➡個人セラピーにおいて，家で遊んでいるゲームについて話してもらう。

  ➡グループセラピーでは，オープンかクローズドか，プレイヤー間の相互作用に焦点を当てるか，共通のシナリオを構築するかによって，複数の可能性に開かれている。

- いずれの場合においても，セラピーの目的は，自己構築を補強するような物語構築の意欲を回復させることにある。ここで重要なのは，アバターの行動と，実生活におけるプレイヤーの行動との間に存在しうる関係を解釈することではない。むしろ，プレイヤーがアバターを通して，自己の物語を構築することを可能にするような，やさしい付き添いを提供することにある。

第3部　サイコセラピー

【事例紹介】

オリヴィエ・デュリス（臨床心理士）

　「ビデオゲーム」を媒介とするセラピーのワークショップは，2014年に当院の小児デイケア（パリにある，子どもの精神衛生促進のためのサイコセラピーリハビリセンター（CEREP-Phymentin）[†3]内，アンドレ・ブロシュ・センター）に設置された。広い部屋の中で患者とセラピストは皆，PCやゲーム機の画面がプロジェクターで映し出される大きな壁に向かい，隣り合って座る。プレイヤーはセラピストの隣に座り，子どもたちは，自分の番が終わると他の子どもと場所を交換する。マルチプレイゲームなら，複数の子どもたちがスクリーンを共有し，グループでゲームを楽しむこともできる。プロジェクターを使用することで，グループ全員が，小さな画面の前で窮屈に感じることなく，ゲームの状況を見ることができる。セラピストの役割は，起こった感情を話したり，演じ直したりすることで，子どもたちの遊びに付き添うことにある。壁に映し出された映像に意味を持たせ，グループの他のメンバーがそれを言葉にすることで参加できるようにする（Duris, 2017a）。各セッションの始めには，子どもたちに，ゲームの登場人物たちが物語のどの時点に位置しているのを思い出させ，終了時には，次のセッションでアバターを介して行わなければならない行動を推測してもらう。この種の実践の意義は，互いに異なる対象－内包者（objet-contenant）として，アバターが存在しているということを若者たちに考えさせることにもある。アバターはグループの心的外被に影響を与えうるものであり，グループ内の各メンバーの，心的個別化においても役割を果たしうる（Duris, 2017b, 2017c）。

　こうした仕組みを使うことで私たちは，広汎性発達障害（ICD-10）を持つ4人の思春期の子どもたち──ウスマン，コナー，エミリー，ヴィクトル──からなるセラピーグループを立ち上げることができた。これらの子ども

[†3]　CEREPとはCentre de Réadaptation Psychothérapique（サイコセラピーリハビリセンター）を，PhymentinはPromotion de l'HYgiène MENtale Infantile（子どもの精神衛生促進）をそれぞれ略したものである。

たちの臨床像は，それぞれ大きく異なっていたが，4人ともある特定の点において似ていた。非常に強い痙攣が，デイホスピタル，とりわけ教育ユニット内で引き起こされることがあり，ときには週に数回起こることもあったのだ。しかしながらゲームのワークショップ中には，こうした危機がいっさいなかった。こうした内包的で安全な枠組みに，子どもたちはもちろん，私自身もまた没頭した。ゲームの最中は興奮していたが，ワークショップの始まりと終わりは常に静まり返っていた。そのため4人の思春期の子どもたちは，独特な儀式を行うことにした。セッションが始まる前，セラピストが到着するのを廊下で横一列に並んで待ち，セラピストが部屋の中に入ると，軍隊の行進をまねながら，部屋に入ってくるのだ。いわく，他のスタッフたちに自分たちが「真面目で秩序立っている」様子を見せたいのだという。すれ違う先生たちの目が，子どもたちの見慣れない姿に驚くのを見るたびに，楽しい気持ちになるらしい。そもそもこの儀式は，子どもたちが施設の大人たちに，「ビデオゲーム」を媒介とするワークショップが，遊ぶためだけにあるのではなく，集団生活にとってもよい，ということを理解させたいという意志によって支えられていた。エミリーは言う，「遊びのためだけじゃないんだよ，一緒にいるためでもあるんだよ」。

　コナーのリクエストで選ばれたゲームの一つが『ヒューマンフォールフラット』だ。プレイヤーは真っ白なシルエット以外には何の特徴もない人間のアバターを操作する。パズルを解くことと，アバターを制御することが中心となるパズルゲームだ。このアバターの物理的な操作には最初のうち，戸惑うかもしれない。というのも，コントローラーのある一つのボタンを使ってアバターの左腕を，もう一つのボタンで右腕を操作するのだ。このようなゲームプレイは，ちぐはぐに動く人形を操っているような印象を与えるため，グループの子どもたちを大いに笑わせた。

　『ヒューマンフォールフラット』が素晴らしいゲームである理由の一つは，2人のプレイヤーが同時にプレイできるという点だ。2人のプレイヤーは互いにパズルを解くのを助け合うことができ（例えば，重いものを一緒に持ち上げるなど），またもう1人のプレイヤーをつかんで虚空に放り投げることで，このプレイヤーの成功を阻止することもできる。このゲームの中で，アバターが死ぬことはない。誰かが虚空に落ちたとしても，数秒後には

第3部　サイコセラピー

空から降ってきて，そのままゲームに戻ることができるからだ。

　さて，その年の半ば頃に行われたあるセッションの際，ウスマン，コナー，エミリーの3人が，開始15分前まで，教育ユニットで小競り合いをしていた。4人全員で冷静に部屋に入ってきたものの，互いに言葉を交わすことはなく，それぞれの席から殺気立った視線を送り合っていた。ゲームは2人1組制だったので，子どもたちはいつものようにコンビを組んだのだが，今回はいつものようにお互いに助け合おうとはしなかった。その代わりに，各コンビは試合時間を利用して，数分前に隣の部屋で行われていた争いの続きを始めた。争いに加わっていなかったヴィクトルは，自分の番になるとすぐに我慢の限界に達した。彼は他の子どもたちに，「はいはい，けんかしててもいいけどさ，このレベルをクリアしなきゃいけないでしょ」と言った。彼は自分のアバターと一緒に1人で出発し，解くことができなかった謎にたどり着いた。だが先に進めなくなり，イライラし始めた。その状況のせいで引き起こされたらしい怒りの涙が彼の目にあふれるのを見て，他の3人の子どもたちは互いに見つめ合い，部屋を支配していた緊張感が一気に和らいだ。コナーはヴィクトルよりもアバターをうまく操作できたため，「ちょっと待って，コントローラーを僕に渡して。助けてあげる」と言った。エミリーはゲーム内での彼のパートナーであり，どの道を進むべきかを彼に示した。ウスマンはヴィクトルの肩に手を置いて，「見て，ヴィクトル！　うまくいくよ！」と言った。謎はグループによって解かれ，セッションが終わる直前には，取り組んでいたレベルがクリアされた。その後，ウスマン，コナー，エミリー，ヴィクトルの4人は，一緒に教育ユニットに戻ることができた。グループがゲームを進め，結束を強めることに集中したために，小競り合いは忘れ去られた。

第18章

アバターと具現化

セルジュ・ティスロン

　サンスクリット語の"avatara"という言葉は，ヒンドゥー教の神である
ヴィシュヌ神がさまざまに具現化することを示している。そしてこの言葉
は，後にあるユーザーがヴァーチャル環境で現れるときにとる代理としての
姿を示すものとして，再び取り入れられた (Blade & Padgett, 2002)。この代理の
表現のあり方は実に多岐にわたる。アバターは特定の意味を持たないヴァー
チャルな物体（例えば球体）であったり，ヴァーチャル環境で特定の機能に
関連づけられたツール（例えばブラシやつるはし），あるいは身体の一部
（例えば手や目）の形で表現されることもある。そして，人間の姿でユー
ザーの代理をすることもあり，その姿は多少なりともリアルで，完璧で，
ユーザーに似ている (Kadri et al., 2007; Seinfeld et al., 2020)。臨床にとって最も興
味深いのはもちろん後者の使い方である。

「私」が他者になるとき

　人間の身体はその思考を具現化しているが (Damasio, 1994)，アバターがあ
ればその逆の操作をすることが可能になる。つまり自分の思考を，ヴァー
チャルな身体の中に具現化させるようなやり方で投影することができるの
だ。そのとき，主体は自らのアバターに相互的に作用するし (Biocca, 1997)，
反対に，アバターに影響を与えるような変化は，そのユーザーに物理的に感
じ取られる可能性がある。例えば，「ラバーハンド錯覚」(第16章参照) はその

179

第3部　サイコセラピー

ことをよく示している（Ehrsson et al., 2005; Slater et al., 2010）。『セカンドライフ』のようなヴァーチャル空間のユーザーは，しばしば似たような体験について語る。その体験においてユーザーは，自身のアバターが感じ取っているであろうことを，「感じる」と言うのだ。とはいえ，これらの語りをどの程度信頼に足るものとするかは難しい問題である（Tisseron, 2008d）。

　アバターは別の「スキン（皮膚）〔＝見た目〕」に住まうことを可能にする（Tisseron, 2009a）。アバターの研究は目下，四つの軸に沿って進められている。一つ目は，ヴァーチャル環境でのタスクをアバターがサポートすること，二つ目は，離れたユーザー間でのコミュニケーションに関するアバターの効力，三つ目は，ユーザーたちの心とアバターの関係であり，四つ目が，ヴァーチャル環境における，認知的かつ社会心理学的ないくつかのプロセスである。

　臨床においては，アバターは心的変容のオペレーターとして不可欠なものである。それは他のイメージの形態と同じような仕方で，変容に関わる（Tisseron, 1995b）。アバターは，アンジュー（Anzieu, 1985）によって初めて研究されたような，母子間の皮膚接触を通じて最初に引き起こされる，さまざまな心的機能の最適な補強をなす。しかし他のすべてのイメージの形態よりもアバターのほうが，自己の発見と変容，自己に固有の歴史，そして自己と他者との関係に資することが可能である（Tisseron, 2008c, 2008d）。アバターは，思春期において特にこの役割を果たす。思春期には幼児期の問題が再び活性化され，またこの年頃には母親との近さが不安のもととなり，パートナーがこれまで親の機能を備給されてこなかったからである。

▶自己の一つの側面，必ずしも分身ではなく

　アバターを作ることには，その見た目（人間なのか動物なのか，リアルなのか想像上のものなのか），ジェンダー，そしてゲームによっては身体的な能力や心的な特徴を選ぶことが付随する。いわば，アバターの創造主は，〔アバターを作り出す過程で〕アバターと自分自身の関係，あるいはアバターと自分の歴史や自分の仲間たちとの関係を巻き込んでいるのだといってもいい。

　アバターの中に具現化される感覚は，いくつかのファクターによって増大

第18章　アバターと具現化

するように思われる。

- カスタマイズの度合い：これによって，ヴァーチャルな社会的関係や，ヴァーチャルリアリティに基づいた医療的セラピーの効力が増大される（Waltemate et al., 2018）。
- ヴァーチャルな対象を操作することの容易さと，参加者が自分の人生の出来事に対して持っていると思うコントロールの度合い。
- ユーザーの人格：「ラバーハンド錯覚」と特定の人格特徴との間には，正の相関がある。例えば，共感しやすい人や，パーソナリティ症や精神病症状を患っている人，特に解離症や統合失調症の患者などである。

▶**多機能ツール**

　ゲームでは，アバターについて四つの大きな機能を区別することが可能だ（Tisseron, 2009a）。

- アバターは，ヴァーチャルな世界を探索するために不可欠である。アバターはユーザーにヴァーチャル環境での居場所を教えてくれる。アバターは**乗り物**なのだ。
- アバターは，ヴァーチャル環境に存在するさまざまな要素に対して，ユーザーが働きかけることを可能にする。そして，ユーザーにその行動の結果を知らせる。アバターは**行動の手段**である。
- ユーザーは，多かれ少なかれカスタマイズ可能で進化するようなある「アイデンティティ」を，自分のために作り上げる。つまりアバターは，**自己とコミュニケーションするインターフェース**なのだ。このインターフェースは，自己評価の構築の一端を担う。極端なプレイヤーは，しばしば自分のアバターは自分自身よりも優れていると考え，アバターに似たいと考える（Smahel et al., 2008）。
- アバターは，他のユーザーたちとアバターを通して関係することを可能にし，他のユーザーに対し，その人と接触したいという気持ちを起こさせる。つまり，**他者とのコミュニケーションのインターフェース**なのだ。

▶**自己中心的なヴィジョンと他者中心的なヴィジョン**

　いつ何時でも，ユーザーが自分のアバターを見る視点を決定する（Berthoz

第3部　サイコセラピー

et al., 2010)。自体 - 中心的（auto centré）な（自己中心的，あるいは主観的とも呼ばれる）指示物（referentiel）として，アバターを見ることを決定することもある。そのとき，ユーザーは自分とアバターとを同一化し，世界をアバターの目を通して見る。ユーザーにはアバターの手，そしてたまに足が見えるだけというわけだ。あるいは，他者中心的な指示物としてアバターを見ることを決定することもある。この場合は，脱中心的であるとか，客観的，あるいは〔周囲の動きを基準にするため〕天動説的とも呼ばれる。ユーザーは光景を俯瞰的に見ることができるし，また自分のアバターを前方に見ることもできる。自分のアバターを大切に扱う傾向は，このとき，より顕著に見られる（Tisseron, 2009d, 2013b）。また，セラピストのサポートを受ければ，プレイヤーは自分の身体的な行動の傍観者になることができるようになる。つまり，自分のアバターを導く意図を傍観できるのだ。

協働的なヴァーチャル環境

　1990年代に展開された諸研究では，初期の協働的なヴァーチャル環境が対象とされた。この環境というのは，その時期，主としてテキスト形式のものであった（Bruckman & Resnick, 1995; Curtis & Nichols, 1993）。これらの研究では，アバターの形態（動物，キャラクターのイラスト，写真など）の基準や，選択されたアバターによって伝達されるコミュニケーションの意図に基づいて，さまざまな類型が提示された。続いて，大規模なマルチプレイヤー形式のオンラインゲーム（MMOGs）[†1]が研究対象となった（Ducheneaut et al., 2006）。
　アバターを介して出会うとき，その関係の根底にあるプロセスは，現実の社会関係の根底にあるものと同じく，共感の能力である（第9章参照）。ヴァーチャル空間のユーザーがアバターに抱く共感は，現実の人間に対して抱くのと同じくらいのレベルである。ヴァーチャル空間のユーザーが他のアバターと出会うときには，身体の動き，眼差しの雰囲気，そして顔全体による表現

---

†1　MMOGs: massivement multi-joureurs online games.　大規模型のオンラインゲームで，多人数が同時に同じゲーム空間で相互に働きかけることが可能なタイプのものを指す。

を，現実におけるパートナーとの関係におけるときのように，一度に考慮するのだ（Roth et al., 2019）。

対するアバターの全身を見ることができると，アバターの存在への実感と相互作用の質が上昇する。反対に，その手や顔だけしか見えないと，アバターの社会的な存在感はより弱く感じられる。見た目のリアルさがこのことに与える明白な影響はない（Yoon et al., 2019）。

アバターの振る舞いのリアルさは，相手に与える非言語的な行動のインパクトを大きくし，そのコミュニケーションの成果を高める（Herrera et al., 2019）。反対に，見た目のリアルさは〔ロボティクス研究者の〕森政弘によって指摘された「不気味の谷」との関わりで，不安をかきたてるような違和感と結びつけられた，拒絶の現象を発生させる可能性がある（Mori, 1970）。アバターがよりリアルになると，アバターとの関係はよりスムーズなものとなる。しかし，それはある段階に到達するまでのことである。ある段階を超えると，その似ているけれども完全ではない外見が，不安を抱かせる違和感を生み出すようになる。そうなると，アバターはむしろ人間もどきのゾンビや幽霊を連想させる。より人工的なアバターは好奇心を刺激するが，人間味を感じさせる度合いはより少なくなる（Latoschik et al., 2019）。

アバターを介したトラウマへのアプローチ

アバターの背後に自分の真実のアイデンティティを隠せるということ，つまり，自分の匿名性を守れることは，ときに，他の状況では扱うことの難しい個人的な問題に取り組むことを可能にする。また，ゲームでプレイすることが可能となるシチュエーションの総体のおかげで，そのような人たちの不安に取り組んだり，不安のコントロールに挑戦するのに最適なサポートが構成される（Tisseron, 2009b）。

まずプレイヤーは，ゲーム上の災難を他者に課すことを通して体験することができる。以下に挙げるのは，『シムシティ』のあるプレイヤーのケースである。このプレイヤーは自分の街を入念に建設した後に，その街から水と電気を奪い，マンションが崩壊するのを見て大きな喜びを感じ，さらにその

第3部　サイコセラピー

後に，その破壊に大きな罪悪感を感じていた。彼の一連のセラピーを通して，彼が幼い頃に過干渉とネグレクトとが容赦なく積み重なる循環を経験していたということが明らかになった (Tisseron, 2013b)。

　また別のケースでは，プレイヤーは自分のアバターを，殺される危険にさらす (Tisseron, 2009d)。しかしゲームでは，死者は決して死ぬことはない。ある空間から消えて別の空間に転生するのだけれども，それは一般的には自身のミッションをもう一度やり直すためである。心配なのは，ゲームのさまざまなシチュエーションにおいてプレイヤーが，自分のアバターを守るための適切な方法を考え出すことができないような状況である。そのようなときプレイヤーは，自分のアバターが遭遇する危険を理解できないか，あるいはアバターを自分の能力を超えた状況に追い込む興奮をコントロールできないかのどちらかにある。しかしまた，プレイヤーは自分のアバターのニーズを完璧に考慮し，意図的に危険にさらすことを決めることもできるのだ。

　プレイヤーが自分を象徴するアバターの死のシーンを繰り返させようとするとき，彼が自分から追い払おうと試みている自殺衝動があることを考慮しなくてはならない (Tisseron, 2009d)。しかしこの解釈は，他の可能性を排するものではない。並行して，未解決の家族的な問題について考えることも重要である (Tisseron, 1995a, 2013b)。さらに，思春期の子どもにとっては，アバターの半ばプログラムされた死は，しばしば思春期が置き去りにしようと準備している，幼少期の死の演出であることを忘れてはならない。

　逆に言うと，自分のアバターを健康な状態に保ち，どんな状況でも自分のアバターに必要なものを与えることができるということは，思春期の子どもが同じように自分自身を導き，自己防衛をする能力があるかを示す，よい指標となる。

自己への配慮を学ぶ

　ゲームの中では，プレイヤーは自分のために自分のアバターに携わるのだが，このことは自己との関係をしばしばより有効なあり方で構築することを可能にする。英語の "care（ケア）" という言葉が非常によく説明している

184

ような関係だ（Tisseron, 2013b）。実際のところ、"to care for" という英語のフレーズは「面倒を見る、世話をする」ということと、「大事に思う」ということを同時に意味している。ジョアン・トロント[†2]（Tronto, 1993）はこのことを四つの段階に分けて明確化している。

- 「〜を気にかける（caring about）」：プレイヤーが自分のアバターのニーズを特定する。
- 「〜の世話をする（taking care of）」：プレイヤーがそのニーズのいくつかに対応できる自分の能力を特定する。自分のアバターのニーズの優先順位を評価し損なうと、アバターを死に導く危険性がある。
- 「ケアを与える（care giving）」：プレイヤーは、自分のアバターに与えると決めたものを、アバターが手に入れられるよう、探索に導く。
- 「ケアを受け取る（care receiving）」：プレイヤーは自分のアバターに達成させたアクションの結果を観察し、アバターがその恩恵に浴しているかを確認する。プレイヤーがある相互性の形を体験するのはまさにこの瞬間である。アバターはそれ自身の見た目、服装、スキル、そして職業の選択において、プレイヤーに依存しているわけだ。しかし、プレイヤーのほうも、ゲームを進め、新たな空間を発見し、新たなプレイヤーたちに出会うためにアバターに依存しているのである。つまり、私が正しくケアしたアバターは、私に恩返しをしてくれる、ということだ。相互的な充実なのである。

しかしながら、ゲームの中でのケアにはある特性がある。ゲームの中でのケアでは、他者をケアすることだけではなく、私たちがヴァーチャル空間の中で具現化するある像を介して、自分自身をケアすることも重要となるからだ。そしてこの特性こそが、まさに、アバターの臨床の創設を可能にする。つまり、思春期の子どもは、アバターを用い、またアバターによって語られる物語をきちんと聞き取る人と出会うことで、自己物語化とセルフケアとを同時に進められるようになるのだ（Tisseron, 2013b）。

[†2] Joan Tronto（1952-）：米国のフェミニズム政治理論の専門家。ケアの倫理で知られる。訳書に『ケアリング・デモクラシー』（勁草書房、2024）など。

第3部　サイコセラピー

生けるものたちと死せるものたちの小さな劇場

　ゲームのプレイヤーに対する臨床アプローチが示すのは，アバターはまさに「デジタルな粘土」[†3] であって，異なった種類の人格を具現化することを可能にするということだ (Tisseron, 2004, 2009b, 2013b)。これらはもちろん相互に組み合わせられる。以下のようなアバターは連続的にも同時的にも具現化しうる。

- プレイヤーの理想のアバター，あるいは反対にプレイヤーが怖がっているあり方をするアバター。こうしてアバターは輝かしい夢想（モンスターを倒したり，富を獲得する，帝国を統治するといったような）を反映することができるし，またそれだけではなくプレイヤーの闇の側面——例えば，スター・ウォーズシリーズが「フォースの暗黒面」と呼んだもの——を受け入れもする。

- プレイヤーが幼少時に作り出し，長い時間をかけて内面化した家族的な人物。例えば，支配的あるいは嗜虐的な父母。

- 別離や死別，感情的な切断などの結果，失われてしまった大切な存在のアバター。これらのアバターの具現化は，苦痛に満ちた喪を和らげ，ときに解決しようとする試みである。

- プレイヤーが聞いたことがあるだけの謎めいた家族のアバター。劇場はもはや生けるものたちだけのものではなく，蘇った死者たちや亡霊たちのものでもあるのだ。子どもたちはいつも遊びを通して家族の闇を探検してきた。そして，今，ゲームの中で探索を行おうとしている子どもたちもいる。関連する諸問題は，言葉に尽くしがたい家族の秘密の周りで起こっている。これらの問題には慎重に手をつけることが望ましい。子どもにとって深刻な家族の秘密が結果としてもたらすのは，主として秘密の継承ではなく，心理的な不安定と秘密にするというメンタリティである (Tisseron, 1985, 1990, 1992, 1996b)。

---

†3　粘土は伝統的にアートセラピーで媒介として使われてきた素材である。

第 18 章　アバターと具現化

アバターを介して共感を学ぶのか

　アバターがあれば，淡い色の肌の人も一時的には濃い色の肌の身体で自分を認識することができるし（Banakou & Slater, 2016; Maister et al., 2013, 2015; Peck et al., 2013），またその逆も然りである。大人が子どもになることもできるし（Banakou et al., 2013; Tajadura-Jiménez et al., 2017），自分の実際のサイズよりもより大きくなったり小さくなったりして世界に住まうことができる（Freeman et al., 2013; Yee et al., 2009）。ある著者たち（Bertrand et al., 2018）は，ヴァーチャルには共感の能力を成長させる可能性があると言う。他のアバターに助けの手を差し伸べるため，秀でたパワーを備えたアバターを用いることで，自分でも気づかないうちに現実世界でのヘルパー的，そして向社会的行動が増え，共感の能力が高まるという（Rosenberg et al., 2013）。しかしながら，こうした研究ではゲームのプレイ直後にしか数値が測定されていないため，さらなる研究が必要である。特に「私たち」と年齢や肌の色が非常に異なる人々への共感を育む可能性に関し，調べなくてはならない。もし VR が共感の力を高めるというのであれば，映画を見たり，本を読んだりといった他のメディアを通した体験より，効果はあるのだろうか。

　アバターは，心理学における非常に重要な研究領域となっている。

ポイント

- アバターはヴァーチャル世界において自分自身を具現化し，そこで一つのアイデンティティを形成し，ヴァーチャルな対象と相互作用する。またアバターを介して，同じヴァーチャル環境の他のユーザーと接触することを可能にする。
- 具現化の錯覚は特に，アバターの外見，アバターを自由に操作できる感覚，ユーザーの人格に依存する。
- アバターを介したコミュニケーションは，現実世界でのコミュニケーションとまったく同じように，共感能力によって作り上げられる。このコミュニケーションはアバターの行動のリアルさによって促進される。反対に，外見のリアルさは不安を抱かせる違和感を感じさせることもある。

第3部　サイコセラピー

- アバターは，自己の発見と——自己および他者に対する——共感能力の構築に役立つ。
- アバターは「デジタルな粘土」のような性質を持っているため，セラピーの強力な媒介となる。ユーザーが作成したアバターは，自分自身の一面を具現化することも，個人的な歴史上の人物や，失われた愛する人，あるいは話を聞いたことがあるだけの人物や完全に想像上の人物を具現化することもできる。これらの可能性は組み合わせることができる。

第19章

サイコセラピーにおいてビデオゲームを使用する場合の心的力動
没入，退行，転移の特異性

フレデリック・トルド

　本章では，デジタルな（セラピーの）媒介，すなわちサイコセラピーの経過を通じたビデオゲーム使用という枠組みの中で展開される，心的プロセスや転移の特異性について解説する。

退行と共同退行

　私たちの仮説（Tordo, 2016, 2017b）によれば，デジタルな媒介を用いた心理力動的な技法は，思考のある形態の（形式的）退行を求め，そこから感覚 – 情動 – 運動性の象徴化へと向かわせる。言い換えると，こうした退行は，思考がその言葉による言語活動から，行動，感情，イメージ，感覚的なモードでの表現に移行することを意味する。

　デジタルな媒介を用いたセッションにおけるこうした形式的退行を明確に説明するにあたっては，いくつかの理由が挙げられる。

- 思考の言葉による様態は，ほとんど求められない。患者がデジタル世界でプレイし，成長していくことは，言葉よりもむしろ物質的な操作やイメージを通してなされる。
- ビデオゲームの物語形式は，ボタン操作を通して考えることを求める。プレイヤーは自分自身の操作を通して，自分が帰属する物語を構築する。患者の操作選択が，物語を構成する要素である限り，物語は自己生成される。これによって患者は，自分のための物語や自分についての物

第3部　サイコセラピー

語を新たに作り出すことができる（Genvo, 2009）。

- テクノロジー装置には，患者を退行へと向かわせる身体的姿勢が含まれる。患者は，たいてい肘掛け椅子に「ゆったりと座った姿勢」をとるのだが，それはまるで自分の内面を探っていくかのようである。

- セラピーの状況という主人公らが経験している空間状況が，形式的退行を養っていく。というのも，テクノロジー装置の前では対面よりも横並びになることのほうが多いため，患者－セラピスト間の身体的な境界が曖昧になるのだ。この近接性には，両者の親密さが含意されるが，近接性はまた，患者からセラピストへの，またはセラピストから患者への自己愛的同一化によっても育まれる。例えば，セラピストが患者にゲームプレイの原理を示したり，その逆の場合もあったりするような，相互的であるような場合である。

- **共同退行**において，患者の退行はセラピストの退行を鏡のように映し出す。セラピストは，（特定の時点で）患者と一緒にプレイすることから，セラピスト自身の（形式的および身体的）退行を受け入れることになる。

- 操作方法やインターフェースの学習が，自我のコントロールを失わせる。つまり，セッション中に患者が最初にビデオゲームに没入するとき，患者の認知は，その世界を自らのものとすることに専念しているが，これは思考の二次的プロセスの弛緩につながりうる。

- 最後に，媒介の性質について。（例えば，視覚のような）感覚的，および（不安や根底の気分といった）感情的諸内容との（直接的または間接的な）対峙を通じて，思考の形式的退行に入る。同様に，（タブレット端末，コントローラーの振動，触覚的フィードバック[†1]，インタラクティブなVR）を使用するテクノロジーには，反射の前段階や，思考の再帰的形態さえも編成しうるものがある。

---

†1　コントローラーを通じて細かい振動や重さといった感触を手から感じることのできる機能。

第 19 章　サイコセラピーにおいてビデオゲームを使用する場合の心的力動

没入と共同没入

　こうした形式的退行と関連する第二の次元において，ビデオゲームをサイコセラピーに使用することの妥当性が説明される。つまり，没入が問題となる。私たちは，主として二つの没入の形式を描写することができる。それらをまとめて，「ヴァーチャルな没入による転移」と呼ばれる概念で述べていくことにしよう。

▶デジタルな媒介への心的没入

　没入の第一の形式は，ビデオゲームという媒介に特有のものであり，私たちの注意と五感のすべてを捉える心的状態を指す（Murray, 1998）。つまり本来の意味での（心的）没入である。ヴィロル（Virole, 2013）によれば没入とは，主体が，現実の濃淡をデジタル世界に十分に割り当てるような，特定の心的プロセスである。これによって主体は，その世界に存在しているかのような錯覚に陥る。ヴィロルはそれゆえに，没入とは，投影ではなく主体の行為意図をデジタルアバターに委ねることに焦点を当てた，前意識的プロセスであると主張する。

　実際，セルジュ・ティスロン（Tisseron, 1995b）の論考をもとに私たちが理解してきたように，イメージはすべて，行為の可能態（ビュイサンス）を持つ。こうした行為の力能は，現実態を実現する傾向からなる。そのため，デジタル世界で相互作用することは，作用の志向性と関連する思考形態を含んでいる。ヴァーチャルな運動性行為の遂行は，反射的志向性（Virole, 2003）を通じてなされる。すなわち，プレイヤーの潜在的な行為をデジタル対象に投影することになる。その際，プレイヤーつまりセッション中の患者は，自分自身の行為の傍観者となる（Tisseron, 2008a）。このことが，ビデオゲームを主体化の空間として出現させる。というのも，こうした（運動に関わる）潜在性（potentialités）が，ゲームに再び取り込まれることで，感覚に基づく知覚を――まるで幻想のように――実際に行った行為の表象〔かのよう〕に変容させることがある（Tordo, 2012, 2013）。言い換えると，セラピーでの付き添いが，物理的な行為から心的行為への根本的な移行を可能にすることで，〔プレイヤーは〕自分自

191

第3部　サイコセラピー

身のデジタルな行為の光景を通じて，自分自身の心的行為の傍観者となる（Tordo, 2016）。

　こうした主体化は，デジタル世界（そして，より広義のテクノロジー）に対する個人の基本的な関係の性質によって，よりいっそう促進される。実際，私たちは，主体が自我の表面を，テクノロジーの周辺にまで拡張し，今度はまさにそこが表面になる傾向を持つことを明らかにしてきた。これこそ，私たちがサイボーグ－自我と呼んだ心の表面である（Tordo, 2019d および第7章，第15章参照）。また，個人がビデオゲームに没入するときは，己の自我に没入してもいる。言い換えると，患者は，己の自我に没入するがごとく，ビデオゲームに没入するのである。ヤン・ルルー[†2]（Leroux, 2012）が強調したように，没入とは退行の一つの変奏であるが，これは束の間のものである。実際，没入するという欲望は，子宮内の生命に戻りたい欲望の表現であろう。プレイヤーは，自分自身にしか満足せず，現実は自らの現実となる。つまりは，自己の境界が，ゲームの世界全体を包含するまでに拡大するのである。そうなると，ビデオゲームは自我の中に貪食されて，すでにもともとの自我に存在していた心的素材と新たに加わる素材との混淆を制御する装置となる。私たちはこれを，心的ハイブリッド化と呼んでいる（Tordo, 2019d, 2020e および第7章参照）。そのような理由から，ビデオゲーム空間は，一方ではその可塑的な特質ゆえに，また他方では，その自我への没入性ゆえに，幻想の空間であると言える（Tordo, 2012, 2013）。

▶患者－セラピストの共同没入

　ビデオゲームでのサイコセラピーの状況における第二の没入の形態は，共同没入に相当するものである。実際，ヴィロル（Virole, 2013）が指摘するように，このセラピーの状況は，患者とセラピストが同じ体験に参画することを含意する。また，共同没入する状況において，（アバターの心的な）専有化は，患者だけでなくセラピストにも及ぶ。私たちの仮説によれば，この共同没入が，分析的領野の構築を促進する。後述するように，分析的領野の構築

---

†2　ちなみに，ヤン・ルルーの実践について日本語で分かりやすく紹介するものとして以下を参照：福田　大輔　（2022）．「精神分析とゲーム障害」　青山学院大学知財と社会問題研究所（編）『知的財産で社会を変える——SSP-IP の挑戦』（pp. 209-274）　同友館.

それ自体が，ある共同没入を伴うことは，いくつかの仮説と部分的に一致している（Le Corre, 2019; Stora, 2006a）。

　私たちが最も関心を寄せる仮説に戻ろう。セラピー的場面の関係性の頂点において，私たちは（分析的な）領野が創出されることを観察する。この場の登場人物らは，唯一かつ同じ力動的なプロセスに関与している。セッションにおいて二つの心は，二つの心的生の単なる合計に還元されることのない，まったく新しい一つの構造を形成する（Ferro & Basile, 2015）。この構造は，それ自体で独立した特性と力学を持つ第三の要素の形をとる（Neri, 2015）。言い換えれば，一方において拡張する心的な表面が転移関係を結んでいても，他方では，その表面はハイブリッド化し，領野という第三の表面を形成するのだ。ある意味，こうした境界の拡張は，すでに私たちがサイボーグ–自我に関連して述べたデジタルな媒介において準備されている。別の言い方をすると，ビデオゲームへの心的な没入は，サイボーグ–自我という自我の境界拡張をすでに含んでおり，領野への共同没入を準備するものである。

　この重要な仮説について，私たちは次のように要約する。心的な没入は，自我の表面をテクノロジー（サイボーグ–自我）に拡張することを意味し，セラピー的領野における登場人物たちの表面の拡張を準備するが，そこに補足を加えることが重要であるように思われる。領野の構築がもしも，ビデオゲームでの共同没入によって作動するのであれば，それは自我の表面がテクノロジー（サイボーグ–自我）に拡張されるがゆえである。登場人物たちが分析的領野に入っていくのは，同じような共同没入を通してである（Tordo, 2019c）。というのも，その領野への没入は，共同没入における（第三の）表面を通して，二つの表面に沈み込むことに相当するからである。

　さて，私たちは，ビデオゲームでの心的没入に付随する条件をなぞりながら（Amato, 2014），〔第三の表面としての〕領野への共同没入を可能にするために，〔セラピーの〕枠組みが満たすべき 4 条件を規定した（Tordo, 2019c）。

- 第一に，没入環境は，その他性，つまりは自然環境と比べた際の異質性によって特徴づけられる。両者の距離は，ビデオゲーム内の世界が想像上のものであったり，非日常的であったり，手の届かないものとして設定されることでしばしば誇張される。同じように，精神分析的領野においても，転移の体験，共有された夢や幻想の奇妙さを前にすると，似た

第3部　サイコセラピー

ような距離が築かれる（Ferro & Basile, 2015）。

- 第二に，ビデオゲームの世界では，作動と参加に関する特定のルールが設定されており，この場合，自然な現実と比較して法的な距離が組織化されている。同じように，領野，より広義に言うとセラピーの状況には，通常の習慣的な現実とは対照的に，テクノロジー的な規則の組織化が含まれる。

- 第三に，ビデオゲームへの没入は，すでに述べてきたように感覚 − 運動性の変化を伴う。ビデオゲームを用いたサイコセラピーにおいて，こうした表現様式を引き出すことのできる方法として，私たちが提唱してきたのが退行である。私たちはまた，相補的な仮説を立ててもいる（Tordo, 2017b）。セラピスト自らが，この退行に巻き込まれることを許す能力は，患者を後退（régrédience）の動きへと向かわせることに役立つ（Botella & Botella, 2001）。心的生のこの構成要素は，一種の形式的退行を強調するものであり，心の働きの正常な可塑性を説明するものである。その最も明白な現れが夢である。言い換えると，セラピストはここで，患者の形象性の作業（travail de figurativité）に付き添っているのだ（Anzieu, 1994）。これにより，感覚 − 運動性の印象から視覚的イメージへの変換や，物語の言葉への潜在的な変換，さらには共同の語りを通じた言葉への変換が可能となる（Le Corre, 2019）。そのようにして，臨床作業が領野を養っていく。なぜなら領野自体が変容の空間であるからである。そしてそれは主に，物質的現実を夢幻様に演出することによってなされる。さらに言い換えると，ビデオゲームにおける共同没入という心的素材は，この状況において，分析的領野の，共有された夢幻性の構築に不可欠なものである。

- 第四に，そして最後に，ビデオゲームへの没入は決まっていつも，敵対的な環境や，不安定かつ危険な関係性の中で起こる。分析的領野において敵意とは，転移 − 対 − 転移〔＝逆転移〕の関係における，自分自身の心的プロセスに由来するものである。チヴィタレーゼ（Civitarese, 2015）によれば，分裂したもの，否定されたもの，抑圧されたものの回帰といった生々しい要素の産出は，領野において，「想像上のモチーフへと組織化されるのを待っている，狂ったピクセル」の顕在化をもたらす。とい

うのも，フェロとバジーレ（Ferro & Basile, 2015）によれば，領野を組織化するのはやはり，セラピストの夢想によって自然に生み出された，視覚的イメージだからである。ビデオゲームの共同没入においては，視覚的イメージが即時的に求められる。なぜなら視覚的イメージは，そのようにして夢想する者たちに付き添い，さらには「プレイ中の夢想」（Tordo, 2013）における主要な素材を生み出すからである。

このように，ビデオゲームにおける共同没入は，いくつかの側面では，領野における患者－セラピストの共同没入と似たものとなる。したがって私たちは，次のような仮説を立てることができる。それは，一方の没入が他方の没入を受け入れ，さらには強化するというものである。

▶仮想的な没入による転移

この没入は，ビデオゲームによるサイコセラピーの状況において複数のレベルで起こるもので，転移の特殊性を説明するものである。こうした理由から，私たちはそれを「仮想的な没入による転移」と呼んでいる。仮想的没入－退行性転移と付言してもよい。というのも，没入－退行という二つのプロセスには，つながりがあることを強調してきたからである。さらには，媒体に固有な性質もまた，この没入－退行を組織化している。というのも，デジタルな媒介，例えばVRの使用は，とりわけ没入－退行を助長するように思われるからである。

アバターや，また別のデジタル対象は，自己愛的に備給される自己の形象（Virole, 2013）または分身（Tordo, 2012, 2016）として現れることが必須条件であることを再認識しておこう。しかも2人の登場人物が一つの領野にいる，つまりは転移関係にあるのだから，両者は心的な表面のみならず，その領野の内包物に共同没入していることになる。それは，次のようなことを意味する。領野の中にいる患者は，セラピストとともに，デジタルな形象上に，自分自身（そして他者たち）の転移性の要素を現勢化させるのだが，それは相互的なものである。現勢化には，例えば主に3通りの形態が見られることに留意しておこう。

- 感覚－情動－運動機能の周りに，かりそめの退行の結果として，転移性の現勢化が組織化される。これらによって，特にトラウマ的な無意識の

第 3 部　サイコセラピー

シナリオの中で，関係の太古性が再召喚されうる。

- 転移性の現勢化が，置き換えられた形象の周りに組織化される。例えば，セラピストの形象への置換を通じて，患者は，自らの個人史上の登場人物との関係性の問題を，領野や，さらにはゲームの登場人物たち（あるいは他のさまざまな要素）に転移させる。ティスロンの考察から私たちが学んできたように（第18章参照），こうした置換には，主体の心の一部分や，その人の個人史の中での登場人物，失われた誰か，あるいは「亡霊（fantôme）」が関わっている。

- こうしたアバター（または，その代理物）上への転移性の現勢化は，心的な仮想によって組織化されうる。例えば，私たちは，境界構造（organisations limites）を持つ患者を含めたある特定の患者群においては，患者がセラピストの上に，当人がまだそうなっていない人を投影するだけでなく，そうした人物をアバターの形象上に遡及的に投影しうることを示してきた（Tordo, 2017b）。この場合，セラピストとの（領野における）共同没入の中で，患者がまだそうなっていない存在を隠喩化するのがアバターである。このようにして患者は，アバターの上に，分析の領野の中に自らの「仮想的な主体」を置換するのであるが，これは，セラピストとの転移関係とともに，である。こうした置換はまた，患者の（その心的世界にはまだ到来していない）心的なプロセスにも関係しうる。言い換えれば，ここでのアバター（**あるいはゲームの別の要素**）は，（**置換によって**）何らかの人物を表しているのではなく，セラピーの状況において**構築されつつある患者の心的プロセス**を表しているのである。

ポイント───────────────────────────────

- サイコセラピーにおいてビデオゲームは，心的な没入を促す。この没入は，自我への没入を伴うが，それは，自我の表面がテクノロジー上に拡張することによるものである。
- こうした没入は，登場人物たちの心的表面のハイブリッド化を準備する。これには，（分析的，セラピー的）領野を通じた，共同没入による沈み込みを伴

う。領野への共同没入は，ゲームにおける共同没入の鏡像のように現れる。

- そしてまた，この（二重の）共同没入は，一方では媒体とセラピーの状況との間での，他方では患者とセラピストとの間での，心的な素材の出現を促し，これが（遡及的な投影を通じて）セラピーの領野を涵養する。二つの心は，同じ一つの世界に浸るが，そこでは夢幻性とゲームが混ざり合っている。
- 仮想的な没入による転移のおかげで，アバター（あるいはゲームの他の諸要素）は，無意識のトラウマ的シナリオや仮想的な心的プロセスを隠喩化できるようになる。

第20章

ロボットセラピーにおける枠組みと技法

フレデリック・トルド

　ロボットセラピーに取り組むうえで，まずは，実践に干渉しうる困難さとして，以下の二つの信じ込みやすい点についてはっきりさせておく必要がある。

　1点目は，サイコセラピーにおいて，ロボットがセラピストの代わりにはならないということである。ロボットは，一種のパートナーであると同時に，患者にとっての伴侶，言い換えるとセラピストとの潜在的な出会いに向けて患者に付き添う対象である。その目的は，セラピー関係を媒介することであり，それに置き換わるものではない（Tordo, 2017c, 2019a）。

　2点目は，セラピー目的のロボット使用は，まったく目新しいタイプのケアの手段ではないということである（Baddoura, 2017）。臨床におけるロボットは，新たなセラピーの媒介の中で，広義のセラピーツール群の一部をなすものである（Tisseron & Tordo, 2017, 2018）。それゆえ，ロボットについて，より伝統的なセラピーの媒介の代用として考える必要はない。大事なのは対象だけでなく，対象をどのように使うか，つまりは使用法であるという原則に基づき（Winnicott, 1971a），ロボットは，古典的なセラピーの媒介に置き換わるのではなく，そこに付け加えられるのだ（Tisseron, 2013b）。

個人的ロボットセラピー

▶ロボティクス的媒介技法

　ロボットを使用するサイコセラピーの技法は，児童に関わる伝統的精神分析で使われているものをベースにしている。また歴史的にも，ブノワ・ヴィロル（Virole, 2013）が指摘するように児童の精神分析は，子どもにとっての遊びが，大人での言葉による連想法の類似要素となりうるという発見を通じて発展してきた。言い換えれば，セラピストは，子どもの防衛による変形や，自由な遊びによってもたらされる象徴化を分析することを通して，無意識の内容にアクセスできるようになったのである。メラニー・クラインの一連の研究に触発された古典的技法では，紙と鉛筆，小さな人形，粘土といった小物が，セラピストから提供される。若年の患者は，自分の好みに合わせてシナリオを構成していくのだが，セラピストは，転移の力学を考慮に入れたうえで，それが望ましいと判断されるときに解釈を行うべきであるとクラインは強調する。

　サイコセラピーにおけるロボット技法では，対象であるロボットの患者への提示，自由な遊び，連想といった基本原則が保持される。実践において，ロボットがどう働くのかについての探索は，患者である児童や思春期の子どもたちに任せている。まず患者がロボットと遊び，セラピストはその遊びを観察する。そして，共同創出していく中で子どもと遊ぶ。セッションにおけるビデオゲームと同じように（Virole, 2013），臨床の中で機会が生じれば，セラピストは，患者の行動だけでなく，ロボットの行動や，患者とロボットの関係性についてまでコメントや解釈を行うように促されうる。セラピストはまた，特に対象の行動と共鳴して，例えばロボットとの関係で自分が感じたことを示唆することによって，関係性のループにも関与する。

▶物語の構築とサイコドラマ的演出

　私たちは，（良好な反応を示す児童や思春期の子どもと一緒に）物語の構築をめぐって話をするための時間を提案したり，以下に見る二つの相補的段階に従うような，物語の構築のサイコドラマ的演出を提供したりすることも

第3部　サイコセラピー

できる。

- まずはじめに，患者には出発点として以下のような指示を与えてみる。「君とロボットと私との物語を一つ話してごらん」。そしてまた，患者には幻想的な構築として，多少とも解釈可能な物語を語ってもらうように促す。その際，ロボットとの関係においても，セラピストとの関係においても，患者には自由が与えられる。また，できるだけ多様で幻想的なシナリオを楽しむという遊びの中でも，患者には自由な裁量が与えられる。これには，患者が自分の心的活動を崩壊させることなく，自分の幻想を演じることができることも含意されている。患者はこうして，遊びの中で，自分の幻想の視聴者になることができる (Brelet-Foulard, 1996)。例えば小さな人形たちを媒介にするのとは異なり，（個人的な）ロボティクスを媒介にした例外的状況は，三角関係（患者，ロボット，セラピスト）をめぐる幻想の上演を支持するのである。それゆえに，この光景において回折[†1] (Brun, 2007) されうるのは，家族を題材とした幻想に関する何かである。これはときに，未分化かつ太古的なやり方で行われる (Tordo, 2019e)。したがって，きょうだい，子どもと親の三者関係，さらには世代間の関係や，世代を超えた関係を含む家族こそが，これらの物語の中で演じられることになる。ここでロボットは，セラピストと同じように，幻想内のキャラクターとして，転移の側方へのあるいは回折した表現という点で関与する（第26章参照）。
- 次に，はじめの指示に続いて，想像された物語を，ロボットと一緒に患者に演じてみるよう提案することができる。言い換えると，患者は，セラピストやロボットとの関係において，自分の幻想的なシナリオを演劇化する機会を持つことができる。この観点から見ると，私たちは，自分たちが（個人的な）サイコドラマとよく似たアプローチを行っていることに気がつく。というのも，ここで求められているのは，「ごっこ遊び」の原則であるからである。つまり，「君は，私とロボットと一緒にこの物語で遊ぶことができるよ」なのだ。このようにして，対象－ロボットが，シミュレーションゲーム＝遊びに登場することで，「ごっこ

---

†1　回折（diffraction）については，第21章を参照。

第20章　ロボットセラピーにおける枠組みと技法

遊び」を促進させるのである（Chaltiel et al., 2017; Tordo, 2016）。また，ロボットは幻想的なもの，遊び，演劇性を支えるものとして現れ，人形遊びとは根本的に異なるものである。なぜなら，〔ロボット自身が〕「ごっこ遊び」することができるからだ。つまり，患者がロボットとセラピストと一緒になって構築する物語には，役割や立場が含まれており，患者はそれらを順番に演じることができる。もちろん，現在のロボットの限界のせいで，こうした光景のすべてを「実際に」再現することは（まだ）できない。けれども，ロボットの具体的な行為によって，患者らは，心の内にある葛藤を演劇化するための最初の作業に取り組んだり，それらを物語化したりすることが可能となる。これらは，自分自身を表現することが困難な子どもたちや思春期の若者たちとの取り組みを検討するうえで，興味深いアプローチである（Tordo, 2017b, 2017c）。

集団的ロボットセラピー

　ここでは，二つの異なる特徴によって構成された，集団的ロボットセラピーの二つの仕組みについて紹介していく。

▶共通の物語を構築する集団的仕組み

　最初の仕組みは，先に私たちが紹介してきたやり方を，集団に拡張したもので，とりわけセラピー的なサイコドラマからインスピレーションを受けている。つまり，患者グループと，1台（または複数）のロボット，1人（または複数）のセラピストで構成される。以下は，〔この仕組みの〕働き方についてのいくつかの原則である。

- これらの原則は，心理力動的かつ臨床的な枠組みによって統制されている。つまり，禁欲，不作為なし，思いやりの込もった中立性，守秘義務，転移性および相互転移性の加工によって構成される。
- 共通の物語の構築：患者（子どもまたは思春期の若者）たちは，ロボットにも〔人間と〕同等の重要な役割を与えながら，遊びに関する共通のシナリオを作成する。これは，（個人セラピーの仕組みであるような）

第3部　サイコセラピー

「物語」の，幻想的な構築モデルに基づくものである。

- ごっこ遊びの原則：患者たちは，自分たちが作り出した場面をロボットと一緒に演じたり，身振りで表現したりするよう促される。このとき演じられるのは，集団で構築された物語から抜粋された場面である。
- 一体性のルール：セッションは，こうした構築や上演に限定されない。演じていないときにもセッションは続いている。
- 加工を通した再現：参加者らは，セッションの後に，自分の経験について言葉で話す時間を与えられる。

　こうした仕組みは例えば，従来のグループセラピーの仕組みでは，患者の加工能力を超過してしまうような場合に適している。というのもロボットは，何人かの患者にとって，集団とのつながりに関し安全性を与えてくれ，なおかつつながりを促進させてくれる存在でもあるからだ（Tisseron & Tordo, 2017, 2018）。仕組みの構築における可変性（演技のリーダーの有無，共同セラピストの人数，患者の人数，など）は，セラピストが集団作業を通して取り組もうとする問題によって異なってくる。個人でのロボットセラピーと同様，グループセラピーでもすべての場合において，ロボットの選択（ヒューマノイドかハイブリッドか，自律型か遠隔操作型か，など）が非常に重要となる（Baddoura, 2017）。例えば，遠隔操作型は，このタイプの仕組みで考慮すべき興味深い選択肢のように思われる。ロボットの行動がグループの行動に従う一方，ロボットを操作するオペレーター自身は，転移性の回折を受け取りうる。

▶ロボットプログラミングをめぐる集団的仕組み

　ここで紹介する2番目の仕組みは，ティエリー・シャルティエル，ローラ・サルファティとそのチームが，2014年から2016年にかけてナント大学病院の児童精神科デイケアで実施した独自の実験結果である。自閉スペクトラム症（ASD）を呈する11〜18歳の思春期患者のコミュニケーションと人間関係を促進するために，NAOというロボット[†2]が使用された。1980年代

---

†2　もともとはアルデバランロボティクスというフランスの会社で開発されたが，この会社は2016年以降ソフトバンクロボティクスヨーロッパに社名変更されている。なお，日本でなじみ深いPepperもまた当時ソフトバンクが買収したアルデバランが開発したものである。

以降ロボットは，特に模倣を通じて，（社会的身振りや感情などの）学習を支援するアシスタントとして集団において使用されてきた (Billard et al., 2007)。しかし，ここでセラピストたちが構築してきたセラピーグループは，それとは異なる意味を持っていた (Tisseron & Tordo, 2017)。NAO をプログラミングし，操作していたのは，思春期の患者たち自身であったからだ。患者たちは，年間 20 回のセッションを受け，準備ワークショップとロボットプログラミングが交互に組み込まれた仕組みに参加した。プログラムの最後には公開の発表会が予定されていた。

- 音響の準備ワークショップ：3 名の看護師，1 名の言語療法士，1 名の音響ディレクターの立ち会いのもと，この最初の時間では，ロボットを使った演出の枠組みの一部として，音響パート全体の構築を目的に，ロボティクスワークショップの準備的な作業が行われた。そこで録音された音（雨の音や声など）は，ファイルに保存された。

- ロボットプログラミングのワークショップ：3 名の看護師，1 名の言語療法士，1 名のロボティクス研究者の立ち合いのもと，最初の準備ワークショップで保存されたこれらの音響素材が，ロボットに組み込まれたり，最後の公演の音響環境のベースとして使用されたりした。さらに，ロボットが単なる作業ツールにならないよう，ワークショップのチームによって遊びの時間が導入された。これは，患者がロボットと遊ぶことのできる自由な時間であり，ロボットには，音やフレーズ，悪態，意図を言わせたり，ポーズをとらせたりした。

この技法的な枠組みの中で，研究者たちは，二つの異なる集団的な時間性に着目している。

- 最初の年，チームはアンソニー・ブラウンの絵本『四声の物語（*Une histoire à quatre voix*）』[†3] を参考にした。『四声の物語』は，4 人の登場人物が，公園での出会いをどのように体験したかについて語る物語である。音響のワークショップ中，思春期の子どもたちの声は録音され，ロボットによって再生された。子どもたちによってプログラミングされたロボットは，物語の語り手の身振りを実演した。

---

†3　邦訳は『こうえんで…──4 つのお話』（久山 太市(訳)，評論社，2001）

第3部　サイコセラピー

- 2年目に，患者たちは，自らの物語を構築し，それをロボットが演じる
ことを要望した。その仕組みは，私たちが以前提案したやり方と少し似
ている。ロボットはだんだんと一種の代弁者となり，患者が自らを表現
するためのツールとなったのである。

　著者たちはまた，特に互いや世話人への呼びかけ方を変えることで，子
どもたちが集団を形成できるようになり，相互主観的な関係構築が著しく発展
したことも報告している。思春期の子どもたちは，互いに上手に適応してい
るようであったという。例えば，プログラミング（ロボットの身振りやイン
トネーションを記録すること）の枠組みにおいて，合意することができるよ
うになった。ロボットは「生き物たちの架け橋」のような存在となって，子
どもたちはロボットを通じて喜びを分かち合うのだと著者たちは指摘する。
こうして，実験期間中に，著者たちは，思春期の子どもたちのコミュニケー
ションや対人スキルの発達を観察することができたのである。
　ロボットセラピーでは，例えば，章末に提示された臨床事例で紹介されて
いるように，それ以外の仕組みへの配置も可能である。

ポイント

- ロボットセラピーにおいて，セラピストは二つの困難を回避する必要がある。
第一の困難は，ロボットがセラピストに置き換わると信じ込むことである。そ
うではなく，ロボットはセラピーのパートナーであり，患者の伴侶であり，転
移関係を促進してくれる存在である。第二の困難は，臨床におけるロボット使
用が，新たなセラピーの手段になると考えることである。とはいえ，ロボット
は「新たなセラピーの媒介」の一部をなしている（Tisseron & Tordo, 2017,
2018）。
- 個人での技法は，ロボットを患者に，自由に遊べるように提示することから構
成される。この技法は，患者，ロボット，心理士の関係性をめぐる物語を構築
する技法によって補完できる。この物語は，ロボットの行動によって実演され
うるもので，それが，心の問題の物語化を可能にする。
- 集団による技法では，こうした幻想的な構築を再度行うことができる。だが，
このときは，集団のメンバーによって作り出された物語をめぐってである。ま
た別の仕組みを配置して構成することも可能である。

第 20 章　ロボットセラピーにおける枠組みと技法

【事例紹介】

オリヴィエ・デュリス（臨床心理士）

　「感情」ワークショップは週1回，2人の子どもと2人の共同セラピストによって行われる。セラピストのうち1人は子どもたちに物語を聞かせ，もう1人はロボットのNAOを遠隔操作する。語り手によって表現された感情を，ロボットのNAOがライブで再生する。そして子どもたちは，ロボットによって再演された感情に名前をつけたり，まねをしたりする。

　私たちはここで，NAOを使った「感情」ワークショップでの，非常に特殊なセッションに焦点を当てていこう。ロボットのNAOは，ナタンとダビッドという名前の，2人のASDの子どもからなるグループに参加している。

　ナタンは，ステレオタイプ[†4]的な動きを呈する子どもで，言語能力が低く，コミュニケーションに難がある。ナタンは，家で鑑賞しているアニメのセリフを，ほとんど同じように繰り返すという，主にエコラリア[†5]で構成された著しい音響性の外被をかぶっている。他方，ダビッドのほうは，いかなる活動を行うのもきっぱりと拒絶していた。ダビッドは，非常に高い言語能力を示していたのだが，施設の他の子どもたちとの交流はほとんど見られなかった。

　けれども，ダビッドは大人と一緒にいるのが大好きで，自分のほうから会話を始めることもあった。彼は，セラピストの膝の上に乗って，コンピューター上でロボットを操作することもあった。反対にグループ内のもう1人の子どもであるナタンとは，ほとんど関わりを持たなかった。ダビッドはナタンのことを，最初の2週間完全に無視し，その後もロボットに触らないように頼むときしか話しかけなかった。しかも，ナタンがNAOに触れると，ダビッドはしばしば「ナタンはぼくをこまらせる」と言った。数週間が経過すると，2人の子どもの間では，少しだけ「口げんかごっこ」が起きるように

---

†4　常同症，常同行動とも呼ばれる。
†5　精神医学用語では反響言語とも呼ばれる。

第3部　サイコセラピー

なった。ナタンがダビッドを小さな叫び声を発して挑発すると，ダビッドがそれに応える形で怒り出す。ナタンは怖がって後ずさりし，顔をしかめ，劇を演じる。それから，大人たちに向かって微笑みかけ，この場面の遊び心を何度も繰り返し強調する。ナタンが落ち着くと，今度はダビッドが，「ダビッドは，ダビッドをこまらせるナタンにおこってる」と言って，遊びを再開する。この遊びは，毎週のワークショップで何度も同じように繰り返された。私たちは，2人の子どものやりとりについて，いくつかの感情，とりわけ恐れと怒りを大げさに演じることで，他者の現前を求め，相互的に関わるために最も効果的な手段を見いだしたのだと解釈した。

　ダビッドは，ロボットに自分のことを代弁してもらうのがとても好きである。彼はそうして，NAO のテクスト読み上げ機能を使って，機械がじかに繰り返すことができるよう，セラピストに自分が口述する言葉を書き留めてほしいと頼んだ。ダビッドが最もよく口にする言葉は，例の「ダビッドは，ダビットをこまらせるナタンにおこってる」であった。しかし最後のセッションで，ダビッドは，ナタンはおらず自分1人であることに気づいた。ナタンはすでに休暇に出かけていたのだ。そこで，最後に何がしたいかダビッドにたずねてみると，彼は「NAO にはなしをさせること」と答えた。ダビッドは，そうして，いくつかの言葉を口述し始めた。その合間にも，NAO が発音できるように私たちが書き留めるための時間を与えてくれた。「きょう，ダビッドはひとりです」，「ダビッドはおひるまでワークショップです。それから，いえにかえります」。「ダビッドは，いつもはナタンといっしょで，ナタンはダビッドをこまらせて，ダビッドはおこります」。この瞬間，私は，このツールを手に取って，ダビッドに何か新しいことを理解してもらおうと試みた。そこで私は，NAO に次のように発音させてみた。「ダビッドはナタンに怒ってる。けれども，心の底では，ダビッドはナタンのことが大好きなんだ。」　その瞬間，ダビッドは微笑んで，口述を続けた。「ナタンとぼくは，りょこうにいっしょにでかけたんだ。ぼくたち，いまではともだちなんだ。まえはよくけんかしていたけれど，いまではなかよしだよ。」そして，とうとう，「ナタンがいなくてさびしい」と言ったのだ。次の瞬間，ダビッドは，「もうおしまい」と言った。NAO に繰り返してもらおうとして，私がキーボードでこの言葉を打っていると，ダビッドは，私を見て

「ちがうちがう，ほんとにもうおしまい。うたなくていいよ」と言った。そして，1枚の紙とフェルトペンを取ると，表に大きな文字で「ナタンがいなくてさびしい」と書き，裏に，「おしまい」と書いた。ダビッドはそうして，落ち着いて静かになると，部屋を出ていった。

　この短いエピソードを通じて，ダビッドは，自閉症の主体が自分自身について話すことが困難であること，特に，自分の「言うこと」の中に主体の現前をもたらす，欲動の対象であるような声を通して，自らについて語ることが非常に難しいことを私たちに認識させてくれる（Maleval, 2007）。ロボットを介して，より正確に言えば，NAO のテクスト読み上げ機能を使用することで，ダビッドは，自分の感情について，自分自身の声の享楽を介さずに伝えることができるようになった。ダビッドにとって，不安の強い，直接的な衝突は，迂回路をとることによって回避できた。つまりダビッドは，ロボットに代弁してもらうことで，自分自身の感情に過剰にのめり込むことなく，この口述表現を試してみることができた。自分の声をロボットに預けることで，ダビッドは，個人的に感じられたことを，私たちに伝えることができただけでなく，機械によって語られた感情を聴くことができた。彼は，そうすることで，自分の言葉を超えて聴くことができたのである。このことが彼に，発話する主体となる可能性を与える（Laznik-Penot, 1995）。そして注目すべきは，ダビッドが，自分のことを三人称で話すことから会話を始めていたことだ。だが，私が NAO を操作して間接的に彼が感じているかもしれない感情を出させた瞬間から，彼が一人称で語るようになったのである。セラピストによって引き起こされたこの「予期せぬ出来事」によって，ダビッドは，1 人の人間によって制御された機械に，予測不可能な行動があることを発見するきっかけとなった。そしてこれが，自分自身について話しても危なくないと，彼に気づかせたのである。というのも，ランダムで予測不可能な偶然の現象を探知することは，現実について具体的なシミュレーションを行うよりも，はるかに強烈な現実感を主体に与える[*1]。予測不可能性は，偶然性の現前と同じくらい，志向性を割り当てられた存在である人間にとって，基本

[*1]　Virole, B.（2015 年 3 月 13 日）. 仮想世界への没入と，志向性の出現. https://virole.pagesperso-orange.fr/IAPSY.pdf （2020 年 6 月 20 日確認）

第3部　サイコセラピー

的特性の一つである。ダビッドは，それゆえ，彼の感じていることを言葉に
しようとしたセラピストの志向を認識することができた。その志向は，機械
を通して表現された，非侵襲的な言葉によって，はっきりと示された。
NAO というロボットの身体(ボディ)に具現化された，セラピストの志向を認識する
ことで，ダビッドは，社会的世界との関係や，各々の心の状態のコミュニ
ケーションの基盤となる，間主体的関係性の兆しをつかむことができたので
ある。

第**21**章

サイコセラピーにおけるロボット活用の心的力動
セラピー機能と転移の特異性

フレデリック・トルド

　本章では，ロボットがセラピーの媒介として，心的現実において，〔私たちと，〕動物，人間，非人間かつ非生命的な環境との関係を交差させるハイブリッドな対象であることを見ていこう。また，ロボットは数多くののセラピー機能をハイブリッド化し，主体（主観）的なものから間主体（間主観）的なものまで横断するセラピーの支えとして機能する。ロボットは，セラピストにとってのパートナーであると同時に，患者にとってのバディでもある（第20章参照）。

　そのようなわけでロボットセラピーは，セラピー関係の中で，次のように，分化（différenciation）の作業全体を組織化可能にする。それは，一方では自己と他者との間の分化であり，他方では（非生命的）対象と，別の人物との間の分化である。したがって，対象がセラピストとの転移関係に関与するとき，媒介型ロボットは，対象の間主体（間主観）的な深化を創発するための条件を提供するように思われる。

ロボットセラピーにおける諸機能

　ロボットセラピーにおいて，ロボットは主として，臨床におけるロボットの使用を正当づけるいくつかのセラピー機能を果たす（Tordo, 2016, 2017c, 2018b, 2018c）。

209

第3部　サイコセラピー

▶主観的，間主観的シミュレーション

　ロボットは，「ハイブリッドな（心的）対象」として現れ，他の形式の対象との関係をシミュレーションすることができる。

　第一にロボットは，デジタルアバター（Tisseron, 2015a）と同じように，転移関係を促進させるような，安心感を与えるいくつかの特性を示す。対象が，しばしば患者の想像するものに近しいという点での親しみやすさや，相互作用の様態における柔軟性，とりわけ大きさの面でアクセスしやすいこと。反応や人工感情における限界が，互いの関係性の中でこれらを消化するのに役立つこと。患者の（特に言葉による）攻撃性に耐えることができるという意味での無謬性。ロボットにはまた，アバターとは異なる固有の特性もある。ロボットの自律性が，患者の心的自律性を表現することを可能にしてくれるし，ロボットの物質性は，後述するように，身体データの精緻化への道を開いている。

　第二に，媒介型ロボットのいくつかの特性は，患者と持つ関係を，動物との間での関係に近づけている。実際，動物と同じように（Roussillon, 2013），ロボットは，プログラムに従う限りで変わらず一定である。また予測可能で，そのため相互作用においてステレオタイプ的に振る舞うことから，相手をまごつかせることがない。最後に，ロボットは忠実であるため，例えば私たちは，その喪失を恐れることなくロボットとの関係を築くことができる。しかし，同時に，その（相対的な）自律性は，コントロール願望や支配欲に対する抵抗となる。

　第三に，ロボットは，物理的身体^(ボディ)に実体化したAIで構成されていることから，〔生身の〕身体をシミュレーションしている。したがって，ロボット的媒介は，ロボットとの（触覚を介した）接触によって生成される，身体的な感覚 - 形態を呼び起こす（Fédida, 2000）。その結果ロボットは，患者自身に，患者自身の身体の一部，あるいは他者の身体として把握されうることになる。そのおかげで，患者の身体的「自我」の象徴化を可能にすることもある（Haag, 2018）。

　第四に，媒介型ロボットは自我をシミュレーションする。それは，「ミニ自我（mini-moi）」であり，言い換えれば，患者の心を投影することを可能にする分身である。患者の中には，自分の心的生のいくつかの側面をロボッ

トと結合させることに慣れているものもいる。こうした人々は，環境に置かれた対象とともに，さらにはセラピストとの関係を通じて，そうした自らの心的側面を上演する場として，ロボットセラピーを見いだす（Tordo, 2017c, 2018c）。

　最後に，こうした媒介型ロボットは，いわば「ミニ他者（mini-autre）」として，もう 1 人別の人との関係をシミュレートする。もう 1 人別の人間との関係の，多くの側面（運動性の行為，声など）が実行されて，他者の現前という感覚が，ロボットとの媒介された関係の中で具体化される。けれども，ロボットが「単純化された人間」である以上，ロボットとの関係は，予測可能で機械的である。そのような理由から，間主観性に問題を感じている患者は，ロボットという媒体の中で，シミュレーションを通じて，間主観性の初期段階にアプローチするような，遊び心のあるやり方を見いだすことができる。これによって，特にセラピストとの転移関係において，他の人との出会いを可能にする条件が作り出される。このように，ロボットセラピーの暗黙の目的の一つは，人間との間主観的関係の可能性を引き出すことである。すなわち，ロボットとの行為という相互作用的な遊びの中で，〔人間との関係と〕同じ可能性をだんだんと発見していくことを通して，人間との間主観的関係の可能性を引き出すことである。これはまた，ビデオゲームを使用する媒介とロボットを使用する媒介が，区別されうることにもなる。ビデオゲームが特に，分身についての働きかけを可能にするのに対して，ロボットは，以下に見ていくように，もっぱら他者，第三者，さらには回折を介してセラピストの分身に働きかけるのである（Tordo, 2016）。

▶感情の人工化とその劇化

　ロボットセラピーにおいて，患者は，安心できる状況の中で感情を表現する。それはとりわけ，ロボットの感情が人工的なものだからである。ロボットの感情は，限られた範囲にある人工的なものであることから，中には，感情を劇化して表現するロボットもある。つまり，いくつかの感情的特性を誇張するのである。そうすることで，感情の表出が目まぐるしくなくなって，患者はそれらを容易に識別し，消化できるようになる。

第3部　サイコセラピー

▶変容（変形）

　セッションの中で，例えばアニメやビデオゲームに登場する想像上のものや，ロボットによる具体的な変形に触発されることで，患者にはロボットが，変形可能な対象として見えることもあるだろう。その点で，媒介型ロボットは，だんだんと「変形（変容）対象」(Tisseron, 1998) となっていくかもしれない。患者は，ロボットを変形させることで，あるいはロボットによって変容させられることによって，自分のバディとの関係の中に入っていくのである。言い換えれば，ロボットの変形可能性は，サイコセラピーにおいて，心的プロセスの変容可能性を予言してもいるのである。

▶引力（ひきつける対象）

　サイコセラピーにおいて，ロボットは，患者の感覚性をひきつける対象とも見なされる。引力は，そうしてセラピー関係を支えるのである。患者がロボットにひかれる際には，そのロボットが媒介物にすぎないにしても，セラピープロセスに間接的にひきつけられることになる。

▶外被化

　セラピーのプロセスの中で，ロボットは（AIや音など）を内蔵したプラスティック性の身体（ボディ）として現れることで，患者に対し心的内包を行うものになりうる。これこそ，ロボティクス的媒介が心的外被を使ったセラピー作業を支持する理由である。また，ロボティクス的媒介は，幻影がそこに投影されるような支持体として使用することができ，これを転移性の力動の中に置き直すこともできる。

▶仮想化（ヴァーチャル）

　ロボットの態度（例えばロボットのしぐさ）を単純化することで，患者はロボットの反応を予測しやすくなる。サイコセラピーでは，患者のこうした予測は，だんだんと，人間の態度にも影響を及ぼしうる。ロボットとの関係は，そうして，他者の行動や身体を仮想化するだけでなく，他者の身体や心的生活の専有化までも仮想化する。

▶音響的体験の代謝

ロボット的対象は，音響体として，つまりは自分自身または他者の身体の音響的体験が代謝される支持体として現れる。ロボットに音を発してもらうことで，セラピストは実際に，音響を通して，運動性と感覚性を関与させることで，象徴化プロセスにおける身体の係留化を起こさせようとする。音響だけでなくロボットの発する声も，他者と同じく自己の言語装置，言語や話し言葉を代謝する。つまり，場合によってはロボット的媒介が，「音響的外被」(Anzieu, 1985) を〔患者が〕専有化するための条件を作り出すこともある。

表

ロボットセラピー	媒介型ロボットのセラピー機能
シミュレーション	• 親しみやすさ • 柔軟性 • アクセスしやすさ • 限定された（人工的）反応や感情 • 無謬性 • 自律性 • 物質性 • 一貫性 • 予測可能性 • 忠誠心 • 欲望への抵抗（コントロール，支配） • ミニ身体：身体的象徴化の支持体 • ミニ自我：主観的象徴化の支持体 • ミニ他者：間主観的象徴化の支持体
人工化と劇化	• 安心できる関係性を背景とした感情表現 • 防衛を尊重する中での感情の心的分解
変容（変形）	• 変形する対象の形象化 • 心的プロセスの変容の前形象化
引力	• 象徴化と感覚性の象徴的引力
外被化	• 外被の操作
仮想化	• （自己／他者の）身体と心的生の予期と仮想化
音響体験の代謝	• 象徴化プロセスの身体的係留化 • （自己／他者の）言語装置を代謝するロボットの音声 • 音響的外被の専有化

第3部　サイコセラピー

代置による転移

　ロボットによる媒介は，私たちが「代置による転移」と名づけた特異的な
伝達を組織する（Tordo, 2017c, 2019a）。それは同時的なものと非同時的なもの，
二つの動きからなる。一つ目の動きは，ルネ・カエス（Kaës, 1994）によって
「回折（diffraction）」と呼ばれた，ある特殊なタイプの転移からなる。この
転移では，個人の中にいる内的集団が，（例えば，セラピー）集団の全メン
バーに対し回折される。つまり，ここでの転移は，内的な複数の人物（およ
び，これら人物間の諸関係）が，分析家や，〔別の〕集団メンバーに移し替
えられるのだ。この回折については，続いてブラン（Brun, 2007）が，精神病
性の主体の臨床で再び取り上げている。セラピー集団において，精神病者
は，自らの人格の断片化された要素を，その集団内の他者にだけでなく，物
理的な枠組みや媒介する対象にも投影する。このことを，ブランは「感覚性
の回折による転移」と名づけた。このような転移に秘められた可能性につい
ては，すでにハロルド・サールズ（Searles, 1960）が以下のように強調してい
た。個人は，かつて人に対して抱いていた感情や態度を，動物や物に移すの
である。

　とはいえ，「他者」（あるいは他の生物）をシミュレートするというロボッ
ト－対象の性質からすると，回折と同時に代置のような動きが現れる。これ
が二つ目の，代置による転移の動きである。周知のように代置とは，同じ目
標を達成するために，あるプロセスを別のプロセスで代用することである
（Berthoz, 2013）。同じように，転移における代置は，ある人（例えばセラピス
ト）への転移を，対象への転移（ここではロボット）に置き換えることから
なる。これによって患者は，ヴァーチャルな没入性における転移のように
（第19章参照），自分自身の一部をロボットに移し替えるだけでなく，ロボット
との（への）転移によって，セラピストとの転移を迂回することもできる。
こうした代置は，セラピストとの間で起こる転移を，ロボットという対象を
介して迂回しているだけにすぎない以上，セラピストの現前がこの取り組み
には不可欠である。ロボットは，いわば一つのイメージであって，迂回によ
る転移として論じたのは，そういった理由からである（Tordo, 2019a）。

第21章 サイコセラピーにおけるロボット活用の心的力動

このように，このタイプの転移では，二つの相補的な動きに遭遇することになる。

- 患者の心的生が，ロボットやセラピスト，そして枠組みによって回折すること。
- セラピストとの転移が，ロボットとの転移に置き換えられること。**すなわち，セラピストとの転移の仮想化である**。言い換えると，ここで問題として扱われるのは**関係性の代置**なのである。

私たちはまた，間主観性の障害を呈する患者との転移の曲用（déclinaison）についても研究してきた（Tordo, 2017c, 2018b）。というのも患者によっては，回折され代用されるのは，セラピストとの関係ではなく非人間的な環境との関係であることもある（Searles, 1960）。言い換えれば，ロボットが何よりもまず，（ロボットに付随する想像上のシミュレーションを除けば）非人間的な機械であるゆえに，患者はロボットに，非人間的なものへの同一化や，非人間的なものとの関係性の要素を投影するのである。こうした特定の枠組みにおいてこそ，セラピストは，ロボットとの関係からセラピストとの関係へと代置されるよう導くことができる。このためにセラピストは，自らの非人間的な側面を生きることを受け入れる必要がある。それは，例えば，セッションにおいて媒介ロボットとして振る舞うことである。患者はこのようにして，非人間的なジャンルに同一化した自己の要素を投影し，それらを代置によってセラピストという人物に移し替える。ここで大事なのは，ロボットという対象の人間／非人間的な両義性との戯れであり，これは，他のあらゆるセラピーの媒介とはっきりと対立するものである。セラピストはまさにこうした両義性と戯れるのであり，こうした両義性は，患者との関係の中でも感じ取られている（例えば，患者の自動的な振る舞い，など）。人間／非人間的な両義性と戯れることで，私たちは，一方から他方への移行，すなわち代置が可能となる枠組みを提供する。

したがって，ここでの転移において私たちは，一種の反転した代置を扱っていると言える。段階の順序について，はじめは明確に定義されていなかったが，以下のように図式的に示すことができる。

- ロボットとは，一つの対象－もの（objet-chose）であり，患者はロボットに対し，さまざまな対象との関係の諸形態や非人間的な対象であると

第3部　サイコセラピー

感じているものを投影する。

- セラピストは，自動的でロボティクス的な態度を（例えば，自身の身体を使って）示すことで，ロボットとの関係の両義性と戯れる。セラピストが，機械になりきって戯れることで，患者の側は，劇化の形態をとって戯れることができる。

- そうすることで，患者は，自分の非人間的な要素をロボットにだけでなく，セラピストという人物にも回折させることができる。

- だんだんと患者の側から，人間／非人間的な両義性にアプローチするようになる。ロボットは，人間的であると同時に非人間的なジャンルに属する複数の態度が組み合わさってなる，両義的かつハイブリッドな対象として認識される。

- 患者側の〔ロボットへの〕こうした認識は，セラピストへの似たような両義性の表象を伴う。

- このとき，投影が作動している。投影は，ロボットがセラピストに向けてシミュレーションした人間的諸要素から構成される。こうした回折は，現状の人間関係がロボティクス的対象のシミュレーション（予測可能性，一貫性など）の性質を帯びている限り，関係にとって安心できるものである。

- 最後に，ロボティクス的対象，自我，他者（特にセラピスト）との間で，分化のプロセスが生じてくる。

ポイント———————————————————————

- ロボットセラピーにおけるロボットは，いくつかのセラピー的機能を満たすハイブリッドな対象として現れる。

- 例えば，ロボットは，さまざまなレベルの間主観性にアプローチすることで，複数の形態の人間関係をシミュレーションすることができる。

- そのうえロボットは，安心できる状況で患者が感情を表現したり，象徴化プロセスの音響的な係留化を動員することを助ける。

- 最後に，ロボットセラピーにおいては，転移は特異的なもののように見える。それは代置による転移であり，以下二つの相補的な動きを通して現れる。①患

者からロボットへの心的生の回折：患者は，ロボットとその枠組みに対し，自分の人格や感情，態度といった諸要素を投影する。②代置：ある人物（セラピスト）との転移を，ロボットとの転移によって（遊びや，セラピーに）代用する。こうした展望では，転移の中での迂回が問題となる以上，セラピストの現前が不可欠である。すなわち，セラピストに向けた転移であったり，ロボットとの転移であったり，そしてまた相互的であったりもするのである。

第22章

ヴァーチャルリアリティ，その定義，用途と倫理

セルジュ・ティスロン

　ヴァーチャルリアリティ（VR）の正式な定義は，フランスでは2007年に官報で発表された[*1]。いわく，「コンピューターの助けを借りて作成され，ユーザーを人工的な世界に没入させる環境」である。より曖昧さを排した表現として「リアルヴァーチャリティ（virtualité réaliste）」が提案されることもある。拡張現実（réalité augmentée）に関しては，正式な定義は存在しない。

　VRの初期の分類は，使用されるインターフェースの技術的特性に基づいていた。ディスプレイ，大型ディスプレイ，ヘッドセットあるいはCAVE[†1]などによるものだ。次に，主な目的に基づいた五つの主要な用途を組み合わせた，アプリケーションの分類が提案された（Fuchs et al., 2006）。五つの用途とは，理解，設計，学習，制御，気晴らしである。産業が発展するに伴い，人間工学は没入の認知的な次元に焦点を当てるようになった（Burkhardt, 2007）。科学，文化，医療，意思決定支援など，応用分野は多岐にわたる。最初のVRヘッドセットはジャロン・ラニアーによって2017年に開発された。VRは映画によって大衆化していった。例えば，デヴィッド・クローネンバーグの『イグジステンズ』（1999年），ウォシャウスキー兄弟の『マトリックス』シリーズ（1999年，2003年）[†2]，押井守の『アヴァロン』（2001年），スティー

---

*1　Journal Officiel（2007年4月号）．合成現実（Réalité de synthèse）――ヴァーチャルリアリティ．http://www.marche-public.fr/Terminologie/Entrees/realite-synthese-virtual-reality.htm（2020年9月19日確認）

†1　CAVE: Cave Automatic Virtual Environment の略で3D没入型立方体空間のこと。

ブン・スピルバーグの『レディ・プレイヤー 1』（2018 年）などである。

定　義

▶VR

VR とはテクノロジーであるのと同時に主観的な体験であり，従来の映像テクノロジーを継承するとともに一線を画すものでもある。

■テクノロジー
- 視覚，聴覚，触覚の表示手段により，ユーザーは場所，対象，自分自身の身体と他のユーザーの身体を，3 次元アバターの形態で表現することができる。このテクノロジーは没入型と言われる。
- フィードバックループのおかげでユーザーは，即座に知覚できる形式で，環境や自分自身の表現を変更することができる。音や触覚的要素，さらには匂いをも統合するための研究も盛んである。赤外線カメラを搭載したカメラの中にはハンドトラッキングを可能にするものもある。

■主観的な体験
VR はもともと，デジタルに生成された臨場感が，現実の物理的な世界における臨場感とまったく同じであるように思われる「現前している感覚」として定義されていた (Quéau, 1983)。相互作用の豊かさが没入感に貢献している（第 4 章，第 12 章参照）。実際のところ，ユーザーはある状況を多かれ少なかれリアルだと感じるのと同時に，フィクションの体験のように，多かれ少なかれ現実ではないことを念頭に置いてもいるのだ (Tisseron, 2005)。「ヴァーチャルな世界では信じること，そして信じるのをやめることが，規範，そしておそらくは病理を組織していく新たな因子となりうる」(Tisseron, 2009b, p. 730)。

---

†2　その後，2021 年にシリーズ 4 作目として『マトリックス・レザレクションズ』が公開された。監督・脚本を務めたウォシャウスキー兄弟はともに性別適合手術を受け，現在はウォシャウスキー姉妹と呼ばれる。

第3部　サイコセラピー

■これまでの映像体験との連続と断絶

映像テクノロジーに関する欲望は，VR の中にも見いだすことができる（第4章参照）。一方でユーザーは，自分を代理するアバターを介することで，歴史上初めて，自分の行動の傍観者となり，ヴァーチャルな対象があたかも実在するかのようにその重さや硬さに触れ，感じる可能性を獲得した。「拡張ヴァーチャリティ（virtualité augmentée）」という表現は，デジタルな世界との相互作用が，実在の対象によって豊かになるような，特殊なケースを指す。

▶拡張現実（AR）[†3]

スマートグラスやスマートフォンなどのデバイスは，現実の環境に情報を付加することを可能にする。その情報はヴァーチャルなものとして認識されるのだが，現実世界では見ることのできない特定の特徴をユーザーに知らせる。例えば，廃墟となったモニュメントの前でユーザーは，そのありし日の姿を見ることができるようになるのだ。AR は教育目的だけではなく商業目的にも用いられる。つまり自宅にすでに設置されているかのように製品を見ることができるし，購入前に試すことも可能である。

▶複合現実（MR）[†4]

この名称はリアルとヴァーチャルのあらゆる融合タイプを含むテクノロジーをひとまとめにするもの（Milgram & Kishino, 1994）で，さまざまな遠隔操作を可能にする。VR では，〔パソコン用の〕マウスやグローブ型デバイスのような現実の対象を用いて，ヴァーチャルな対象を操作し，これによってヴァーチャル環境を変化させる。AR では，現実世界の表現に追加されたヴァーチャル情報を利用することができるが，現実世界とこのヴァーチャル情報の間には，相互作用は存在しない。MR においては，デジタルイメージの世界と現実世界は相互に接続されている。VR とは二つの入力と一つの出力を持つ機械である，と考えるとイメージしやすい（Tisseron, 2008d）。現実世界の対象のイメージだけではなく，ヴァーチャルな対象のイメージも同じよ

---

†3　AR: réalite augmentée.

†4　MR: réalite mixte.

うに入力されるため，両者はまったく区別されないのだ。そしてとにかく，対象の操作はヴァーチャルであれリアルであれ，世界を変容させうるのである。というのも，デジタル世界と物理世界が相互に接続されているからだ。ARは建築においてだけでなく，ゲームにおいても興味深い応用をもたらしうる (Brey, 1999, 2008; Wassom, 2014)。「クロスリアリティ（XR）」[†5] という用語が，VR，AR，MRといったさまざまな形態の没入型シミュレーションを指し示すために用いられることもある。

精神生活や社会生活にはどのような影響があるのか

▶VRは現実に影響を与える手段を増やす

現実のあらゆる要素は，それを予期したり拡張したりするデジタルの分身を持つことができる。そのため，それらの要素は測定，共有，迅速な利用が可能となり，このことは例えば，自動車や航空産業の領域における新しいテクノロジーの試作品を開発することを容易にする。

▶VRは現実に備える手段を増やす

VRは，現実に存在しないさまざまな状況を体験することを可能にする (Slater & Sanchez-Vives, 2016)。特に軍事，医療，外科手術，そして災害状況である (Spiegel, 2018; Vehtari et al., 2019)。

▶VRは文化的な体験を増やす

ヴァーチャル・ツーリズムも可能になる。さらには，生身の身体と，人工的な身体やハイブリッドな身体が隣り合いながら生み出されるパフォーミング・アートも可能になる。何もかもが可能となるのだ。夜中の夢や昼間の夢想の中では，何もかも可能になるし，私たちはこうした体験に没頭する。そして私たちは，こうした夢の体験を，目覚めた状態で，感覚的にそして身体的に味わいたいと欲望する。VRをエンターテインメントに適用すること

---

†5　XR: réalité étendy. エクステンデッド・リアリティ（extended reality）とも呼ばれる。

第3部　サイコセラピー

は，こうした欲望に応えるものである。

▶VRは社会的体験を増やす

アバターを介して出会いがなされるような，新しい形式のテレプレゼンス
が実験されている（Tisseron, 2008d）。

▶VRは身体と自己の体験を増やす

VRは，アバターによって形作られたヴァーチャルな身体を具現化するこ
とを可能にする。ユーザーの脳は自分の感覚器官から与えられる情報に無関
心になり，自分のアバターが体験していると想定される情報と同じような情
報を作り出す（第18章参照）。プロテウス効果（別の誰かを観察するように自
分の行動を観察することによって，自分自身の態度を決定するという理論）
に依拠した諸研究では，まさに私たちのように振る舞うアバターを私たちが
見ることを通して，VRによって自己観察が促される方法を探っている（Fox
et al., 2012）。

▶VRは人間や社会の問題に対する関心を高める

VRはそれぞれが見ず知らずの人になりきり，その人の直面する状況と向
き合い，その人の持つ問題を理解することを促す。例えば，武力闘争に関与
する戦闘員として呼びかけられたり[*2]，移民してきたメキシコ人の立場に
なったりできる[*3]。ヴァーチャル・テクノロジーを用いることで，共感を学
ぶことができるようになるかもしれない（第18章参照）。

[*2]　Mal, C.（2017年5月）.「エネミー」カリム・ベン・ケリファによるヴァーチャルリアリティ実
　　　験がパリにやってきた！　http://leblogdocumentaire.fr/the-enemy-lexperiencerealite-virtuelle-
　　　de-karim-ben-khelifa-a-paris（2020年9月19日確認）
[*3]　Doubaire, S.（2017年5月）. イニャリトゥ監督のおかげで私は不法移民の身になって凍るよう
　　　な6分間を過ごした. https://www.telerama.fr/festival-de-cannes/2017/jai-passe-six-minutes-
　　　glacantes-dans-la-peau-d-un-clandestin-grace-a-inarritu%2C158314.php（2020年9月19日確認）

第 22 章　ヴァーチャルリアリティ，その定義，用途と倫理

幾多のセラピー的用途

▶能力評価の領域

　VR はさまざまな形態の記憶の研究（Plancher et al., 2012）や，認知機能の状態の研究のために用いられており，特に認知機能障害（Klinger, 2014）や統合失調症（Josman et al., 2009）の患者に有用性が示されている。2019 年以降，ボルドーではヴァーチャル精神科医[*4]が患者の依存症やうつ病などの潜在的な障害を診断している。このシステムによって医師は診療時間を短縮し，患者は待ち時間を削減することができる。また地方に住む患者に診断を受ける機会を提供することも可能になるかもしれない。

▶セラピーの領域

　これらのセラピーはゲームの一種として体験されるため，患者の日常環境に適応することができ，より受け入れられやすい（Klinger et al., 2013）。発達させるべき機能を選び，患者それぞれの困難に応じてプロトコルを調整し，学習の進行を見積もることが可能となる一方で，成功体験が患者の自信を高めもする。

　関連する領域は多岐にわたるが，特に恐怖症（Lambray et al., 2010），強迫症，慢性不安，社交恐怖（Malbos et al., 2017）が含まれる。

- 恐怖症：患者の没入感は現実の状況にさらされるよりも暴力的ではない，耐えやすいものとなり，より効果的なことが明らかになっている（Bouchard et al., 2017）。飛行機恐怖症（Botella et al., 2004a），閉所恐怖症（Botella et al., 2000），高所恐怖症（Bouchard et al., 2003），蜘蛛恐怖症（Garcia-Palacios et al., 2002），そして広場恐怖症（Botella et al., 2004b）がここに含まれる。
- 摂食症（Gutierrez-Maldonado & Ferrer-Garcia, 2005; Riva et al., 2004），男性の性機能障害（Optale et al., 2004），そして薬物中毒（Auriacombe et al., 2018; Bordnick et al., 2005; Lee et al., 2004）。

---

*4　LCI.（2020 年 1 月）．ヴァーチャル精神科医に打ち明けることはできますか？　https://www.lci.fr/high-tech/video-pourriez-vous-vous-confier-a-une-psychiatrevirtuelle-on-l-a-testee-pour-vous-2143295.html（2020 年 9 月 19 日確認）

第3部　サイコセラピー

- 認知機能の悪化，特に脳卒中後の患者におけるもの（Klinger, 2014），身体的欠損の運動機能リハビリテーション（Levin et al., 2015），そして感覚障害のリハビリテーション（精神病リスクを有する人のものも含む）（Rus-Calafell et al., 2018）。
- 不安（Freeman et al., 2017; Robillard et al., 2010），疼痛症（Matamala-Gomez et al., 2019），暴力的な軽犯罪者（Seinfeld et al., 2018）。精神病圏の領域ではさまざまな実験が進行中で，特に幻聴においては患者がアバターを作成し，セラピストがそれを操作する実験がされている（Craig et al., 2017）。『Sparx』というゲームは，思春期の子どもたちのうつとの闘病を手助けするために考案された。
- PTSD：米国の軍では SimSensei[*5]（Sim 先生）という名のヴァーチャルコーチを用いて，特に PTSD を患っている兵士の不安の兆候や，自殺の危険性を見つけ出している。このコーチは，肘掛け椅子に座った若い女性が，向かい合った被験者を見つめる形態で現れる。言語的相互作用だけではなく，姿勢や表情，ジェスチャーなどにも重点が置かれる。質問をし，動きや表情をリアルタイムで分析し，それらを通常の状態の被験者と比較する。SimSensei は参考のために採用された精神科医や心理学者よりもよい診断結果を出したと言われている。これは人間による介入の不在によるものと考えられる。つまり，相互的な感情のやりとりがないということが，強い恥や罪悪感が入り混じった状況に直面していることの多い，これらの患者の打ち明け話を受けとめる際に，アバターのほうが人間の精神科医よりも有利に働くとされている。

問題のある効果

　問題のある効果は，仕組みまたはコンテンツに関連している可能性がある。

＊5　Rizzo, A.-S.（2011 年）. SimSensei. https://ict.usc.edu/prototypes/simsensei/　（2020 年 9 月 19 日確認）

▶仕組みに関連する効果

効果の強さの度合いは使用されているテクノロジー（ディスプレイ，ヘッドセット，または CAVE），提供されるコンテンツおよび個々のユーザーの感受性によって変化する。VR 酔いが没入中に発生する可能性もある。この反応は乗り物酔い（飛行機，自動車，船など）に類似していて，顔面蒼白，不快感，方向感覚の喪失，頭痛，疲労，めまい，嘔気，嘔吐，動悸，唾液分泌過多などの症状をひとくくりにしたものである。これは，視覚情報では身体が動いていることが脳に示される一方で，運動感覚の情報は脳に身体が停止していることを伝えるため，その感覚的なずれから生じると考えられている。

同様に，運動感覚の不調和に関連して，VR 没入後に姿勢や平衡感覚に問題が生じることもある。長期間にわたっての影響についてはほとんど研究が行われていないため，あまり分かっていない。とはいっても，個々の感受性というのは重要なファクターであり，例えば，感受性の高い人々や，生理学的な機能障害を伴う人々などから，敏感な人々というものを定義することができる。

留意しておくべきこととして，子どもたちは，少なくとも，教育目的での短期間使用（Rauschenberger & Barakat, 2020）あるいは遊び目的であれば，30 分間に限定されているなら（Tychsen & Foeller, 2020），3D VR への没入に問題なく耐えることができる。

▶コンテンツに関連する効果

コンテンツが同じであっても，用いられる媒体によって，つまり静止画，動画，インタラクティブなシチュエーションのいずれを介したかによって，その効果は異なる（Tisseron, 1997）。ただし，ヴァーチャル環境がディスプレイを介したものか，VR ヘッドセットを介したものかの影響の比較については，さらなる研究が必要である。

第3部　サイコセラピー

不可欠な倫理的枠組み

　VR の可能性は素晴らしいものであるが，倫理的な指針を必要としている。とはいえ，その指針は暫定的なものにとどまるかもしれない。というのもこのテクノロジーの効果については，まだほとんど分かっていないからである。

▶ユーザーの個人情報の保護

　例えば，ヴァーチャルセラピストの領域においては，カルテからデータを収集し，またカルテにフィードバックする際のデータの取り扱いは，センシティブな問題だ。また，患者の声を医療記録に残すのが機械である場合に，書き起こしに誤りが起こる危険性がある。そしてそのような機械が声のみから診断を行い，その診断が医療者に伝えられる場合，機械の信頼性は低いにもかかわらず，これが医師の見解にバイアスを生じさせる危険性はないだろうか。

▶学習の不均等性

　ヴァーチャルリアリティは誰にとっても許容可能なものではない。特に職業あるいは教育の文脈で，VR の使用が義務づけられることは望ましくない。このことから，代替案を提供することが重要である。また，教育機関における VR 設備が不均等であることは，全国規模の試験における社会的格差を悪化させる恐れがある。経済的に豊かな施設においてだけ明らかに設備が充実することになるからだ。

▶コンテンツの影響

　社会生活において，最も重要なのは相互性の原則である。つまり，他人を自分がそうされたいように扱うことだ (Slater et al., 2020)。現実世界では有罪となるような行為を，VR もしくは MR の世界で行うことを許可するのは倫理的に許容されるだろうか。

　第一には，想像したことを実際に（たとえそれがヴァーチャルであったと

226

しても）実現できる可能性があるということは，それを現実で実行するリスクを増加させるかもしれない。第二に，誰にも害を与えることなく受け入れがたい行為を実行できる可能性があるということは，これらの行為を現実で行うリスクから，特定の人格を遠ざけておくことができるとされている。実践の上では，いくつか特定の人格はより前者に当てはまり，また別の人格は後者に該当するため，このことが法律の制定を難しいものにしている。

　ゲームに関しては，コンテンツに基づいてユーザーにアドバイスを提供する分類（例：PEGI[†6]）について，ユーザーの経験を考慮しながら再検討されなくてはならない[*6]。

ポイント

- テクノロジーとしては，VR は没入型でインタラクティブなデジタル・シミュレーションとして定義される。主観的な体験としては，VR は「現前している感覚（sentiment de présence）」として定義され，その感覚の強度は用いられるテクノロジーと個々のユーザーに左右される。
- VR は AR や MR とは異なる。
- VR には数多くの用途がある。エンターテインメント（ゲーム，テーマパーク，旅行），産業研究，職業訓練，教育と文化（没入型学習，パフォーミング・アート），社会的仲介（特にソーシャルネットワーク），そして健康である。
- メンタルヘルスの領域では，VR の初期のセラピー的な使用は恐怖症を対象としていたが，現在はさまざまな疾患に及んでいる。あらゆるセラピーにおいて，付き添うセラピストの役割が重要となる。
- VR は多くの倫理的問題を提起している。

---

†6　第 10 章の原注＊3 を参照。

＊6　Tisseron, S.（2019 年 4 月）．インターネット時代における未成年者のための視聴覚分野での保護策とはどのようなものか？　フランス国立映画映像センター（CNC）．https://www.cnc.fr/professionnels/etudes-et-rapports/rapport/quelles-protections-pourles-mineurs-dans-laudiovisuel-a-lere-dinternet_1130002

第3部　サイコセラピー

【事例紹介】

ピエール=アンリ・ガルニエ（臨床心理士，催眠療法士）

　ノアは16歳の青年で，不安性の不登校の状況にある。支援の要請は彼の母親から出され，彼女は息子の主治医の助言に従って私に電話をしてきた。彼女は，いわく「学校への興味を失っている」自分の息子のため，何らかの方策を探していた。母親はノアがゲームにどっぷりと浸かっていて，そこに「閉じこもっている」と言い切った。彼女は特に教育の枠組みを確立することの難しさを訴え，次のように述べた。「もうどうしたらいいか分かりません。何もかもがいさかいのもとで，この間は彼があまりにも強い不安を感じていて，怖くなりました。彼はあまりよく眠れてないし，悪い夢ばかり見ています。」

　母親はノアが10歳のとき，親の離婚後に彼が心理的フォローアップを受けていたことを教えてくれた。彼女は特に，彼の父親の教育的な役割を批判し，「私たちは教育に対する考え方がまったく違いました。夫とは同じ目線を持てなかったのです」と述べた。

　最初の2回のセッション（VRを介さずに行ったもの）では，ノアは父親との関係について諦めを示した。「会うたびにお父さんは僕にプレッシャーをかけてきて，学校のことでうんざりさせる。……いつも批判するためにいる。……批判するため以外には一度もそばにいてくれなかったねって言いたいけど，できない。」

　これらのVRを伴わない最初のセッションは，ノアの不安性の不登校の生活史をより深く理解する機会となった。ノアは父親のイメージに対しては複雑な感情を示していて，理想を期待する気持ちと諦めの気持ちとの間で揺れていた。特に親の離婚が決定的な要素であって，ときにトラウマ的なものとして語られた。セラピーの焦点は主として，ノアが父親のイメージおよび自己評価に向き合うこと，そして彼が自分自身を1人の個人として確立することのサポートに充てられた。

　VRを使用せずに行われたセッションの中で，ノアは興味の中心（ゲーム

と写真）を明かしてくれ，VR に対する興味と好奇心を示した。

　3 回目のセッション後，ノアはよりはっきりとしたリクエストをしてきた。何度もやってくる悪夢を思い出し，よく眠れるようになる「鍵」を探していたのだ。彼を苦しめ，頻繁に睡眠の質を低下させてくる悪夢の一つについてノアは，自ら私に語った。「怖いんだ。影があって，息が詰まるような蒸気に包まれた陰鬱な男がいる。こっちに向かって有毒な雲がやってくる。その男は全身が真っ黒な恐ろしいネズミを，首の周りに巻いている。ただ逃げ出したくなって目を覚ます。息苦しくって，不安で。」

　このやりとりの後に，私はノアに VR ヘッドセットを紹介することに決めた。私はヘッドセットをゆっくりと机の上に置き，この新しいテクノロジーの謎めいていて貴重な特徴を，ユーモアを交えて演出した。ヘッドセットはすでに自然に彼の好奇心を刺激していた。ヘッドセットは私たちをとっくに催眠にかけていたのだろうか。

　私はノアに，傍観者の立場にいることを乗り越えるように暗に示した。「想像してみるんだ。もしも君が VR のゲームクリエイターだったら，この怖い悪夢の中で少しでも心地よく感じるために，何を取り除いて，何を加えて，何を変更してみたいかな？」

　驚いたことに彼は即座に「ドア」と答え，それを「暗い雲の内側，影の中心に」取りつけるとはっきりと述べた。もしかするとそのドアの「鍵を見つけること，それがこのすべてを乗り越える助けになる？」と私は彼に尋ね，それとなく促してみた。

　ノアは，想像してみる，と答えた。「その鍵を持って，暗い雲の向こうにある，より穏やかな何かへ続くドアを開こうとしてみる」，と。そのとき，彼がすでに心的には「ヴァーチャルな鍵を作っている」途中なのかもしれない，と認めてもよいのでは，と彼に提案した。このヴァーチャルな鍵とは，VR ヘッドセットを使ったものではなく，単に彼の想像力によって作られたものだ。

　そうして，単に「ヘッドセット」と「イマジナリーな鍵」というオブジェクトについて想像するという作業を超えて，別のストーリーの可能性を探り，夢から「目覚めさせ」，夢の内容とその容器とを再構築することを提案した。

第3部　サイコセラピー

　そういうわけで，実際に VR テクノロジーを使ってみるということになった。私とノアは，一緒に少しずつ，満足のいく没入型 VR 体験の条件を作り上げていった。この「目覚めた目で見る VR の夢」を一緒に作っていくために彼が必要とするもの（さまざまな「アクター」たちや，3D オブジェクト），有用なグラフィック要素を教えてくれるように提案した。

　私は彼に次のセッションまでにやっておくこととして，ウェブでのリサーチ作業を提案した。彼はやる気を出して，オンラインのライブラリ（特にsketchfab や Poly というサイト）からオブジェクトのリンクを探すことを約束した。

　ノアから送られた 3D オブジェクトのデータ受け取った後，私はメールで，彼の 3D データを，Tilt Brush というアプリにインポートすることができるということを知らせた。このアプリは，3D オブジェクトのインポート，編集，削除など多くの機能を備えた VR 彫刻ツールである。まるで劇場の書き割りのように，夢の要素を再構築することができるようになるのだ。

　次のセッションはヘッドセットを使用した没入型体験に丸ごと費やされた。私は彼に夢の中のシーンを視覚化し，以前インポートしたさまざまな3D 要素を見渡すように提案した。共有されたデッサン（VR のモードでのスクイグル）の形で，セラピストは場面の共同構築に貢献する。ノアはヘッドセット内で探索し，経験をコントロールし，3D オブジェクトを配置し直した。

　そうしてツールの基本をマスターさせると，私はノアに，アプリのさまざまなより複雑な機能（オブジェクトのエフェクトやスケール，距離，サイズなどの操作）を試してみるように促した。

　各機能は私にとってはきっかけである。身体的な体験を感覚的に探っていくことをガイドし，共有するための機会なのだ。「こうしたり，あるいはこうやったりすると，どんな面白い感覚が生じるかな？　そこでは？　今，ここでは？　その違いはなんだろう？　夢との関係で興味深いことはあるかな？」　そして，彼の身体との対話を始めるように提案する。「悪い夢を乗り越える助けとなるような，あるいはよく眠れるようになりそうな方法はどれかな？　身体がよく眠れるような要素はどんなものだろう？　どんな形？　色？　そして手触りかな？」

ノアは熱中し，ユーモアを交えながら本当に悪夢を VR で体験できるのか
を尋ねてきた。私は彼に「もし君が大丈夫なら，自分のペースで進みやすく
なる感覚を観察する時間をとることもできる。信頼できるというような感
覚，安全さの感覚，そして勇気が出せる感覚かもしれないね。それらの感覚
を君のペースで体験するために。」 ノアはヴァーチャルの影を突っ切って，
新しいドアを発見したのである。沈黙と消化のための時間をとった後，私は
彼にその状態をもたらす感覚的な要素（色，形など）や，彼の実際の眠りの
中に持ち込めそうなものを覚えておくことを提案した。

ノアはヴァーチャルの状態で 3D 環境を 1 周し，特に他の視点からその環
境を体験してみることにした。彼はその夢の場面の中でここにいたり，そこ
にいたり「する」感覚をヴァーチャルの状態で追体験し，探求した。

VR を十分に探索した後，私たちはヘッドセットを外した。その後，ノア
に静かなところで，体験を自分の中に統合し，再編成するための時間をとる
よう提案した。

最後に，ノアにこの鍵を，自己催眠で簡単に夢に定着させる（VR ヘッド
セットなしで）よう提案した。あとはノアに自分のペースで統合させ，すで
に彼は自分の中に最も素晴らしいヴァーチャル世界（つまりそれは彼の無意
識なのだが！）を持っているということを，発見する時間を与えるだけであ
る。

第23章

オンラインおよび遠隔での臨床面接における関係性
新たな枠組み，新たな内容

セルジュ・ティスロン

　専門誌 "*Adolescence*（思春期／青年期）" 上で 2015 年，オンラインセラピーについての特集が組まれた。現状では十分な理解を得られていなくとも，オンラインセラピーは，あと 10 年もたてば必然的に発展していくことを予測していたのである（Tisseron, 2015b）。それに，コロナ禍のロックダウンの時間が，オンラインセラピーの発展を加速させていった。現在のところ，オンラインセラピーには，遠隔相談，e セラピー，テレセラピー，サイバー心理学，ビデオ会議を通じたサイコセラピーなど，さまざまな名称がつけられている。これらは，グループセラピーにおいてもセラピストらが利用している（Eiguer, 2018; Jaitin, 2018）。

長らく続く懸念

　遠隔式セラピーに関する初期の研究では，一時的手段として電話を使うこと（Capobianco & Gonzalez, 2012）に焦点が当てられ，続いて，従来どおりのセラピーの引き受けが不可能な状況へと焦点が当てられた。それらは，自ら移動できない患者（Eiguer, 2017），母国語を話すセラピストを探す海外在留者（Astruc et al., 2015），自宅にいる周産期の女性（Darchis, 2017a），そして戸外に出ることを拒む「ひきこもり」（第14章参照）の若者たちである（Furuhashi & Vellut, 2015）。また，ときには，患者が自らそのベネフィットを得ようと要望することもある（Leroux & Lebobe, 2015）。

けれども，こうした新しい実践は，強い懸念を呼び起こしてもいる (Darchis, 2017b)。セラピストの中には，オンラインセラピーが自己愛を激化させたり，非人間的な関係を助長したり，また，テクノロジー対象への憧れが，セラピーのプロセスを阻害するのではないかと懸念する者もいる (Haddouk, 2014, 2017)。

とはいえ，デジタルツールによって媒介される諸関係の間主観的な側面は，とりわけ多人数同時参加型オンラインゲームのプレイヤー群において，〔研究者にとって，以下の理由から〕安心できる研究対象となってもきている (Leroux, 2013; Tisseron & Tordo, 2013)。こうした研究は，人々がアバターを通じて互いに出会うという枠組みの中，主観的な相互関係を構築していける可能性を，明確に示していたのである (第18章参照)。加えて，オンラインを経由する研究やケアについてのプロトコルが，多くの国で設定されつつある。2013年以降，北米圏では，こうした新しいサイコセラピー手法の実践的な手引書が出版されている。

デジタルによって揺さぶられるセラピーの枠組み

身体的現前を伴うコミュニケーションでは，すべての感覚器官を動員し，共通の反省と意味作用を，共同構築していくことを目指す。このためには，すべての感覚が動員される。姿勢，身振り，表情，イントネーションは，話される内容と同じくらい重要である。そのため，適切な距離を見つけるための空間と，お互いの話し方を調整するための時間が必要となる。このことは，セラピー的な出会いにも当てはまる (Tisseron, 2013c)。

反対に，スクリーンを介した出会いにおいては，関与する感覚が，見ることと聴くことだけに減じてしまう。これによって，特定の行動が引き起こされる可能性がある。このことは，オンラインの日常的コミュニケーションだけでなく，オンラインサイコセラピーにも当てはまる。オンラインの媒体はときに，単純なデータに還元された情報の即時伝達については完璧に機能するが，より複雑な関係性が争点となると，たちまち誤解が深まる。〔オンラインコミュニケーションとは，〕あらゆる過剰さを可能にしてくれる（俗に

第3部　サイコセラピー

言う「脱抑制」）リスクのない交流だと考える人がいる一方で，毒にも薬に
もならない対話相手と味気ない交流をしているにすぎない，と考える人もい
る。オンラインセラピーという枠組みは，こうした特殊性を反映している。

▶到着と出発──ワンクリックでの出会いと別れ

　対面セラピーにおいて，相談室への患者の到着は，徐々に進んでいくもの
である。患者は，セラピストのいる空間や界隈，通りの風景，待合室にだん
だんと慣れていく。たとえオンライン上にもヴァーチャルな待合室があると
しても，接触はいつもむき出しであり，ときに侵襲的に感じられることもあ
る。面接の終わりでも，同じことが言える。セラピストなら誰しも，対面に
おける玄関先での交流が，どれほど重要であるかを知っているものである。

▶相談室から対称的空間へ

　対面では，セラピストと患者は，相談室という同じ空間にいる。それに対
してオンラインでは，セラピストと患者は，それぞれが自分のパーソナルス
ペースの中にいる。したがって，双方の状況は対称的なものとなる。それ
ぞれが特定の雰囲気を作り出すために，別々に舞台上の演出を構成する。

▶セッション空間の専有化

　私たちは，空間を変えることができればできるほど，その空間を専有化で
き，その空間に内包されていると感じることができる (Tisseron, 1995b)。患者
の中には，自分に提供された椅子を，自分で動かして移動させる必要性を感
じる人がいるのは，そのような理由からである。遠隔の場合では，こうした
可能性はまず存在しないが，なかには，セラピストがウェブカメラから少し
離れるよう，あるいは近づくよう求めたり，少し横顔を向けるように要望す
る患者もいる。患者側のこうした要望は，これから分析に入っていく際に，
受け入れられる必要がある。

▶共鳴しない身体

　近接したコミュニケーションでは，身体の姿勢や動きが，大事な役割を果
たしている (Hall, 1971)。

234

- 身体の姿勢や動きは，同意や不同意を示す無言の証となるし，2人の対話相手の一方が，いつ話したがっているかを示している。
- それらは，共感の基礎となる感情を示す（第9章参照）。
- それらは，無意識的な運動共鳴を生み出す。人間の行動はすべて，周囲の人の行動によって変化する（Bernieri & Rosenthal, 1991）。これは意図的な行動と，本人がまったく知らないうちに展開される行動との，両方に当てはまる（Schmidt & Richardson, 2008）。こうした現象は，2人の間にもたらされる相互的信頼において，重要な役割を果たしている。

▶交わらない視線

　対話相手の目を見れることは，共感の構築に寄与する。共感とは，自分を見失うことなく，相手の立場に立って感情的に想像する能力である（第9章参照）。しかし，オンライン上のコミュニケーションでは，対話相手たちはウェブカメラではなくスクリーンを見ている。その結果，各々がよそ見をしているような印象を与える。ウェブカメラを介したコミュニケーションは，話を聴いてもらっていない感覚や，あまり理解されていないかもしれないという懸念を助長することがある。その結果，つながりの存在に不確実さを感じ，自分の感情や言葉が理解されているかどうかを確認するために，暴言を吐きたくなる人も出てくるのである。

新たな枠組みの構築

　このような特殊性のために，最適な諸条件の設定について考察する必要が生じてくる。精神分析家の中には，分析主体が自宅にいるまま寝椅子に横たわって，背後にカメラを設置することを提案する者もいる。これによって分析家は，相手がオフィスの寝椅子に横たわっているかのように，スクリーン上で眺めることができるというのだ（Fleury, 2015）。また別の分析家たちは，デジタルテクノロジーが支える特定の機能に関連して，枠組みを修正することについて検討している（Tordo, 2017d）。

　しかし，オンラインセラピーにとっての最適な枠組みとは何かという問い

第3部　サイコセラピー

かけは，たちまち，次のような疑問を引き起こす。それは，通常の対面式セラピーの枠組みが，求められているものに本当に適合しているのか，という疑問である。課されていた〔セラピーの〕条件は，患者の心理的快適さのために本当に必要なものだろうか。各状況にもっと適応させるべきではないだろうか。実際のところ各々のセラピストは，概して，自分自身のセラピストと自分の間で行われてきた面接条件を再現しているにすぎない。その結果として，ときには堅苦しい原則が，疑問も持たれず保たれ続けるのであり，これが逆効果となることもある (Cahn, 2002)。

　当たり前のことだが，遠隔式セラピーにおける基本原則は，対面式セラピーのそれと同じである。すなわち，定期的なセッションと，患者の時間厳守である。補足的に求められることとしては，患者がいつも，できる限り，同じ空間で過ごしていること。そしてその空間が，子どもや，特に，配偶者が不意に入ってくるリスクから守られていることである。

　ひとたびこうした合意に達すれば，遠隔という状況では誰もが，それが目立つことや目立たないことを選択できるような，テクノロジーを選択することになる。もちろん，劣悪な音声伝達状況においては，ヘッドセットを使用する必要があり，この場合，選択は自由ではなくなる。それ以外の状況では，人間の目線に近い視界を再現できるウェブカメラとマイクさえあれば，テクノロジー的媒介は最小限に抑えられる。これに対し，ヘッドセットを装備したうえで，人間の目線とは異なる視界を再現するような広角レンズつきウェブカメラを使用すれば，テクノロジー的媒介の存在感はより増すことになる。

新たなリスク，新たな懸念

▶現実の対話相手を無視するリスク

　身体が現前する関係性において私たちは，対話相手が自らについて伝えてくれること，すなわち，相手の身振りや，姿勢，態度，視線を通して，相手に対して自分が抱く表象を絶えず修正している。こうした対話相手についての表象は，先入観と感覚からの情報が交差して構築されており，持続的に進

展する「ヴァーチャル対象との関係（Rov）」を創出する。けれども，私た
ちがこの表象を，もはや対話相手が与えてくれる情報に応じて変更できなく
なり，最初の先入観にとどまるようになると，Rov は，別の形の関係，すな
わち「対象とのヴァーチャルな関係（Rvo）」に道を譲ることになる（Tisseron,
2012d）。力動論的な Rov が，誤解や行き違いを生成する Rvo に置き換わる
と，あらゆる関係性が脅かされうる。オンライン上の人間関係では，身振
り，視線，姿勢を伴った相互作用がないゆえに，このリスクはよりいっそう
高まる。しかも，このリスクは明らかに，対話相手たちがアバターを使って
関係を結ぶような場合に，よりいっそう悪化する。私たちは，対話相手と関
わる前から相手について想像していたことを，関係性の中で優先しがちであ
る。そればかりか，私たちがそうした関係性から得る経験は，現実の対話相
手ではなく，そのアバターに関連するものであることが多い。それは例を挙
げると，そのアバターに関連する 力 や柔軟性，脆弱性といったイメージで
ある。このため，例えば『セカンドライフ』上では，いかなるセラピーも不
可能となる（Tisseron, 2008d）。

▶つながりの維持

　このような理由から，オンラインでセラピーを受ける患者の期待は，さま
ざまに異なるものとなる。またこれは，転移状況にもしばしば反映される。
患者らは，特に，つながりがしっかりと維持されることに強い関心を持って
いる。以下の三つの仮説を挙げることができ，今後さらなる研究が必要とさ
れる（Tisseron, 2020c）。

① 2020 年 3 月から 5 月にかけてのロックダウン中に人々が駆り立てられ
　　た，つながりの断絶に対する不安というものが仮にあるとしよう。こう
　　した不安は，オンライン相談をするときに再賦活化され，時間経過とと
　　もに減退していく。

②まだ遠隔相談に十分に親しんでいない患者やデジタルツールを十分に信
　　頼していない患者は，突然つながりが切れてしまう不安から逃れること
　　ができないとしよう。この場合の懸念は，時間がたてば薄まっていく。

③特にセラピストの相談室が従来型のサポート機能を果たさないことか
　　ら，デジタルテクノロジーを介した関係は必然的にこうした恐れを助長

第3部　サイコセラピー

しうると考えられる。

その他の特徴も，以下のように強調されてきた。スクリーンに映る自分を眺めることと関連した自己愛的な問題の活性化，孤独感と関連した原初的感覚の追体験，奇妙さや空虚感が出現する可能性，などである（Tordo, 2019c）。世代間にまたがる〔分析〕素材へのアクセスも促進されるかもしれない（Eiguer, 2017）。

▶不可欠な共感の表出

遠隔相談によって生じるコミュニケーションの困難を考慮に入れるならば，可能な場合は，対面相談を優先させることが望ましいように思われる。それが難しい場合は，初めに数回ほど対面相談を実施するか，対面相談を定期的に実施することが大切である。

遠隔相談を実施する間，セラピストは，支援する役割を保証する必要がある。そのためには，別のことを考えているような印象を与える長い沈黙や，不動の姿勢をとることは避けたほうがよく，患者の発言にできるだけ反応し，共感的態度を示すことが望ましい。

遠隔での集団ミーティング

今日では，患者がビデオ会議やテレワークにおける人間関係の困難さや苦しみを，セラピストに伝えてくることがある。患者によっては，こうした困難が深刻な場合もありうることから，過小評価しないことが大切である。

対面式ミーティングの場合だと，通常，参加者同士がミーティングの始まる少し前に顔を合わせて，多くの場合は良好な雰囲気の中で，ざっくばらんに雑談を交わす。笑うと，脳からリラックス感や，幸福感，安心感をもたらす物質が分泌される。ミーティング中は，近くの参加者同士で短い交流を持つことができるし，ミーティングが終われば，仲間たちと集まって，その場でフィードバックを行うこともできる。

それに対し，遠隔式では，各参加者の到着は突然である。事前に打ち合わせをしたり，会議中にざっくばらんに話したりする機会はない。ミーティン

グの終了も唐突に訪れるし，すぐに電話で連絡し合わない限り，お互いの感想や意見を交換することもできないため，信頼できる対話相手も非常に限られたままである。その結果，攻撃的な行為や逃避的な行動が際立つことになる。自分に自信を強く持っている人は，遠隔だと，よりやすやすと他人を傷つけたりする。なぜなら，他者の視線という安全装置が存在しないからである。反対に，弱さを自覚している人は，対面よりも遠隔のほうが，他者からの孤立感を強く感じるようになる。弱さを持つ人たちは，友人の視線から得られる暗黙の助けを失うことで，発言することも，非難されたときに自らを守ることもできなくなってしまうからである。2人の対話相手が，同じくらいの力関係である場合，2人の関係は対立に発展する可能性がある。このとき，主な目的はもはや理解し合うことではなく，自分の主張を相手に押し付けること，あるいは相手を打ち負かそうとすることになる。自分がこれまで接してきた人たちと対立することを恐れて，対面での職場に戻ることを拒否するような従業員も出てくるだろう（Tisseron, 2020c）。協働の可能性が持続的に損なわれると，職場での疲労が蓄積され，バーンアウトするリスクも高まりうる[*1]。

　デジタルツールを介した現前が及ぼす影響について，心理学では2方面から研究を進めていく必要があるだろう。一つは，特にテレワークが課される場合の影響である。もう一つは，ビデオ会議が偏向していく可能性である。すなわち，弱さを持つ人をさらに脆弱にし，心の問題を悪化させ，対面式の作業に戻ることを複雑にする可能性である。

ポイント

- オンライン上のコミュニケーションでは，相互的な共感と信頼感を生み出すことに寄与する無意識的な身体的共鳴や，視線の交わりは存在しない。自分の対話相手を，すでにその人に対して抱いていた先入観にとらわれたイメージへと

＊1　Rodier, A.（2020年5月）．もう限界，テレワークの弊害──準備不足のリモートワークの普及は心理社会的リスクを増大させる．https://www.lemonde.fr/economie/article/2020/05/23/je-ne-veux-plus-teletravailler-franchement-j-en-ai-ma-dose-les-degats-du-teletravail　（2020年9月19日確認）

第3部　サイコセラピー

落とし込み，現実の関係とは無関係の「対象とのヴァーチャルな関係（Rvo）」
の形態を作り上げてしまうリスクが増大する。

• 関係を結ぶことは，その突然さゆえに侵入的な感覚を生み出し，中断は見捨て
られ感を生み出す。不気味な感覚や空虚感は増大するだろう。つながりの質に
関する保証は，しばしば患者にとっての中心的な心配事となる。

• 専門家たちは，共有された感覚体験の喪失を補うために，より多くの言葉に
よって，共感を示すことを試みなければならない。例えば，長い沈黙や不動の
姿勢を避け，患者の話に反応することである。

• 集団的状況においては，協働する機序がしばしば変化して個人の特殊性が悪化
すると，攻撃的な行動や逃避的な行動が助長される。その結果，仕事上の疲労
やバーンアウトが生じてしまうリスクがある。

第**24**章

サイコセラピーにおける
オンラインライティングの枠組みと技法

フレデリック・トルド

　本章で，私たちはセラピー的枠組みにおける電子メール，MMS〔マルチメディア・メッセージングサービス〕，SMS〔ショートメッセージサービス〕，チャットなどの特定の技法，つまりは，接続された人間の時代のライティング技法について紹介する。この枠組みの中で，私たちは境界例（ボーダーラインあるいは治療困難と見なされる）ケースを範例として扱う。というのも，これらの患者が抱えるアイデンティティや実存的問題は，定期的な仕組みの変様[†1]を必要としているからである (Tordo, 2015, 2016)。

　これらの患者は実際に，2020年のCOVID-19に伴う危機的状況に際し，ケアを必要としていたように思われる。コロナ危機による予測不可能性，ロックダウン，ウイルスの異様さなどの要素が，アイデンティティの脆さをあらわにする（または，新たな裂け目を生じさせる）からである。より一般的な言い方をすると，患者の適応リソースを問うものである。言い換えるとこれらは，潜在的な破綻リスク，あるいはそこまではいかなくとも，潜在的な「境界性」行動を引き起こすリスク因子となる。

　ビデオ相談の場合と同様，カウンセラーはまず，使用するデジタルメディアが，患者に十分なレベルの安全性を提供することを保証する必要がある。本章の最後では，オンラインライティングに関する実践的な推奨事項を提示する。

---

†1　第3章の訳注†7を参照。

第3部　サイコセラピー

臨床およびセラピーの背景

　まずは，自らの持続性を感じることの困難に苦しんでいる患者たちの臨床観察から始めよう。患者たちは，自己や時間，社会関係といったものの持続性を感じるのに苦しんでいる。ウィニコット（Winnicott, 1958）の言葉を借りれば，途切れているのは，「存在し続けること」である。途切れたものは，セッションの中で，さまざまな側面で現れてくる。セッションを続けるうちに，患者がその内容を次から次へと忘れてしまう，自分が人々に忘れられているのではないかと恐れる，自分の人生における出来事を把握していない，などである。こうした自己の永続性の不在は，臨床的には，次のような具体的な感覚によっても表現される。空虚感，消え去りたいという願望，他者からは自分が見えていないような感覚，などである。

　セラピストの視点からは，鏡のような逆転移が観察される。とりわけ，患者とのセッションが振り出しに戻るような，永続的にはじめからやり直しているような感じが報告される。ときに，自分自身が透明または仮想のイメージになったかのように感じ，患者から見た自分もまたそのように見えていると感じることがある。セラピストは，自らのいろいろな介入の一貫性に対し，疑問を持つようになることがある。また，セラピストの介入が患者を「すり抜けていく」かのように感じることがあり，この逆転移においては，患者側もそう感じている可能性がある。

　こうした文脈において，デジタルなツールで書くことは，実行可能な一つの解決策であるように思われる。例えば，他のすべての遠隔通信手段に技術的問題が生じている場合などである。寄る辺なさをひどく感じていたある女性患者は，2020年のロックダウン期間中に，WhatsApp アプリや電話で私と途切れ途切れに通話していたが，彼女は，すぐに孤独を感じるようになってしまったという。解決策として，セッション中に〔音声通話だけでなく〕メールやテキストメッセージを使用し，関係の継続性と支えを維持しようとした。

　しかし，より広範にみると，患者が対面とオンライン，いずれで受け入れられるにしても，内包のための枠組みを構築するという展望においては同じ

であり，オンラインで書くというテクニックは，私たちにとって確実に役立つものと思われる。

　そうであっても，「時間外」でのカウンセラーとの関係における現前の質は，使用するテクノロジーによって異なるものである。

心的近接性の空間——SMS，MMS，チャット，インスタントメッセージソフトウェア

　この枠組み（SMS，インスタントメッセージなど）では，患者はたいてい，セラピストが携帯電話を持ち歩いている，または近くに置いていることを想像しているものだ。患者は，自分のセラピストにすぐにアクセスできるし，その即時的な現前を確認することができる。こうした方法が好まれる手段であるのは，そうした理由からである。患者は，距離が離れていても，セラピストの永続性，さらにはその「存在」を確かめることができるのだ。

　この作業においては，（心的）近接性との関係も，同様に考慮することが重要である。というのも，物理的な関係のうちにいる（例えば，相談室内）と，その内包性にもかかわらず患者は，逆説的に，カウンセラーと距離のある感覚にとらわれるかもしれないからだ。患者はこの場合，近接した関係を，物理的な現前と心的な不在との同時的な関係として，自身の（特に原始的な）関係の問題系と，とりわけ強く共鳴する形で経験するだろう。反対に，私たちが指摘するように，オンラインテクノロジーは患者に対して，セラピストと直接「触れ合う」[2] 感覚を与えることが多い（さらに，今度はセラピストのほうが患者と触れる感覚を持つ）。そのようなわけで，セラピストは，次のような形で自問することになる。「患者はどうして，他ではなくこの支えを使用するのか？　患者が私の中で賦活させようとしているのは何であろうか？　患者は，私に触れたいのだろうか？　つまり，私が患者のものになっていたり，あるいは患者が私のものになっているという幻想を抱くような感情に，私がとらわれているのだろうか？」

　周知のとおり，これらのことは，枠組みの内包性という問題を提起する。

---

†2　原語 toucher には「触れる」のほか「心を打つ」「感動させる」といった意味がある。

第3部　サイコセラピー

私たちが扱っているのは（幻想的な）即時性のあるやりとりであるため，こうしたデジタルメディア的支えもまた，潜在的には，〔感情を〕排出するのに優先して好まれる手段である。こうした支えは，実践的な枠組みを患者に明示的に提示することを前提としている（実践的な推奨事項については後述する）。このとき，途切れることのないメッセージの洪水に没入してしまうと，患者側が心的に空虚化してしまうというリスクが生じる。セラピストの側では，逆転移の中，自らがゴミ箱や掃きだめになってしまったり，さらには侵入されたりするようなイメージにとらわれる。こうしたリスクは，統制されてはいるが常に存在しているため，患者とともに枠組みについてやりとりする際の主題となるかもしれない。逆説的ではあるが，セラピストは患者に，まさにこの枠組みによる内包性をより明確に示すために，セラピー的作業の経過を通じて，〔感情の〕排出のための掃きだめにアクセスできるようにしておく必要がある。

（二次）加工空間——メール，パソコン上の文書など

　メールは，（二次）加工や思考の場となるようである。実際，セッション外でのメールは，セラピストとの距離感の遠さをより印づける一方で，つながりが脆弱なときには，切れないように維持することを可能にしてくれる。もちろん，メールは心的近接性の空間として使うことができる。これに対して（例えば）SMS は，セラピーのプロセスにおける〔心的〕加工のための空間として役立つことがある。とはいえ，私たちの臨床観察によると (Tordo, 2015, 2016)，メールは，より「反省」的な使われ方，すなわち反省的思考という意味で利用される傾向がある。これには多くの理由がある。例えば，メールはコンピューターで読むものであり，コンピューターから送信するイメージがある。また，メールは距離のある相手との仕事に使うものである，など。さらには，これまでの理由に続くものだが，メールの再読による効果，つまり利用者による読み直しに関連しているように思われる。すなわち患者が，カウンセラーに送ろうとしている内容を読み直すことの効果である。患者によっては，セラピストとのコミュニケーションにのみこの方法を使う。

例えば，本章の冒頭で言及した女性患者は，私宛のいくつかのメールを送る前に何度も読み返した。〔メールの文面から，〕自らが労働者階級の家庭出身であることが読み取られることを恐れたからである。このことはまた，もちろん，彼女の自尊心の低さを物語っている。しかしこれを手がかりに，私たちは解決に向かうことができた。

　続いて私たちはこの枠組みのセッション中，文章によるコミュニケーションの最後の態様も観察した。患者は，（Word, Pages などを使って）パソコン上に，私的な日記のように書き込むのである。しかしこの日記は，セラピーのプロセスを継続させるためのものであり，したがってその状態は，親密さの逆説的な形態の一部である（第11章参照）。すなわち日記は，ここで，自分自身のために書かれたものでありながら，他者（セラピーのプロセスを包み込む存在としてのセラピスト）とのコミュニケーションを可能にしているのだ。この文脈で，私たちは患者に次のことを思い出させることができる。この「私的な日記」は，セラピーのプロセスにおける「航海日誌」として使うことができる。言い換えれば，親密さを共有可能にするということである。これは，例えば侵入されることへの不安や，自分自身に対する恥の感覚を持っている患者にとっては，決して容易なことではない。

　私たちはこうした態様を，2名の患者とともに試みた。1人目は，セッションで話したがらない，もしくはほとんど話したがらない患者であった。私たちは，彼女が（パソコンを使って），（私的な）日記を書くこと，そしてセッションで「もしカウンセラーがそこにいなかったら」話したかもしれない内容を書くよう提案した。その後，彼女は作成したいくつかのファイルをテーマごとにコンピューター上のフォルダに並べ，新しいセッションのたびに，これらの文書が入った電子リーダーを私に渡してくれた。こうすることで彼女は妄想的な不安から気をそらすと同時に，転移の中で私とのつながりを深めていった（Tordo, 2019d）。2人目の患者は，セッション中（そしてセッション外でも）彼女に作用したことすべてを，私的な日記の形で書き留めることを望んだ。しかしながら彼女は，私にそれをリアルタイムでアクセスしてもらいたがった。それはまるで，彼女の最も親密な心的生に，時折一緒に没入してみよう，という誘いのようであった。彼女は日記をオンライン文書に記入して，私はそれを参照することができた。こうした遠隔コミュニケー

第3部　サイコセラピー

ションの様態が，前の患者のときと同様，他の方法ではアクセスできなかった臨床上の〔分析〕素材を提供することを可能にしてくれたのである。

永続性と刻み込みの空間

　境界例〔ボーダーライン〕患者との間では，枠組みの中での継続性，永続性を示すことが重要と思われる。これは，時間経過とともに進行するプロセスを導くためである。それゆえセッション外であっても，プロセスが停止することはない。この枠組みは，持続するものを示すだけでなく，残り続ける何か，つまりは（ある意味で）「物質的」であり，患者が戻ることのできる何かを示す必要がある。このような患者にビデオだけを使うことの問題点は，いったんスイッチを切ってしまうと，セッションとセッションの間の隙間が，セラピストとの物理的な出会いに存在する隙間のようになってしまうことである。つまり，不在と孤独を呼び起こし，患者自身の問題，ひいては心的な寄る辺なさに直面させるのである。ここでのセラピストの主な資質は，患者が孤独に耐えられるよう手助けする存在感にある（Audibert, 2008）。繰り返しになるが，これ〔＝枠組みの中での永続性を示すこと〕は，一つのセラピーのプロセスを開始する（または続けていくことを保証する）ために必要とされるのであり，これがなければプロセスは不可能（あるいはより困難）となる。

　セッションとセッションの間でデジタルに書くことが，転移関係を支持することを目的としているのは，そういった理由からである。というのも，書かれた痕跡はどこかに保存されるのであり，患者の思考とセラピストの思考がデジタルに保存されることで，永続的な空間が提供される。このような観点から，一部の患者にとって，デジタルは（なかでも文章は，もちろんそれだけではないが）心の全体を表している（Tordo, 2019d）。ある患者は私に，彼女のコンピューターに書き込まれた文章の中には，彼女の内面よりも多くの心的生がある，と私に語った。したがってこれらのファイルは，彼女の内的思考を外部に刻み込まれた形で支えるだけでなく，彼女の思考そのもの，さらには彼女の心的生そのものをも表していたのである。

オンラインライティング実践の推奨

- カウンセラーは，可能なときに応答する。それは，（臨床状況がこれを可能にする場合には）応答の即時性を延期することをも意味する。この枠組みは，救急の枠組みではないことを，患者にははじめからはっきりと伝えておく。暗黙の目的の一つは，つながりの維持であるが，何よりも，セラピーのプロセスを続けていくことを（例えば，忘却や思考のつながりを攻撃しようとする試みが見られても）保証することである。

- カウンセラーは，自分宛に送られたメッセージが既読になったことを，患者が分かるようにする。これは，自らの現前を仮想的に具現化し，「現前させる」ためである。

- 枠組みは，相談室の開室時間に応じて設定できよう。セラピストが相談室にいる間，患者はセラピストとコミュニケーションを交わしたり，書いたもの（または画像）を共有することができる。つまり，患者は相談室の開室時間を知っていなければならない。

- テクノロジーが単なる掃きだめにならないよう，患者によっては，次のような助言をすることができる。もっぱら質問という形で連絡するよう勧めるのである。（「もし，私との作業について質問があれば，私に質問してください。そうすれば，私はあなたに答えます。あなたが私に連絡するのに使った媒体を通じて，あるいはセッション中にお答えします」）。この提案は，患者のさらなる心的加工を促し，カウンセラーとの役割の違いを明確化するものである。

- また，患者には，発言したこと（または画像の形で送ったこと）が，一緒に作業するための臨床的な〔分析〕素材であることも強調する。これは，もろもろの分裂を無理に維持しないようにするためである。しかし，こうした素材はプロセス全体に組み込まれるものであり，（患者が明確に言及しない限り）次のセッションの開始時に必ずしもフィードバックされるわけではないことを覚えておくことも重要である。というのも，このようなサポートを通じて，すなわちセッションの外において収集された臨床素材は，デジタルな透明性 (第11章参照) によって組織さ

第3部　サイコセラピー

れた特異な素材であるからである。これらは，ときに〔加工されていない〕一次的なものであり，患者がセッションの中で再現する勇気がないような形をとって，定期的に伝達される。そのため，セラピストはこうした素材をプロセスに統合するが，無理やりすぐにワークで取り上げることはしない。これは，侵襲性や，セラピーの作業でこれらの支えを使い続けることができなくなる危険を冒すことを避けるためである。

サイコセラピーにおける枠組みの可塑性と横断可能性

オンラインライティングの技法は，接続された人間の時代において，セラピーの枠組みが変容する可能性を明確なものにしてくれる。これは主に以下の二つの様態をとる。

- 一方で，オンラインテクノロジーは，仕組みの可塑性を保証する。例えば遠隔で書くことは，患者がセラピーのプロセスにアクセスするため，通常のチャンネルに加えて他のチャンネルを利用することで，こうした可塑性を支える。オンライン相談でも，これと同じ可塑性が見られる。セラピストは，作業中に複数のアプリケーション（ビデオ，オーディオなど）を使用する。同じセッションの中でそれらを使い分けることさえある。このように私たちは，テクノロジーやデジタルを十全に活用して枠組みを構築することで，作業に可塑性をもたらすことができると考えている。これは，心的表象の可塑性やセラピーのプロセス自体の可塑性を模倣したものである。

- 他方で，枠組みのこうした可塑性は，テクノロジーの横断可能性 (Freyheit, 2014) という形で現れる。**横断可能性**とは，セラピー的状況において，物理的な現実とデジタルな現実を横断することからなる。また，オフラインサイコセラピーとオンラインサイコセラピーの間を横断することである。例えばこのシステムは，セッションとセッションの間のオンライン作業の継続と，オフラインにおける物理的な現前を組み合わせている。先ほど紹介したオンラインライティングのテクニックを使って，セッションの合間にオンライン作業を行う。しかし，別のセラ

第24章　サイコセラピーにおけるオンラインライティングの枠組みと技法

ピーのプロセスの構成も可能である。言い換えればこの横断可能性は，「拡張_{オーグメント}された枠組み」において，枠組みの拡張を明示する。つまり二つの異なる現実に，それぞれに特有の心的プロセス——例えば，オンラインの現実の場合は**デジタルな心的透明性**のプロセス——を出現させることができるのである。

ポイント

- サイコセラピーにおけるオンラインライティング技法は，いずれのテクノロジーを使用するかによって，同一ではない現前レベルを構成する。
- インスタントメッセージングソフトウェアは，セラピストと患者との近接性の空間として想像されることが多い。これらの支えはまた，一部の患者にとって，〔感情の〕排出のために好まれる手段でもある。そのリスクは，内包性の枠組みを維持するため，統制されるべきである。
- メールは，〔心的〕加工や思考——とりわけ反省的思考——のための空間を提供する。
- 患者の中には，書いた痕跡が保存され永続的な空間を提供してくれることで，セラピストとの間にある連続した関係性を維持できるような者もいる。
- 遠隔コミュニケーションを通じて獲得された素材を扱われなければならない以上，とりわけデジタルで書かれたものが空っぽな場となることを避けるために，いくつかの推奨がなされている。
- 最後に，オンラインライティング技法は，接続された人間の時代における変容を，**可塑性**と**横断可能性**の中で浮き彫りにする。

第25章

オンライン相談におけるデジタルな転移

フレデリック・トルド

　本章では，オンラインセラピーの実践におけるデジタルな転移の具体的な特徴について紹介する。続いてこの文脈において，テクノロジーが一つの枠組みとして心的に内面化，統合化される必要のあることを見ていこう。最後に，遠隔相談のためのいくつかの提言を提示して締めくくることにする。

デジタルな転移

　デジタルな転移とは，オンライン相談，とりわけビデオ（を介した）相談に特有のものである。デジタルな転移は，三つの経験から構成される（Tordo, 2017d）。以下，それらについて紹介しよう。

▶第一の経験——デジタル対象の中に自分を見ること

　まず第一に，ビデオ相談という経験は，**新たな鏡の経験**となるということである。相手が最初に見つめるイメージは〔スクリーン上の〕自分自身であるため，心的体験は，デジタル対象の中に自分自身を見ることから構成される。こうした経験は，それ自体でセラピー効果を持ちうるものであるが，加えて，臨床的枠組みの中に刻み込まれることで，さらなるセラピー効果が加わる。例えば，遠隔相談を通じて自分のイメージを漸進的に専有化していった患者のように，自らのイメージをだんだんと引き受けていくのである。

　けれども，テクノロジーによる鏡は，偏ったイメージを組織化するという

点において特異的である。すなわち，患者（またはセラピスト）が見ているのは，イメージを写すレンズではなく，スクリーンに映し出されたイメージなのだ。視線は，「偏った見方」の中でそうしてずらされる（Naivin, 2016）。イメージの中のこうしたずれは，次のようなパラドックスを構成する。患者によっては，自分自身のイメージに対しより大きな責任を引き受けられるようになる一方で，ビデオ相談という仕組みは，反対に，患者が自分自身を眺めることを妨げる手段として表れうる。すなわち，自我に魅惑されることと，自我を誤認する場との間にある技法に直接的に関わることで（Tordo & Darchis, 2017），患者は，自らの自己愛のアポリアに，際立った形で直面させられるのである（Tordo, 2017d）。

▶第二の経験──共有されたイメージの中で見られること

　この第一の経験に対し，**他者の現前の効果**が，ときに同時的に付け加わる。この第二の経験では，新たなイメージが，相手（患者とセラピスト）のイメージという光景の全体を覆い尽くす。しかし，自己が映る鏡を見る経験は，（テクノロジーがそれを許す限り），定期的に継続される。というのも，スクリーンの〔メインスクリーンの〕枠から切り離される際，自己のイメージは，スクリーン隅のウィンドウと同じ大きさまで縮小されながら，位置をずらされる。そして今度は，小さくなった自己を枠で囲み続けることで，自己イメージそれ自体が，新たなスクリーンを形成する。このようにして，（自己愛やアイデンティティに関連した問題を抱えているような）ある種の患者たちは，セッション中ずっと，（自分自身を見つめている）自らを見つめ続けている。しかし，セラピストはそのことに気づいていない。この次元はまた，自己イメージと他者イメージとのある形態の癒着を組織化するように見える。そしてこの次元こそが，後ほど紹介するデジタルな錯覚現象を部分的に説明するものである。

　加えて，スクリーンはここで，「母親という鏡」（Winnicott, 1971b）に匹敵しているように見える。というのも，他の人物の言葉や視線を通して，自己自身が反射されるという点で，両者は同じだからである（Haddouk, 2016; Tordo & Darchis, 2017）。つまり，私たちの仮説によれば，オンライン相談で生じるイメージは，患者を単に鏡像的な経験に投げ込むだけにとどまらない。こうし

第3部　サイコセラピー

たイメージは，ときに，始原的な鏡という，間主観性の最初の痕跡を再演するような転移関係の中に患者を投げ込むのである。

しかし，以下の二つの根本的な相違が，オンライン相談における経験を，「母親という鏡」の経験から区別する。

- 一方では，セラピー的状況におけるパートナーは，具体的な存在ではない。というのも，イメージの中でしか具現化されないからだ。そのため，セラピーの状況にいる二者（あるいはそれ以上）のうち，片方が非物質化するリスクが常に存在し続ける。このリスクは患者にとってのみならず，これに対し絶対に注意を払わなければならないセラピストにとっても常に存在する。リスクは，臨床状況がオンラインで始まり，継続するにつれていっそう大きくなる。しかし，こうしたリスクは患者自身の問題とも関連している。自分自身や他者の表象を実際に作り出すことができないままでも (Tordo, 2016)，第13章で見たように，患者はデジタルに没入することができてしまうのだ。つまり他者（あるいは自分自身）を，モノに還元するという形で物象化するのである (Honneth, 2007)。オンライン相談は，相手を期待に沿うものに還元しようとする欲望に応えることがある。支配とコントロールの欲望という新たな次元において，人間をピクセルの像に還元してしまうリスクがあるのだ (Tisseron, 2015b)。

- 他方では，オンライン相談は，先ほどとは別の偏った視線を通して，共有された視線を別の形で媒介する。セラピスト（または患者）が相手を見るとき，レンズからではなくスクリーンからしか見ることができない。これによって，画像の象徴的な受け取り方は変化する。遠隔相談では，相手は頻繁に「目で」見られているが，この仕組みを通して相手が可視化されているわけではない。相手は，実際には「真正面」から見られているにもかかわらず，「斜め」から見られているように感じる。それゆえ，セッションの間は視線が交錯することはなく，視覚による身体的な支えが失われる。だからこそこうしたイメージは転移の中で，自分が相手にとって不可視な存在であるという感覚を，あるいは相手にほとんど見えていないという感覚を，とりわけ先鋭化させる。したがって適切と思われるときには，それぞれが「どこを見ているか」を確認する必

要がある。そうすることで患者は、「それぞれが誰を見ているのか」を知ることができる。

▶第三の経験——心と心が，互いに触れ合っていると錯覚すること

第三に，オンライン相談は，身体間の直接的な接触の不在，相手との距離の遠さ，テクノロジー的媒介という3点から，矛盾し合った反応を組織化する。

逆転移の中で，セラピストは患者のことを「すべて見る」「すべて知る」という考えにとらわれてしまうかもしれない。同じ（逆転移性の心の）動きの中，幻想的に，遠隔相談はセラピストを，監視と覗き見の道具に変えてしまうかもしれない。いわば，見るという道具を扱うからこそ，セラピストは見るのである。このような幻想は，セラピストの目がこの装置におけるカメラの目でもあるため，いっそう強まることになる。

同じように，オンライン上の作業が進展する中で患者は，ありのままの自分をもっと見せる勇気を持つことができるようになる。例えばある患者は私に，「役割を演じることがなくなった」と語った。また，ときに，臨床素材が予期せぬ形で飛び出すことがある (Tordo, 2016, 2017d)。思考の露出症のような形で現れることさえある。

現実には，患者側とセラピスト側の双方に，**デジタルな透明性** (第11章参照) が見られる。しかし，遠隔相談においてこうした透明性は，他者との（あるいは集団との）転移において，新たな局面を迎える。というのも場合によって，セラピーの状況に置かれた人々は，心的な親密さをより簡単に提示し合うことができるだけでなく，自分たちの精神が混ざり合い，ハイブリッド化しているという感覚をも共有することができるからである。このことが，セラピーの加速化を導くこともある (Fleury, 2015)。

これらのことこそ，私たちが**デジタルな転移の錯覚**と呼ぶものである (Tordo, 2017d)。つまり，共有された主観性という錯覚の一種であり，他者の心に完全に近づいたという錯覚を伴うものである。したがって**デジタルな錯覚**とは，デジタルな透明性に特異的な心的状態である。セラピー的場面に置かれた二者（あるいはそれ以上）の登場人物たちを，離れた場所から結びつけるものであり，自分自身の心を他者にいとも簡単に伝えることができると

第3部　サイコセラピー

いう，一時的な感覚からなるものである。心はもはや他者との身体的な境界
をもたず，互いにつながっている——ある女性患者は相手の心に「直接アク
セスできる」と私に語った——という，無意識の信念を反映している。この
ように，デジタルな転移はオンライン相談（および遠距離での関係性）に特
有の転移であり，それは次のような相互的な形象によって表現される。第一
に，二つ（またはそれ以上）の心の間のコミュニケーションの容易さ（すな
わちデジタルな錯覚）。これに加えて，相手の心にくっついてしまっている
という幻想や，さらには他者との関係におけるデジタルな透明性などが含ま
れる。

　心の近さは，心的透明性という形で現れる。その結果，自らの心的生を他
者に対し，より効果的な仕方で伝えられるようになる。それはあたかも，二
つの心が互いに触れ合っているかのようである。超自我による検閲も，通常
は自我を閉じ込めている障壁もないかのごとくにである。

枠組みとしてのオンラインテクノロジーの心的統合

　オンライン上でこうした枠組みを設定し，デジタルな転移をサポートする
ためには，**テクノロジーを枠組みとして内面化すること**が不可欠であると思
われる (Tordo, 2019b, 2019d)。こうして，テクノロジーはセラピストの**内的枠
組み**に統合されることになる。したがって，セラピー的文脈でテクノロジー
を使用するという事実そのものは，すぐに起こるわけではない。一方で**内面
化**，他方で**心的統合**という二つの主要な段階をたどるからである。

▶身体図式において，オンラインセラピーの枠組みを内面化する

　第一に，私たちは脳がシミュレーションする機械であり，身体図式をテク
ノロジー的な文脈に適応させることができることを見てきた（第16章参照）。
これと同じように，オンラインテクノロジーも（脳の中で）身体そのものの
一部として内面化される必要があると私たちは考える。これによってセラ
ピー行為を視野に入れながら，専門家がテクノロジーを利用し，また，直観
的かつ適切な方法でこれを利用することを学ぶことが可能となる。こうした

254

内面化は，特に次のようなオンラインテクノロジー（コンピューター，イン
ターフェース，アプリ，など）の特性に関係する。

　このような内面化から，メンタルヘルスの専門家がオンラインで実践する
際に感じられる疲労（最初の数回はかなり疲弊することもある）について，
説明できるかもしれない。というのも，臨床実践における参照項は，依然と
して，患者の現前からなる物理的な関係のままだからである。この関係に
よってこそセラピストは，患者の身体の状態を把握し，自らの実践をこれに
適応させることができる。オンライン実践では，脳がこれと同じ物理的な関
係をシミュレーションする必要があるにもかかわらず，患者は目の前にはい
ない。言い方を変えれば，デジタルな（または電話による）没入において
は，感覚，感情，身体的行動は，心的シミュレーションを通じて再現される
ことになる。加えて，患者の現前をシミュレートし，患者に自らの現前をシ
ミュレートさせるため，脳は，追加の認知的努力を行う必要がある。（例え
ば，すでに確認したようにビデオ相談では視線が斜めになる。さらには，声
がデジタルフィルターを通して聞こえてくる。あるいは，インターネット接
続の質に関連して，画像が途切れたり固まったりするなど。）したがって脳
は，物理的な関係について，その欠如においてシミュレートする——さらに
は，そうした不在の中でこそ現前感を作り出す（Missonnier & Lisandre, 2003）
——のみならず，テクノロジーに固有の特性を考慮しつつ新たな表象を発明
する必要があるのである。すなわち，テクノロジーそのものの特性との関係
において，患者との関係の特異性を内面化することが重要となる。

▶オンラインセラピーの枠組みを，内的枠組みとして幻想的に統合する

　第二に，このような内面化は，部分的には妨げられることもあるというこ
とを付け加えておこう。あるいは逆に，（セラピストのパーソナリティや背
景などに関連した）多くの要因によって促進されることもある。というの
も，周知のように（第16章参照），テクノロジーの内面化は，必ずしもその**心
的統合**と連動するとは限らないからである。〔ときに内面化よりも優先され
る〕心的統合は，統合幻想に沿ったものでなければならない（Tordo, 2019b,
2019d）。また，オンライン相談の観点からすると，テクノロジーによって自
分の身体を拡張することで成り立つ統合幻想は，次のようなさまざまな形で

第3部　サイコセラピー

現れる。例えば，コンピューターのデスクトップの着せ替え，プロフィールのパーソナライズ，カメラ角度の調整，アプリの選択などである。このことは，個人が（この場合，患者だけでなくセラピストも），テクノロジーを自らのものとするためには，これを自らの身体であるかのようにこれを着飾る必要があるという事実を示している。

　また，「サイボーグ－自我」（Tordo, 2019d および第7章参照）においては，**テクノロジーは内的枠組みとして内面化される**。機械の特性が，身体図式に対して内面化されるのみならず，今や，そうした特性が発揮されるであろう特定の心的プロセスまでもが内面化される。オンライン上の実践において，テクノロジーを枠組みとして統合することは，テクノロジーに依存した**デジタルな透明性**の発現を内面化することを意味する。そしてこれは，セラピーの状況の（デジタルな）転移傾向を組織化する範囲で行われる。

サイコセラピーのオンライン実践に向けた推奨点

　最後に，オンラインでの臨床の仕組みを構築するための推奨事項について，いくつか確認してみよう。

①対面での相談と同じように，セッションの開始と終了は，心理士や精神科医が行う。実際に，呼び出したり，通話を中断してセッションを終わらせたりするのはセラピスト側である。ここで喚起されるイメージは，「相談室の扉」そのものである。つまり，患者を受け入れたり，相談室を出ていったりするときに，開け閉めされるドア＝扉である。というのも，遠隔ビデオ相談のみに特化したアプリには，「待合室」は存在しない。その結果，とりわけこのシステムのおかげで，現在のセッションの最中に次の患者が（電話をよこして）現れるといった，一つの落とし穴を回避することができる。

②専門家は，患者が落ち着いた場所にいるかどうか確認する。可能であれば，いつも同じ場所であることが望ましい。守秘義務は不可欠である。この義務を守ため，自分が使用するハードウェアとソフトウェアが安全であることを確認する。しかし，人々が常時つながる〔＝接続される〕

この時代には，どのような機器を使おうとも，プライバシーのリスクは常に存在する。このことは，セラピストが使用するテクノロジーに慣れ親しんでいなければならないことも意味する。もし，使用するテクノロジーがあまりにネガティブな幻想を呼び起こすようであれば，他の遠隔コミュニケーションの手段を使うことを推奨する。

③専門家は，できる限り自分の相談室（どこかの施設に勤務している場合はそこの相談室）にてセッションを行う。

④セッションは，相談室で行うのと同じように，固定された時間に行う。

⑤セッション料金の支払いは，毎回のセッション終了時に（銀行振込などで）行う。状況に応じて，こうした支払いをセッション後にするか（銀行振込など），また別の機会にするか（対面での小切手の直接手渡しなど）を話し会うことは，一つの未来，あるいは将来の支払いの象徴となるかもしれない。

⑥治療同盟や転移を具現化するために，セラピストと患者が対面で会うことは，依然として望ましい（Tordo, 2017d）。この推奨は，危機的な状況（例えば 2020 年のロックダウンのような）の際には適用できない。そうであっても，患者との出会いを，一つの未来として，すなわちヴァーチャル化として，患者に提供することができる（Tordo, 2014）。

⑦地理的な距離が問題となる場合は，ビデオや通話による相談も考慮できる。しかし，このようなシステムを考慮すべき状況は他にもある。危機的な状況やひきこもりの時期，患者が（ときには突然）慢性の病態や身体的な病態を呈し，自宅にとどまらざるをえない場合，あるいは患者がそうしたいと意思表示した場合などである。

ポイント

- デジタルな転移は，以下の 3 通りの経験を組織化する。
- 一つ目は，患者がデジタル対象に，鏡のように自分自身を見るという新しい経験である。この鏡はセラピー的効果を示すが，同時に，自己愛的な問題に直面させるイメージのずれを示してもいる。
- 二つ目は，自己イメージと他者イメージとの間の癒着を形成する，相手が現前

第3部 サイコセラピー

することの効果にある。これは，母親という鏡の経験に匹敵するものである。だがここでの相手とは，目に見える存在ではない。一方には，関係性が非物質化するリスクがあり，他方には，相手との間の双方向の視線が，不安（不可視性，空虚さ）を引き起こすリスクがある。

- 三つ目は，デジタルな錯覚を作り出すことで，転移関係におけるデジタルな透明性を組織化することにある。つまり，心があたかも直接的に触れ合っているかのように，他者の心に近づいていくような錯覚を生じさせるのである。
- 最後に，これら三つの経験が表出されるためには，一つの（セラピー的な）枠組みとして，さらにはセラピストの内的な枠組みとして，テクノロジーが内面化され，統合されることが必要であると思われる。

第 **26** 章

接続された人間における新たな転移の様態

フレデリック・トルド

　さまざまなテクノロジーやオンラインテクノロジーは，個人の振る舞いだけでなく関係性の振る舞いまでも揺り動かす。これは，臨床の枠組み，制度論的枠組み，サイコセラピーの枠組みにおける，一人の患者（またはその集団）とセラピストとの間の転移関係にも当てはまることだ。

　そのため本章では，接続された人間に見られる，転移のいくつかの様態について見ていくことにしよう。それらのすべてが，インターフェース，あるいは支持体としてテクノロジーを使用している。

側方への転移と転移の側方化[†1]

▶デジタルインターフェースを介した，転移の側方化

　第一の様態は，デジタルを介した側方への転移である。ここで，「側方への転移」概念について簡単に説明しよう。いくつかの状況下で，転移の運動は，最初はまずセラピストその人に焦点化されているが，やがて拡散して他

---

†1　ここで使われている「側方への転移（transfert latéral）」と「転移の側方化（latéralisation du transfert）」という語の区別について，やや分かりにくいので補足しておく。「側方への転移」は本文にあるように精神分析家ポール・ドゥニ（Paul Denis）が，恐怖症の事例をもとに使用した語で，セラピストとの間で起こっていた転移が，他の人々へと拡散することを指す。この際，拡散がデジタル空間で起こるとは限らない。「転移の側方化」はここから派生したものであり，デジタル空間で生じるものである。人に向けられる場合だけでなく，人以外（デジタルな対象）に向けられる場合がある。

第3部　サイコセラピー

の人たちへと移っていく（Denis, 2009）。要するにこうした運動こそが，セラ
ピスト以外の人への「側方への転移」となる。オンライン接続した人間にお
いては，こうした運動は，ソーシャルネットワーク上のユーザーやオンライ
ンゲームのプレイヤーなどを介して，複数の空間にさまざまな形態で拡散す
ることになる。これこそが，「側方への転移」のデジタル空間における派生
としての，「転移の側方化」である。現実に，他人が関与するすべてのデジ
タル場面で，転移の側方化が起こる可能性がある。だがここでも転移は，相
変わらずセラピストやセラピーの状況に（大部分の時間は）向けられ続けて
いる。

▶デジタル対象との間で起こる，転移の側方化

　第二の様態は，デジタルな対象との転移に関わるような，転移の側方化で
ある。例えば，媒介として使用されるビデオゲームとの間で起こる転移を表
現したものである（Tisseron & Tordo, 2017）。デジタルな媒介の枠組みにおいて
（第19章参照），転移の運動は，デジタルな対象に向かって拡散する。しかしこ
れは厳密に言えば，上述した様態で確認した転移とは異なるものである。な
ぜなら第二の様態においては——転移とはそもそも常に，間主観的な現象で
あるのに——二人称が伴われないからである。したがってこうした第二の様
態はあくまで，セラピストとの間で起こる転移を側方から表現したものにす
ぎない。これは（例えば）デジタル対象上で繰り広げられる。とはいえこれ
が単純な投影と異なるのは，こうした媒介対象への転移の側方化が，依然と
してセラピストとの間で生じる転移を中心としているからである。つまり，
ここで生じているのはセラピストとの間で起きた転移に関する投影であり，
これは，現在進行形の転移の反射として構成されるのだ（Tordo, 2018a）。言い
換えれば，側方化によってデジタル対象が，セラピストとの間で生じる転移
の中に捉えられ，その結果として転移が拡大されるのである。

回折によるデジタルへの転移

▶回折によるデジタルへの転移

　接続された人間がセラピーの状況に置かれたときに起こる本質的な転移について理解するために，まずは，「転移における回折」という概念について確認しよう。ルネ・カエス[†2]（Kaës, 1989, 1994）が発展させて以降この概念は，関連する領域において，多くの専門家によって取り上げられてきた。著者はグループワークが，個人分析における転移状況とは異なる作業プロセスを生み出す，という認識から出発している。というのも，グループにおける転移には，二重のプロセスが関与するからである。一つ目のプロセスは，転移の連結である。グループワークでは，人物（または部分対象）に対して抱く感情だけでなく，相互作用（心の内にいるグループメンバーの間で起こる連結）そのものが，グループ全体に転移されうる。二つ目のプロセスは，回折である。グループにおける転移は，その人の心の内にいるグループメンバーの投影が，（心の外にいる現実の）グループメンバーに向けて回折される，という特徴を持つ。これら二重のプロセスに従って，グループに関わる転移では，複数の人物や，そうした人物同士の関係性が，連続的かつ同時的に，セラピストや，グループ内の複数の主体上に移し替えられていく（Kaës, 1989）。言い換えれば，側方への転移が，転移の一つのヴァリエーションであるのとまったく同じように，回折においてセラピストは，もはや転移の唯一の対象ではなくなるのである。私たちは，デジタルなインターフェースを介したこうしたグループ転移について，すでに考察し（Tordo, 2018a），これを「回折によるデジタルへの転移」と名づけた。これは，セラピストに加えてデジタルが，転移の拡散の場となるプロセスに相当する。デジタル（ソーシャルネットワーク，オンラインビデオゲームなど）を介し患者と集団とのつながりを築くことを通して，デジタルは，患者の心の内に住まう集団の回折を可能にするのだ。言い換えると，ここで患者は，セラピストの上に転移

---

†2　René Kaës（1936-）：臨床心理士，精神分析家。アンジューの『集団と無意識——集団の想像界』（榎本 譲（訳），言叢社，1991）には，カエスの書いた原書第3版序文が巻末補遺として加えられている。

第3部　サイコセラピー

を拡散させると同時に，デジタルな世界で出会う人物たちにも転移を拡散させているのである。それゆえ，この転移は集団への転移であるが，個人のセラピー中にも——デジタルでつながっている他の人々を巻き込みながら——展開される。このようにしてデジタルは，相談室の中でセラピストと患者の間で上演される光景が，回折され反射される舞台としてとして現れるのである。

▶デジタル対象を介した，感覚的な回折による転移

　これは，アンヌ・ブラン[†3]（Brun, 2007）が「感覚的な回折による転移」と呼んだものを，デジタルの枠組みに適応させた概念であり，（デジタル対象との間で起こる）「転移の側方化」の，集団ヴァージョンとして現れる。ブランらは，こうしたタイプの転移について，グループを媒介にした精神病の患者や自閉症の患者に対してといった，特定の文脈の中で論じている。こうした文脈では，枠組みの感覚的な要素の中に断片的な関係性が投影される。というのも，拡散は（例えば，精神病性の子どもたちのグループ内において）まずは感覚的なレベルでなされるのだが，このとき対象との関係は，まだ構築されていないことのほうが多いからである。またこれは，外界における対象との関係，あるいは自己との関係の断片の，万華鏡のような多様性の投影でもある。こうしたグループでは，回折は，グループのメンバーやセラピストだけでなく，物質的な枠組みの要素や外界にも，さらにはセラピーの媒体にも作用する。デジタル媒体の場合のように，デジタル対象であってもよい（Tisseron & Tordo, 2017）。しかしすでに見たように，ここで問題となっているのは，私たちがすでに述べてきた，転移の側方化の集団ヴァージョンである。換言するとこれは，デジタル対象との間で起こる「転移の側方化」の2番目の形態であり，かつ今回は，集団性の次元のものなのである。したがって，デジタル対象との間で起こる転移の側方化のときと同じように，デジタル対象への投影や拡散に関しては，厳密には，「転移」という言葉で表現することはできない。むしろ，（デジタル対象の上で起こる）集団性の転移（ここには人物も含まれている）の，「側方への拡散」と言うべきだろう。そ

---

†3　Anne Brun：フランスの臨床心理士，精神分析家。主にリヨンで活動。

れゆえこの文脈において，臨床心理士やセラピストにとって大事なことは，集団のどの（複数でも可）メンバー（およびメンバーとの接続）が，デジタル媒介の上で側方化されているのかを観察することである。

ビデオゲームへのヴァーチャルな没入による転移

この転移の様態については，第19章ですでに詳述しているので，ここでは特にデジタルな媒介（ビデオゲーム）に関してのみを取り上げる。セラピーにおいてビデオゲームが使用される際には没入が伴われるのだが，ここでは，セラピストと患者による共同没入が引き起こされるということを単純に強調しておこう。こうした共同没入は，退行の動き（特に形式的退行）を可能にし，（心的表面のハイブリッド化を通して）セラピストと患者の間のセラピー的領域の構築を促進させるものである。（没入的な）領野の中にいるからこそ，セラピーの状況の主役たち（個人または集団）は，ビデオゲームの世界で――例えばアバターを介して――，転移と逆転移の諸要素を現勢化させることができるのである。言い換えれば，媒介として利用されるビデオゲームの中で起こることはすべて，セッションの間（そしてときにはセッションの外でさえも），転移の要素として考えられ，分析されうる。

ロボットへの代置による転移

このタイプの転移については第21章で詳述しているので，ここでは簡単に，ロボット的媒介（あるいはロボット）に特化したところだけ述べよう。この転移は，自分の心的生の断片を，ロボットやセラピストに投影することからなる回折を含む，特異な転移である。加えてこの種の転移には，同時に，ある迂回が含まれる。つまり患者は，関係の代置現象を通して，セラピストとの転移を，ロボットとの転移へと置き換えるのである。しかし，セラピストの現前は，依然として不可欠なままである。なぜならロボットとの転移は，セラピストとで展開される転移のイメージからなるためである。した

第3部　サイコセラピー

がって代置による転移には，二重のプロセスが含まれる。一方では，患者からロボットやセラピストに向けられた転移の回折（または側方化）である。他方では，関係の代置によるもので，それにより患者は，セラピストに対してするのと同じように，ロボットに「転移」するのである。

オンライン相談におけるデジタルな転移

　私たちは，オンライン相談における転移の様態の一つとして，デジタルな透明性がとる形態（デジタルな錯覚）について説明してきた。読者は，第11章（デジタルな透明性）や第25章（デジタルな錯覚）についても参照されたい。ここでは簡単に，デジタルな転移においてある透明性が構成され，これによって主体性の共有が促されることだけを思い返しておくことにしよう。この透明性の中で登場人物たちは，一方の心がもう一方（あるいは集団）の心とくっついているような錯覚にとらわれる。心がもはや他者との身体的境界を持たないという無意識の信念が生じるのである。ここで生じているのは，2人（あるいはそれ以上の）心の間で促進されたコミュニケーションの，相互的な形象化によって表されるような，転移の一形態である。そしてこれは，デジタルな錯覚を介してこそ起こるものである。ここには，他者の心とくっついているという幻想が含まれ，また，他者との関係におけるデジタルな透明性を可能にするものである。心の幻想的な接近は，それゆえ主体の透明性を表し，自らの心的生を，より豊かで効果的な形で，他者の心へと広げていくことを可能にする。あたかもそれは，二つの心が互いに触れ合っているかのようであり，そこには超自我の検閲も，自我を閉ざす身体的かつ心的な障壁もないのである。

テクノロジー対象との幽霊的転移

　私たちが取り上げたい最後の転移の様態は，「幽霊的転移」[†4]（Tordo, 2016）に関連するもので，境界性パーソナリティ症や非定型的な心の働きを見せる

特殊な枠組みの中で提唱される概念である。以下に説明していこう。主体化（主観化）(Cahn, 2002) の障害に苦しむうちに，患者の中には，本物の主体のように振る舞わなかったり (Anzieu, 1990)，自分の心をまったく宿していなかったりする者もいる。私たちの仮説によれば，こうした患者たちは，自我を二重化させることで自己表象を可能にするような反省的思考にアクセスできない。言い換えれば患者たちは，自己表象の審級すなわち内なる鏡の審級として機能するはずの，ヴァーチャルかつ内的な分身を中心に構造化される，心的構造の二重性を欠いているのである (Tordo, 2016, 2019d)。その代わりに私たちは，非現実的でぼやけた輪郭を持つ幽霊的な分身を見いだす。セラピーの状況においてこうした患者たちは，一種の逆転現象として，自分に欠けている内的な分身をセラピストに求める (Roussillon, 1999a)。言い換えると患者は，幽霊的転移において，セラピストの中に見いだした内的な分身を捕獲することで，幽霊的な分身〔としてこれを使用し，自己に欠けた二重性を〕を補おうとする。患者はこうして，自分の内的な分身を（セラピストという）外的な分身に置き換えて，（少なくともセラピストとのセッションの間は）それが自分のものであるかのように錯覚する。しかも，こうした患者は，デジタル対象や，より広義のテクノロジーについても，外的分身として捕獲しようとする（だからこそ，依存の形態と結びつく）。というのも，（例として）デジタルは，分身や二重化のイメージ（自己のアバター，自撮り写真，SNSのプロフィールなど）を構築するための数多くの可能性を提供してくれる。こうした場合，機械は，セラピストに対するのと同じく，分身作りの作業の代用品として求められる (Tordo, 2016)。こうした捕獲は，ロボットとの間で起こる，代置による転移の延長にある。これは，セラピストとの間で起こる幽霊的転移の側方化に関係するような，〔転移の〕拡散として捉えられるか

---

†4　原語は transfert spectral である。通常，フランス思想・哲学においては，デリダの *Spectres de Marx* が，『マルクスの亡霊たち』と翻訳された経緯から，spectre を亡霊，fantôme を幽霊と訳すことが多い。しかしながらここで transfert spectral を「亡霊的転移」と訳すと死者の霊を想起させてしまうため，「幽霊的転移」とした。なお，ここで言われている幽霊は，死者ではなく生者の霊であるため，生霊という日本語がより近いが，オカルト色が強くなりすぎるため「幽霊」とした。参照：Derrida, J. (1993). *Spectres de Marx*. Galilée, réédition de 2006.〔増田一夫（訳）(2007).『マルクスの亡霊たち——負債状況＝国家，喪の作業，新しいインターナショナル』　藤原書店.〕

第3部　サイコセラピー

もしれない。セラピーの状況では，患者はセラピストから脱備給し，テクノロジー的な分身へと備給しているように見えるかもしれない。他方で，テクノロジー的な分身を，転移の側方化による効果として理解することもできる。

ポイント

- デジタルインターフェースを介した側方への転移：はじめは，セラピストその人に焦点化されていた転移の運動が，サイバー空間にいる別の人たちへと広がっていくこと。
- デジタル対象との間で起こる，転移の側方化：はじめは，セラピストその人に焦点化されていた転移の運動が，デジタル空間へと広がっていくこと。
- 回折によるデジタルへの転移：患者は，自分の心の内に住まう内的集団を，セラピストやデジタルの中の人々に回折させ，拡散する。
- デジタル対象との間で起こる，感覚的回折による転移：集団性の転移の運動が，デジタルな対象に向かって，側方的に拡散する。例えば，デジタルな対象がセラピーの媒体として使用される場合などである。
- ヴァーチャルな没入による転移：患者はビデオゲームの中で，そしてセラピストとの共同没入の中で，転移と逆転移の要素を現勢化させる。
- 代置による転移：患者は，自分の心的生を媒介型ロボットに投影する。そして，セラピストに対して行うのと同じように，自らの転移をロボットとともに上演する（あるいは再演する）。
- デジタルな対象との幽霊的転移：患者は自分に欠けている（ヴァーチャルまたは内的な）分身を捕獲する。それは，セラピストの介在を通してだけでなく，テクノロジーのインターフェースを通して行われる。こうした可能性をこそ，側方化の効果と見なせるかもしれない。

【事例紹介】

ルシー・エピヴァン（臨床心理士）

　さまざまなテクノロジーにまつわる，上述した新しい転移の様態について，臨床実践を通じて描写していこう。接続された人間における，これらの側方化された転移は，デジタルな対象が浸透したすべての主体に見受けられるものである。特に，サイバー空間によって構成された「浴槽」の中で生まれた，今日の子どもたちの大部分に顕著である。ここでは，フレデリック・トルドが提唱した「ヴァーチャルな没入による転移」について敷衍すべく，サイコセラピーを受けている 8 歳の少年の事例を取り上げてみよう。

　テオは，自宅で侵入的な暴力を受けた後，PTSD の症状を呈するようになった，不安を抱えた子どもである。「思考を考える装置」(Bion, 1964) は，こうした「現実的なもの」の侵入によって，スキップされるようになった。彼の自我の裂け目は大きく口を開き，家族的外被だけでは，この幼い子どもの不安を内包しきれなくなってしまった。テオがビデオゲームを頼りにするのは，自分の心的かつ身体的な境界を再構成するためである。このビデオゲームという支持体に対し，原初的な自己治癒の試みとしての「甘い（douce）」依存の一形態を見いだすことができる。「甘い」依存とは，依存や愛着の心地よい感覚について説明するために，日本の精神分析家である土居健郎 (Doi, 1981) によって紹介された「甘え」概念を翻訳したものである。

　一見したところ，テオにとってホラーゲームは，トラウマ的な出来事を再現するうえで特に好まれる媒体である。そのため，セッションでは，ウィニコット的な意味での「遊ぶこと」よりも，むしろ，家族にとって心の傷を引き起こした瞬間を反映するゲームシーンを，一緒に見る視聴者になることが重要となる。こうした光景が上演されることで，テオとセラピストとの間の転移のつながりが紡がれていく。セッションで使用されるビデオゲームは，転移の要素を構成し，サイコセラピー的な作業における課題点を浮き彫りにするのである。

　こうした再構築プロセスは，テオ自身によって着手された。そしてそれ

第3部　サイコセラピー

は，テオが，自分と一緒にデジタル世界に没入してくれるようセラピストを
誘ったとき，始まった。2人で一緒に入り込むことは，テオの加工作業にお
ける極めて重要な契機となった。テオの夢想する能力（Bion, 1962）を一時停
止させていたトラウマ——このトラウマが，彼の想像力と創造性の回路を妨
げていた——と，彼が対峙したからである。

　共同没入において別の光景を提供することで，ゲーム機を通してスクリー
ン上に表示される内容が，一つの鏡に変身する。それは単純な投影ではな
く，分析の領野を反映するものであった（Tordo, 2019c）。セラピストと患者
は，自分たちがともに，そこにいることに気がつく。その領野は，デジタル
に入り込むことで，関係性の別の表面を形成するのである。

　自分の空間への誘いについてテオは，新たな Mii（任天堂ゲーム機のデジ
タルアバター）を，自らの私的な空間の中に創出することで表明した。Mii
とは，その同音異義性から，明らかに「私〔英語の me〕」を指している。
テオは Mii の集まる場所で，カウンセラーの〔Mii の〕「創造」を提案した。
こうした塑像は，退行的な一連の瞬間を2人が共有した後に生じた。退行の
目的は，原初的な母－乳幼児に近い状態を再現し，共同注意の瞬間を再演す
ることにあった。テオは，自分と他者との間の境界がだんだんと示されてい
くことで，自分が心的に分離する準備ができたように感じた。けれども，カ
ウンセラーのアバターを作るために，テオには自我にひきこもる時間が必要
だった。創作途中のプロセスを見ないように，セラピストに背を向けてもら
うことで，テオは，ゲーム機のコンソール上に，自らの自我を広げていっ
た。このプロセスは，かつてトルド（Tordo, 2019d）が定義した「サイボー
グ－自我」に近似している。というのも，テクノロジーに依存することで，
テオのアバターである Mii は，彼の自我の一部の拡張を予感させるからであ
る。このように，セラピストを自分の一部として表現するために，テオは彼
のアバターを，自らの「Mii の場所」（創出されたさまざまなアバターが集
合する場）に置いたのである。

　ここで，患者の Mii のそばにいるセラピストの Mii は，ヴァーチャルな没
入を通じて生じるデジタルな転移を形象化したものとなっている。テオの
「Mii の場所」には，キャラクターたちのコレクションが見られ，そこでは，
テオの親や妹の系譜も展開されていた。これらのアバターを通して，テオは

自分の物語を語り，自分の情動を表現し，コメントすることができた。こうして，最初は抑制されていた彼の攻撃的な欲動が，あらわになっていくのである。

　自分の家族の〔アバターの〕傍らで，テオは，自作の複数のアバターを通してMii──すなわち彼の「自我」──のさまざまな面を提示し，時間の流れを作り出していた。「こっちは，大きくなったときのぼく（ティティ・パパ），そっちは，年をとったときのぼく（ティティ・じいじ）だよ……。でも，強いティティ，内気なティティもぼくだよ」。現在のティティに相当するのは後者のアバターであり，他のティティは彼の潜在能力や理想像を形作っているのだろう。この内気なティティの傍らに，「ぼくは，君が今はそばにいてほしい」からと，カウンセラーのアバターである「ピ」が生まれていた。

　他者によってもたらされる心的な支えは，具象的な表現で代えられ，テオの仮想世界に内面化された。このピクセル化された創造物が完成すると，テオは，自分の外側にあるものを自我に統合し，心的な審級の再構築を行うことができた。実際，その後テオは，ゲームのラスボス（＝亡霊）と立ち向かい，呪われた屋敷を悪魔祓いすることができた。こうしてテオは，現実の中で自分を苦しめ続けてきた，荒れ果てた家から解き放たれたのである。

結　論

デジタル世界において人間になること

セルジュ・ティスロン

　ジルベール・シモンドン（Simondon, 1958, 2005）は，テクノロジーが人間を非人間化するのではなく人間がテクノロジーを非人間化したのだと主張した。彼の存在を例外とすると，20世紀は全般的にテクノロジー恐怖症の時代だった。テクノロジーは以下の理由において非難されてきた。人間を自己との本質的な出会いから遠ざける。幸福と消費とを混同させる。加えて，役に立たない人間よりも優れたサービスを提供する機械のほうを重視するリスクのある商業社会を助長する，と。

　今日ではデジタル化によって，人間的，認知的，社会的能力の伸長に対し，前代未聞の場がもたらされている。しかしながら同時にデジタル化は，前例のない形式による統制と操作を実現し，これらはますます効果的で不可視なものになっている。私たちの移動の機密性はもはや存在せず，SNSであれ視聴覚作品にアクセスするためのプラットフォームであれビデオゲームであれ，私たちのオンライン上での活動は観察され追跡され測定されている。またアルゴリズムは私たちの感情，そしてそれ以上に私たちの選択を操作することだけを目的として設計されている。同時に，これらのテクノロジーはときに「アディクション」とも呼ばれるような，強迫的で反復的な実践を行い続けるよう，最も弱い立場にある人々を駆り立てることで，テクノロジーが生み出す苦しみを忘れさせようとする。ユーザーの認知バイアスを利用し，ユーザーの自己統制能力を欺くことで，ユーザーの消費時間を増やし，ユーザーからより多くの金銭やマネタイズ可能な情報を入手し，スポンサーの広告を成功に導く。要するにこれらのテクノロジーは，争点となって

いる問題を理解し克服することができる人々と，そうでない人々との間に，これまで以上に大きな不平等を生み出しているのだ。

　こうした発展に直面した21世紀の心理学は，以下の三つの試練と対峙しなければならない。

　まず私たちは，人間がいかにしてテクノロジーを介して自分自身を作り上げ，ときに増強するのかについて理解する必要がある。とりわけこの道筋においては，個々の用途に適応したオープンで可変的な対象の重要性を理解する必要がある。このことは，人間とテクノロジーとの間で循環する因果性の存在を研究することを意味する。とりわけ機械が，自らの働きの諸論理と世界における位置について，人間にますます深く問いかけてくる方法に対し焦点を当てることになる。このような発展がもたらす倫理的な問題は，当然ながら広範な議論の対象となるべきである。

　第二に，こうした対象がある種の精神的苦痛を発症させたり悪化させたりすることも忘れてはならない。製造者の利益を最大化するためだけに作られたもののみならず，うまく作られたものであっても，一部の使用者が自主的にあるいは押し付けられたがために，過剰なやり方や，的を射ない方法で使用されるものもある。これに加えて，有用な目的を超えて使用されるのが新興テクノロジーの一般的な特徴である。進化の原動力となるイノベーションと複雑性の動きは，適切に誘導され統御されるべきである（Damasio, 2017）。しかしながらもちろん，誰もが利用できるようになった新しい道具を使うか使わないかについては，それぞれの裁量に委ねられている。

　第三に，21世紀の心理学は，こうしたテクノロジーのいくつかを，それぞれの課題に適した，個別化されたセラピー計画に役立てる可能性について，情報を提供すべきである。

　しかしながら，すさまじいスピードで進んでいく世界におけるセラピーについて，どう考えればよいのだろうか。私たちはこれを，苦しむ人が相手との対話の中で，自らの苦しみが傾聴され響くのを感じることを通して，自らと世界との間で生じた個人的な経験を——それがどれほど不安と混乱に満ちたものであったとしても——自らの血肉に変え，創造性と社会的生のために生かすための場であると捉えることを提案する。こうしたプロセスは当初「象徴化」と呼ばれたが，後にニコラ・アブラハムによって別の名を与えら

れ詳細が明らかにされた（Abraham & Torok, 1978）。彼はこれをセラピーの中核
に位置づけるのみならず，シャーンドル・フェレンツィやエトムント・フッ
サールの研究を引き継ぎ，自己構築を絶え間なく支えるものとして捉えた。
すなわちアブラハムはこれを「取り込み」と名づけ，心的封入（inclusion
psychique）のプロセスと対比したのである[†1]。心的封入は痛みを伴う経験
と結びついたものであり，表象，学習およびつながりの構築に寄与するが適
応や発展の可能性は少ないとされる。ニコラ・アブラハムはこのプロセスに
ついて話し言葉や書き言葉の働きに限定して考えた。しかしながら話し言葉
や書き言葉以外の，身体的な象徴化やイメージされた象徴化のさまざまな形
式もまたこのプロセスに含まれているため，これらについて考えることが必
要とされる（Tisseron, 1985, 1990, 1995b）。すなわち，身体，イメージ，言葉，こ
れら三つの象徴化形式の連合は，ある出来事を心的生に完全に統合するため
には不可欠なものである。これらの連合によってこそ心的生は，終わりのな
い動きの中で新しい経験を取り込み，豊かになることができるのだ（Tisseron,
2003b）。こうしたプロセスは意識的で自発的な場合もあるが，多くの場合に
おいて意識から遠ざかったものである。とりわけこうしたプロセスの成功
は，1人以上の特別な対話相手との出会いにかかっている。私たちの経験が
他ならぬ世界に対する経験であることを認めると同時に，その経験が私たち
自身の経験であることを理解させてくれるような対話相手との出会いであ
る。

　ニコラ・アブラハム以降，こうした分化のプロセスはさまざまな名で呼ば
れるようになった。「主体化（主観化）（subjectivation）」（Cahn, 1998），「主体
（主観）を自らのものとすること（専有化）（appropriation subjective）」

---

†1　心的封入はアブラハムとトロークの概念で原語は inclusion psychique である。セルジュ・ティ
　スロン『家族の秘密』の翻訳では「心的封入（包摂化）」と訳されている。アブラハムとトロー
　クのよく知られている対概念としては「取り込み（introjection）」と「体内化（incorporation）」
　があるが，ティスロンは「体内化」を「封入（inclusion）」に伴いうるもの（場合によっては同
　じもの）としてアブラハムとトロークの考え方を整理している。ここで重要なのは，「体内化」
　＝「封入」においては「取り込み」と比べて，消化吸収されきらずに残る要素が出るということ
　である。参照：ティスロン, S. 阿部　又一郎（訳）（2018).「第一章　秘密とは何か？」『家族
　の秘密』　白水社。／Tisseron, S. (2006). Maria Torok, les fantômes de l'inconscient. *Le Coq-
　héron*, 186, 27-33.

(Roussillon, 1999a)，そして英米の著者たちによる「メンタライゼーション（mentalization）」(Fonagy et al., 2002) がその例である。こうしたアプローチについては，「ボーダーライン」とされる患者への有効性が示されてきた。フランス語の"subjectivation"という言葉には，ある客観的な現実に対し，個人的な，すなわちどうしようもなく「主体的（主観的）」であるような意味を与えることを介して，各々がその現実を自らのものとすることが明確に示されている。これはまた，自分自身の歴史＝物語の主体（sujet）になること，つまり，分化と脱分化の連続を通して，自分自身を構築することでもある。結局，こうしたプロセスは，主体が根本的に複数のアイデンティティから成り立っているという考えを意識させることを可能にする。だがその一方でジルベール・シモンドンが用いる「個体化」という言葉は，確かに非生物において進行中の個体化（物理的個体化）のプロセスを形容するのには適合するが，人間の発達を形容するのに適さないことは明白である[†2]。なぜなら人間の発達は単に恒久的で不安定な平衡状態にあるのみならず，同時に複数の側面が絡み合って成立しているからだ。

　いやはや大変困ったことに，「主体化（主観化）」について語れば，これと同じような不都合が生じてしまう。「主体」という言葉は社会学者や人類学者によってさまざまな意味で使われているため，ときに，規範的あるいは適応的な前提に基づく西洋的構築物と見なされる場合がある。これに対し「メンタライゼーション」という言葉を使用すれば，これが心の理論を参照していることから，「主体」という言葉に比べて安心だと人々は思うかもしれない。しかしながら，誤解してはならない。ラベルが変わっても，主な考え方は変わらないのだ。というのも人間は，世界の主体的（主観的）な経験を象徴化（または「メンタライズする」）することで人間になるのであり，また自らを社会化するのであるが，これを1人きりで達成することはできない。

---

†2　ここでティスロンはシモンドンの「個体化」の哲学が非生物にしか適用されえないことを指摘しているが，こうした批判の先に進むような視点がシモンドン研究においては提示されて点についても指摘しておきたい。例えばバルテレミーはシモンドンの哲学における「人間主義」について分析し，セバーはこうした「人間主義」に残る人間の優位性を逆手にとることで，人間と技術的対象（本書ではテクノロジー対象）との「ハイブリッド」について論じている。詳しくは以下の論文を参照：宇佐美 達朗　（2022）．「シモンドン哲学における技術性の概念と人間主義の顛倒」『フランス哲学・思想研究』27号，156-167.

結 論 デジタル世界において人間になること

友人，配偶者等々，あるいはセラピストが一緒にいることが必要なのだ。そうした人たちが共にいることでこそ，「主体」という構築物が自らのものとなり，これが自らのアイデンティティ構築に貢献していることに気づくこともできるのだ。そして忘れてはならないのは，こうしたアプローチが，心的構築のみならず，社会的次元も含めてつながりを生み出す学習や人間関係における失敗や結果についての理解が伴ってこそ初めて，意味をなすということだ。なぜなら個人と同様に集団や社会も，自分たちの歴史＝物語を形作った，重要ないくつもの契機を取り込むことを通して構築されるからである。そうでなければ，弱さを隠すための硬直した嘘偽りの構築物を中心にまとまることで，問題の核心にある最も痛ましい出来事を集合的な表象から排除することになる。

　一つだけ確かなことがある。20世紀は，人間とその同胞たちの相互間の関係についての心理学の世紀であったが，21世紀は，オンライン接続しているかいないかにかかわらず，人間と世界全体との相互関係についての心理学の世紀になるということだ。関連し合う学際的かつ水平的な学問分野との交流を通じて初めて，この心理学は築かれることだろう。というのも，この心理学が提起する諸問題は，社会的な主題への取り組みを迫るものであり，単一の学問分野からだけでは対処しきれないからだ。確かに，複雑なフィードバックループを介して関わり合うことで，ユーザー同士の社会的相互作用を促進するAI，という考えに同意するのはたやすい。しかしながらこの選択には，ある根本的な問題が残されている。私たちが目指すべきは，人間のコミュニケーションニーズを満たすために，それぞれの認知的および心理的特性にますますうまく合致するようなシステムを構想することなのだろうか。それとも，たとえAIを使ったとしても個人ではなしえないことや，AIなしにはたとえ力を合わせたとしてもなしえないことを集団で実現するために，人間同士のより豊かな相互作用や，より複雑な協力関係を生み出すことを促進するシステムを構想することなのだろうか。この問いに対する答えが，明日の社会のあり方を決定するだろう。しかしながらサイバー心理学は，同じ二つの質問を倦むことなく繰り返す固有の役割を担っている。個々人がより自分自身になるのを助けつつ，それぞれの世界の表象が個人的で相対的なものであることを認識できるようになるプロセスを促すために，私た

ちはテクノロジーをどのように使うことができるだろうか。そしてテクノロジーは，心理学者たちにその危険性を警告する責任を負わせながら，上記のプロセスに個々人が参入するのをどのようにして阻んでいるのだろうか。

訳者解題

異物としての機械と混淆する

スピリチュアリスム的サイバネティクスに向けて

佐藤 愛・縣 由衣子

　本書の成り立ちと翻訳に至った背景については「訳者あとがき」を参照されたい。「訳者解題」では，本書の軸となる現代フランス哲学と精神分析（実は本書ではこの言葉はほとんど使用されないのだが，その理由についてもこれから触れる）上のいくつかの概念を整理する。

　さて，個別の内容に入る前に全体に関わる大きな問いについて考えておきたい。そもそも本書は，現代の臨床や子どもたちの日常生活において，機械やテクノロジーを使用することを推奨しているのか，それとも警鐘を鳴らしているのかという問いである。単刀直入に答えれば，本書は推奨と警告両方のスタンスをとっていると言える。では，どのような場合には推奨され，どのような場合には警鐘が鳴らされるのだろうか。

　分かりやすい例として，まずはゲーム障害について扱う第10章を見てみよう。2019年にWHOは国際疾病分類第11版（ICD-11）にゲーム障害の項目を組み込んだが，この決定については議論が続いている。その理由の一つとして，そもそもゲームが病の原因となっているのか，それとも，他の隠れた病の結果としてゲーム依存が現れているのかが個別にしか判断できない点が挙げられる。もちろん，ゲームが原因で病が引き起こされた場合には，ゲームから離れる時間を作ることが重要だ。他方，後者の場合（すなわちゲーム依存が隠れた病の結果である場合）には，状況はさらに複雑になる。なぜならゲーム依存が，隠れた病に対する自己セラピー行為である可能性（すなわちゲームから離れた際に病が悪化する可能性）のみならず，ゲームが隠れた病を悪化させている可能性（例えば「ガチャ」と呼ばれるようなラ

ンダムな報酬効果が，病をますます悪化させる可能性）についても考えなければならないからである。

　次に，セラピーにおけるゲームの積極的側面を強調する第17章を見てみよう。ここでは，子どもに付き添う大人やセラピストの役割の重要性が指摘されている。セラピストは，ゲームが子どもにとってケアや自己構築を促す方向に働いているか，そうではなく，社会からの逃避の手段となっているかを注意深く見守る必要性があるという。加えて，ゲームのジャンルによってどのような作用があるかについては，さらなる研究が必要であると指摘される。なぜなら，ゲームはジャンルによって，遊ぶことを通して空間に対する認知能力や運動に関わる感覚を伸ばすようなタイプと，状況を象徴化し物語化する能力を伸ばすようなタイプに分けられるからである。したがって，大人の側がひとくくりにあらゆる「ゲーム」を敵視せず，ゲームの内容に対する感度を高め，理解できるようになる必要がある。大人と子どもの間のコミュケーションにおいて求められるのは，子どもが夢中になっているものに対する興味を土台とした細やかな関わりであるということは，ゲームに限った話ではない。こうした関わりは，子どもが夢中になっているもの——たとえそれがゲームであったとしても——に，大人が忌避感しか持っていないような場合には，望むべくもないものである。だからこそ，ゲームを含むテクノロジーは，私たちにとって恩恵を授けるものなのか，そうではなく危険なものなのかという最初の問いについては，次のように本書は答えるだろう。私たちは刃物や火を恐れかつ恩恵に与かるのと同様に，ゲームやテクノロジーと両義的に関係している。こうしたテクノロジーをめぐる「リスク／ベネフィット」に関し，臨床と合わせて学際的に議論することの必要性については，ティスロンの過去の著作（Tisseron, 2015a）であり，本書の共訳者である阿部又一郎氏が翻訳した，『ロボットに愛される日』（星和書店，2022年）の本文と解説でも展開されている。こちらについても，併せて参照されたい。

　このように，本書の目的は，テクノロジーが人間にとってよいものであるとも悪いものであるとも単純に言い切ることにはない。そうではなく，私たちとテクノロジーとの関係性について，具体的なケースを示しながら，セラピーにおける大まかな地図と道筋——地図は特定のゲームジャンルにおいて序盤に最も手に入れたいものの一つである——を示すことにある。こうして

示される地図や道筋は，もちろんいまだ不完全なものである。しかしながら，本書が提示する（ややもするとザッピングによる注意散漫を招きうる）オープンエンドな「スクリーン文化」（第6章参照）が，今後さらに展開し，ますますさまざまな分野の人々が参入し研究を深めることを通して，この地図は精緻化されていくことだろう。

　さらに，同じ問題——本書は結局テクノロジーに対してどのようなスタンスをとるのか——について，もう一段深い次元からも本書は考えようとしているので，この点についても触れておきたい。本書の特色として，具体的な状況や事例の提示に加えて，理論パートにも力を入れている点が挙げられる。本書は，テクノロジーの両義性について，さらには，こうした両義的なテクノロジーとの付き合い方について，人類の黎明期まで遡って考えようとする。心理学の教科書であるという本書の属性を加味したうえでも，こうした射程はあまりに広く，壮大すぎるように思われるかもしれない。しかしながら，テクノロジーの両義性と文明の淵源が，ティスロンのこれまでの研究においてどのように結びついているのかについて振り返れば，納得できるものであろう。このために，これまでのティスロンの理論的概略を簡単に振り返りたい。ティスロンの最初期の研究は，1976年に提出した博士論文をはじめとする一連の漫画研究（Tisseron, 1981, 1985, 1987, 1990）[1]からなる。これに続いて，写真論（Tisseron, 1988, 1994, 1996a）[2]を発表していることから，彼がイメージの問題を研究のスタート地点としてきたことが分かるだろう。第4章にあるように，ティスロンによれば，人類は有史以来「イメージの仕組み」とともに生きてきた。では「イメージの仕組み」とは何か。彼によれば，私たちは夜の夢や日中の夢想を通して，イメージを形成し続けている。そのイメージの中に私たちは没入し，このイメージを変容させ（ときにあるイメージが恐ろしいものに変化し，自分のコントロール下にないように感じられたとしても），さらにその結果を他者と共有しようとする。こうした「イメー

---

†1　日本では，これらの研究に続いて1993年に出版されたより親しみやすい内容の *Tintin et le secret d'Herge*（Presses de Cite, 1993）が翻訳出版されている（青山　勝・中村　史子（訳）（2005）．『タンタンとエルジェの秘密』　人文書院．）。

†2　このうち1996年の *Le Mystère de la chambre claire* が日本で翻訳出版されている（青山　勝（訳）（2001）．『明るい部屋の謎——写真と無意識』　人文書院．）

ジの仕組み」とテクノロジーが結びつくことで，古くは洞窟壁画から現代では映画やVRまで，私たちはイメージを具現化し続けているという。ティスロンにとって生きることは，イメージを，テクノロジーを通して創造し続けることと不可分なのだ。

　第5章では，こうした「イメージの仕組み」について，精神分析の歴史を通して説明される。フロイトは，誰かの上にまったく別の人物を——まるでその人がスクリーンであるかのように——投影するプロセスを「転移」と名づけた。次いで，メラニー・クラインがこれを「投影同一視」と呼ぶようになるが，このとき「投影同一視」と「転移」とは，両者がともに投影を経るという点を除いて，根本から異なるものとなる。すなわち，「転移」においては，結びつけられる2人の人物（例えば自分の父親と学校の先生）は，（たとえそれがどんなに小さくとも）ほんの少しだけ似ている部分があるが，「投影同一視」においては，まったく異なる。というのも，「投影同一視」においては，人間に対しゴミを投影することも可能であり，もともと似ているかどうかはまったく関係がなくなるからである。「投影同一視」は，メラニー・クラインにとっては不可逆的なものであり，スクリーンとして投影された側の人物は，自らが被る投影行為に対しなすすべがなかった。しかしながら，これを引き継ぎ拡張したのが，ドナルド・ウィニコットとニコラ・アブラハムである。両者は投影を被る側が心的作業を行い，内容を解毒したうえで，投影した側に投影内容を返還し，投影した側がその内容を再び受け入れ，自己変革するための道を開いた。この仕組みを利用することでセラピストは，投影される側の役割を積極的に引き受け，内容を解毒し，投影した側を助けることが可能になったという。

　ティスロンにおいては，テクノロジーもまたこうした理論の射程内にある。すなわち，まずは第1段階として不定形な心の内容が自己の外に投影される。このとき内容は，「彫刻，図面，絵画，物語，テクノロジーの革新」（本書45頁）を通して，ある形をとったうえで対象として具現化する。第2段階では，具現化した対象が，それを作り出した人物のみならず他の人々によって，変容を被る。例えば映画というジャンルの発展は，映画そのものの制作のみならず，それに付随するテクノロジーツール（カメラや映し出すための映写機）の変容や展開と不可分であったという。第3段階では，こうし

て変容した対象が，再び人間に内化される。例えばキュビスムの絵画に触れる前と後で，人間によるイメージの捉え方はどう変わったか。「具象的な表象を通して生きているのと同じくらい私たちは，断片化された幾何学的な世界の表象を生きている」(本書45頁) ことを認識することでこそ，人間は，そのように生きるようになったのだとティスロンは説く。これをティスロンは，アルフレッド・ロトカ (Alfred Lotka) による「外身体化 (exosomatisation)」という用語を応用して，「内身体化 (endosomatisation)」と呼ぶ。したがって，ティスロンが重視する技法とは，「転移」から発展した「投影同一視」の反転の仕組みを利用することで，テクノロジーを介した「内外」への「身体化」を起こすことにある。

　セラピーとは，このような方法を通して（テクノロジーを使用するにせよそうでないにせよ），誰かを助ける場であるとティスロンは考える。そして，セラピストをはじめとするさまざまな人に助けられることで初めて，人は，子どもから大人になる道筋の途上で，「自らと世界との間で生じた個人的な経験を——それがどれほど不安と混乱に満ちたものであったとしても——自らの血肉に変え，創造性と社会的生のために生かす」(本書271頁) ことができるようになる。本書結論部分においてティスロンは，精神分析がこうしたプロセスについて，「象徴化 (symbolisation)」と呼んできたと主張する。こうした「象徴化」プロセスは，フェレンンツィの臨床で行われたものでもあり，またフッサールが現象学を通してなそうとした，絶え間ない「自己構築」の試みとも関連するものであるという。同じプロセスは，後にニコラ・アブラハムによって「取り込み (introjection)」と呼ばれるようになり，またレイモンド・カーンによって「主体化 (subjectivation)」と名づけられ，他にも「主体を自らのものとすること (appropriation subjective)」(Roussillon, 1999a) や，「メンタライゼーション (mentalization)」(Fonagy et al., 2002) と呼ばれてきたとされる。

　ここから，ティスロンの理論の中核が見えてくる。すなわちティスロンにおいて最も重要なのは，ニコラ・アブラハムの「取り込み」やレイモンド・カーンの「主体化」プロセスであり，これらは「象徴化」を意味する。この点を踏まえながら，本書を通してこれらの語に触れてほしい。多岐にわたる話題の中で，本書の軸が見えてくることだろう。また，臨床実践においてこ

うした「象徴化」を可能にする技法の一つが，「投影同一視」の反転を使った解毒作業であり，テクノロジーを介するなら「内外身体化」である。「内外身体化」では，イメージがテクノロジーを通してどのように働いているかを注意深く観察することが必要となる。このように，イメージがテクノロジーとともに有史以来人間と結びついているからこそ，セラピーにおいてこうした仕組みを使った自己変革が可能となる。

　ここまで，ティスロンの理論的概略について彼のこれまでの仕事をもとに振り返ってきた。ここにさらに，ティスロンが研究生活をスタートさせた時代についての問いを付け加えたい。というのも，ティスロンが研究生活のスタート以来イメージの問題にこだわってきたのは，彼がイメージに置く重要性と，彼が伝統的精神分析と呼ぶ領域との間に，位置づけに関するギャップがあったからであろうと考えられるからである。ティスロンはゲームを使ったセラピーの説明（第17章参照）において，何よりも「セラピーとは言葉の場である」と述べ，たとえゲームを使用したとしても，言葉を通してやりとりを促すことの重要性を示している。だから，ティスロンが言葉を軽視していることは決してないのだが，それでも，言葉と合わせてイメージも使用することが，ティスロンにとっては，伝統的精神分析においては不十分なように見えていたと考えられる。ティスロンが博士論文を提出したのは1976年だが，当時フランスでは，（本書でもヴァーチャル概念の説明で引用されている）ジル・ドゥルーズと臨床家フェリックス・ガタリとの共著である『アンチ・オイディプス』が，1972年に刊行されていた。『アンチ・オイディプス』はその名のとおり，フロイト＝ラカンの精神分析の隆盛へのカウンターであったと見なすことができるが（もちろんその面だけを強調するのは皮相的だが，ひとまず），このような中で精神医学と漫画を主題とした博士論文を執筆したのは，ドゥルーズらとは異なる方法ではあるが，言語（があまりにも）優位であった当時の精神分析に対しての，ティスロンなりのカウンターであったと考えられる。漫画は，現在でこそ「第9芸術」と呼ばれるようになり，2000年代から数年にわたっては，BD（バンド・デシネ）プロジェクトとして，ルーヴル美術館が中心となって，フランスや日本の作家たちによる展覧会が行われてきた。だがそれでも，伝統的な芸術と比べれば，漫画は美術の中心であると言うことはできない。ティスロンは，後述するよ

うに，従来の精神分析を「伝統的精神分析」と呼び，これが含まれる文化を
「書籍文化」と呼ぶ。そして，「書籍文化」と並行してずっと存在してきたに
もかかわらず，この文化ほど中心的ではなかった文化を「スクリーン文化」
と呼ぶ（第6章参照）。ティスロンにとっては，両者は必ずしも対立関係にある
わけではなく，相互補完関係にあるものである。だからティスロンは両者の
関係性の転覆を目論んでいるわけではない。だがこうした点を踏まえたうえ
でもなお，伝統的なものや中心的なものに対するティスロンの挑戦的態度
は，これまでの彼の仕事における，隠しきれない特徴となっているだろう。

　ここまで，著者の1人であるセルジュ・ティスロンについて書いてきた
が，もう1人の著者であるフレデリック・トルドについても触れておきたい。
トルドは，ティスロンとともにパリ・シテ大学（旧パリ第7大学）でサイ
バー心理学ディプロマのディレクターを務めており，主著に『サイボーグ‐
自我』（Tordo, 2019d）がある。タイトルをひと目見て分かるように，『サイボー
グ‐自我』は，ディディエ・アンジューの『皮膚‐自我』（Anzieu, 1985）から
の大きな影響のもとに書かれている。この『サイボーグ‐自我』の理論的な
中心は，本書第7章に引き継がれている。ここでは，「反省的自己共感
（auto-empathie réflexive）」という一見すると分かりにくい概念が語られる
が，すでに上で指摘したティスロンの理論と比較すると読みやすくなるだろ
う。ティスロンの理論においては，絶え間ない自己構築としての「象徴化」，
すなわち「取り込み」や「主体（主観）化」が核心となっており，彼はこれ
を「転移」を深化した可逆的「投影同一視」を通して実現しようとした。他
方，トルドは「象徴化」を，「自我の反射構造」としての「反省的自己共
感」の仕組みを通して実現しようとする。では，「反省的自己共感」とは何
か。「反省的自己共感」において自己は，自己自身から距離をとった自己を
もう1人形成し，これをトルドは「分身」と呼ぶ。この「分身」が自己観察
を可能にすることで，サイバネティクスにおけるフィードバックの機能のよ
うに，自己変革をもたらすことが可能になるという。

　トルドの理論には，こうした二重化した自己関係としての「自己共感オート エンパシー」
に加えて，さらに，「サイバーエンパシー」すなわち「仮想的自己共感」が
加わる。こうした分身の倍加を，トルドは「二重にして倍加」（本書63頁）と
呼ぶが，このとき，2になった分身にさらに2を掛けて4にしているわけで

はない。二重化すべき内的分身が，内側ではなく外側にいる結果，自己が倍加して2になると考えたほうが分かりやすいだろう。言い換えれば，二重化（自己共感）においてループは重なっているが，倍加（サイバーエンパシー）において自己は並列されているのだ。自己の外側（かつテクノロジーの内部）にいる分身は，自己の内的分身がうまく作動しない場合に，「サイバーエンパシー」として機能し，心的補綴となる。加えて，内的分身の形成に問題がないときにも，外にいる分身（例えば日常的に使用するアイコンやアバター）として機能しうる。

　ティスロンがテクノロジーに関して両義的である点については，すでに上で説明したが，トルドはどうだろうか。トルドのほうが，よりいっそうテクノロジーと私たちの分離不可能性について——慢性疾患の患者を例として（第16章参照）——語る論調が強いように見える。言い換えれば，トルドの「サイバーエンパシー」のほうがティスロンの「内外身体化」に比べて，よりセラピストの人間としての存在感のヴォリュームが絞られているように見えるのだ。両者ともに，人間が「象徴化」を身につけるためには，自己に対し（1人以上の）セラピストをはじめとする他者の存在が必要であると考えていることは，言うまでもない。すなわちどちらも，他者の付き添いなしには，誰かが「象徴化」を自らのものとすることは難しいと考える点では一致している。しかしながらその過程において使用されるティスロンの「内外身体化」は，そもそも「転移」とその発展である「投影同一視」の延長線上にあるものであり，自己におけるままならない他者の痕跡が強く作用するものである。他方トルドの「サイバーエンパシー」は，「自己共感」の延長線上にあるものであり，そもそも自己の二重化が出発点となる。というのも，トルドの発想の原点はアンジューの『皮膚－自我』にあるため，他者の痕跡そのものよりも，他者が自己を包み込むために使用した毛布などの道具や，道具と皮膚との接触に焦点が定められている。したがって，ティスロンの「内外身体化」とトルドの「サイバーエンパシー」を比較すれば，後者のほうが他者の侵襲性のヴォリュームが絞られるのである。

　この微妙な差異は，おそらくは自閉症児の臨床において大きな意味を持つことになるだろう。フランスでは通常では禁忌と思われてきた精神分析の自閉症への——しかも子どもの臨床に対しての——適用例がある。その例は例

えばマルタン・ジュベールの 2019 年の著作[†3]で描写されているが，ジュベールが心血を注ぐ技法の一つが，子どもに対する侵襲性の刺激の調整である。すなわち，子どもが耐えられるくらいに刺激を絞ったうえで，他者としてのセラピストの存在感，すなわち子どもの目の前で誰かが生きていることを伝えるのである。したがって「内外身体化」と「サイバーエンパシー」における微妙な差異は，他者の侵襲性の調整可能性であり，この差異は，自閉症（の子ども）の臨床において，今後ますます大きな意味を持つであろうと考えられる。

　しかしながら本書において重要なのは，ティスロンとトルドがともに，「象徴化」や「主体化」としての自己構築を，理論的中核とすることで一致している点であろう。これによって，テクノロジーについてどのようなスタンスをとるのか，という最初の問いへの理論面からの答えは，以下のように整理できる。よい悪い以前に，人間はイメージとテクノロジーなしに生きられないということは，すでにティスロンの理論で確認したが，トルドの理論を踏まえれば，こうした両義性からさらに踏み込んで，次のように言うことができる。私たちは，「象徴化」や「主体化」のプロセスを積極的に促すようなタイプのテクノロジーや機械とともに生きるべきであり（これは現代では簡単にできていそうでいて，実際には 1 人で取り組むには難しい課題である），もし私たちがまだそのように生きていないと言うならば，そのようなテクノロジーとの共生方法を新たに発明すべきである。そしてこれを発明するために私たちは，1 人以上の他者と出会い，遊びと言葉を介して交流し，分野を超えた意見交換を続けなければならないだろう。

　続いて，細かい項目に移りたい。

▶精神分析からサイバー心理学へ

　冒頭にも書いたが，本書は精神分析の理論に基づく教科書であるにもかかわらず，「精神分析」という言葉がほとんど使用されない。加えて，使用される際には「伝統的な精神分析」というように，「伝統的な」という修飾が

---

†3　Joubert, M. (2018). *À quoi pensent les autistes ?* Gallimard.〔佐藤 愛・吉松 覚（訳）（2021）．『自閉症者たちは何を考えているのか？』　人文書院.〕

付される。ここには明確な意図がある。第6章を見てみよう。ティスロンが，『アンチ・オイディプス』の出版から数年後に精神医学史関連の漫画研究で博士論文を提出したこと，さらに，これがドゥルーズらとは異なる仕方での精神分析へのカウンターであった可能性については，すでに述べたとおりである。本書第6章では「書籍文化」と「スクリーン文化」が対比され，相互補完関係にあるとされつつ，それぞれの長所とともに，「書籍文化」における権威性や「スクリーン文化」におけるサッピング的性質が指摘される。したがって（繰り返しになるが），ティスロンはどちらかの文化一方を重視しているわけではないのだが，それでも，長らく中心を占めてきた「書籍文化」へのその指摘は辛辣であるように見える。そして，こうした「書籍文化」に属するのが，ティスロンによって「伝統的な精神分析」と呼ばれるものである。

　したがって，ティスロンが本書の中で「精神分析」という言葉の使用を控えているのは，その（かつての）中心性への批判が込められているのだろう。中心性への批判は，「精神分析」に対してのみならず，「書籍文化」に対する「スクリーン文化」のヴァリエーションとして，本書においてさまざまに変奏される。伝統的美術に対しての漫画。西洋文化に対する日本（を含むアジア）文化。シングルアイデンティティに対するマルチアイデンティティ。欠損や病のない身体に対しての，慢性疾患や精神疾患を持ちながら補綴された身体。病理を同定してきたかつての外的規範に対する新たな内的規範（この規範の問題は，結論部分の訳註で言及した，シモンドンとの正面からの対峙という課題とも関係している），などである。

　しかしながら，ここにもう少し説明を付け加えたい。確かに，精神分析はかつてのフランスにおいて隆盛を極め，日本でも「現代思想」として人気を博した分野であった。だが現代ではどうだろうか。日本でもフランスでも，思想や哲学の上でも，臨床実践としても，中心的という位置にはないように思われる。こうした状況をティスロンたちが感じていないはずがない。だからこそ，「精神分析」内に自己変革を起こし，批判的にこれまでの研究を継承するために，この言葉を変容させようとしているのではないか。すなわち，現代においては邪魔になってしまったイメージを切り取り，本体を密かに生かそうとしているのではないかだろう。もちろん私たちは，こうしたラ

ベルの変更に疑問を付すことも可能であろう。というのも，今後私たちに必要なのはおそらく，名称を変更するかどうかの議論（のみ）ではないからである。私たちがこれから取り組むべき課題の一つは，（以下で説明する）スピリチュアリスム的サイバネティクスを軸に据えながら，伝統的精神分析とサイバー心理学をいかに対話させることができるか，という問題であるように私たちには思われるからである。

▶フランスにおけるサイバネティクス受容の独自性
——スピリチュアリスム的サイバネティクス

　今更かもしれないが，改めて言えば本書は「サイバー心理学」の分野の大学教科書として書かれた。そして「サイバー」とは本書の序論や第1章にあるように，ノーバート・ウィーナーの「サイバネティクス」からきた言葉である。「サイバネティクス」とは，ウィーナーが述べているように，「舵手」を意味するギリシャ語 $\kappa\upsilon\beta\epsilon\rho\nu\acute{\eta}\tau\eta\varsigma$ を語源とする[4]。こうしたサイバネティクスと，精神分析や心理学との結びつきと聞くと，一瞬戸惑うかもしれない。しかしながらサイバネティクスがそもそも，1942年前後に形成された研究者集団——数学者，神経生理学者，心理学者，人類学者などからなる——による一連の討議から生まれらものであるということを思い起こせば，それほど奇妙ではないだろう。1946年3月には，この集団が中心となって，ジョサイア・メイシー2世財団の援助を受け，"The Feedback Mechanisms and Circular Causal Systems in Biology and the Social Sciences"（「生物学および社会科学におけるフィードバック・メカニズムと循環的因果システム」）と題する学際会議が開催された[5]。この会議はタイトルを少しずつ変えつつも，1953年まで計10回開催されたという（資料によっては，1953年までのものをとりわけ「サイバネティクス会議」と呼び，1960年までのものも含めた全体を「メイシー会議」と呼ぶ場合がある）。そして，この延長線上にチリのウンベルト・マトゥラーナとフランシスコ・ヴァレラが発案し

---

[4] ノーバート・ウィーナー　池原 止戈夫・彌永 昌吉・室賀 三郎・戸田 巖（訳）（2011）．『サイバネティックス——動物と機械における制御と通信』　岩波書店，45頁.

[5] 赤堀 三郎　（2009）.「戦後アメリカにおけるサイバネティクスと社会学」『経済と社会：東京女子大学社会学会紀要』　37号，22頁.

たシステム論であるところのオートポイエーシス理論がある[†6]。このオート
ポイエーシス理論によって初めて，機械と生物の明確な境界が明らかとなっ
た。すなわち，他者に依存することなく自己自身を生み出すという点であ
る。この理論と精神分析ないし臨床との結びつきについて，日本において
は，十川幸司の臨床に基づく理論が講談社選書メチエの1冊として発表され
ているため[†7]，比較的なじみ深いものとなっているだろう。

　話題をフランスに移そう。フランスにおける「サイバー心理学」の歴史に
ついては第1章を読んでいただきたいが，ここでは補足として，フランスと
サイバネティクスそのものの関係について少しだけ振り返りたい。日本にお
いては，1948年に出版されたウィーナーの『サイバネティクス』が最初に
岩波書店から翻訳出版されたのは，1957年だった。こうした状況にある日
本からは考えられないかもしれないが，フランスで『サイバネティクス』が
フランス語に翻訳出版されたのは2014年になってからだった[†8]。ただし，
そもそもの英語原書を出版したのがフランスのHermann社であったため，
英語が読める専門家たちはいち早くサイバネティクスに触れることが可能で
あった。1951年から1953年まで活動した「サイバネティクス研究センター
(Cercle d'études cybernétiques)」はその証左であろう[†9]。そして，このセ
ンターに所属していたラティル (Latil, P. de)，ギルボー (Guilbaud, G.
T.)，デュクロ (Ducrocq, A.) の三者が1950年代に立て続けにサイバネティ
クス関連の本を出版しているが，注目すべきは三者がサイバネティクスを激
しくフランス化しようとした点である（例えば，サイバネティクスという言
葉もその内容もすでにフランスにあったと主張する，など）。こうした状況
について，哲学と情報社会論を専門とする日本の研究者である大黒岳彦[†10]

[†6] 最初にオートポイエーシスという言葉が使用されたのは1972年に，マトゥラーナによってス
　　ペイン語で書かれた論文であったとされる。参照：山下和也 (2003).「システム論的自我論
　　──カントとポイエーシス」『京都大学文学部哲学研究室紀要』6号，87頁.

[†7] 十川幸司 (2008).『来るべき精神分析のプログラム』(講談社選書メチエ) 講談社.

[†8] フランス語版は以下：Wiener, N. (2014). *La cybernétique : Information et régulation dans
　　le vivant et la machine* (trad. de l'anglais par Le Roux, R., Vallée, R. et Vallée-Lévy, N.; préf.
　　Le Roux, R.). Seuil.

[†9] フランスにおけるサイバネティクス受容については以下を参照：Le Roux, R. (2018). *Une
　　histoire de la cybernétique en France* (1948-1975). Classiques Garnier.

[†10] 大黒岳彦 (2023).「情報社会の思想的起源とその構造──フランスにおけるサイバネ

は，フランス思想へのサイバネティクスへの「取り込み」と呼ぶ。（ここでどうしても本書の理論的鍵である「象徴化」すなわち「主体化」や「取り込み」のことを思い起こしてしまうが，ひとまずは先に進もう。）

このようにフランスでは，サイバネティクス受容に関して，その初版が英語版でありかつフランスの出版社から出たことを理由に，社会一般における受容と専門家における受容との間にギャップが生じていたと言える。こうした中でフランスは，サイバネティクスを何とか消化吸収し，自らのものとようとしてきた。1950 年代にはその「取り込み」にはまだ無理があったが，次第に核心に触れるようになる。大黒[†11] によればその核心とは，サイバネティクスにおける「差異化原理に基づく〈潜在性〉(Potenzialität od. Virtuality)」であるという。こうした独自の「取り込み」がフランスにおいて可能となった背景としては，そもそもウィーナーの『サイバネティクス』が，フランス・スピリチュアリスムの系譜に位置する哲学者であるベルクソンへの挑戦として書かれた，という点が挙げられる[†12]。その証拠に『サイバネティクス』第 1 章のタイトルは，「ニュートンの時間とベルクソンの時間」となっている[†13]。すなわちウィーナーは，創造や進化の舞台となるベルクソン的な生命の時間を，目的を組み込んだフィードバック機構を通じて実現しようとしたのである。

だからこそウィーナーへの応答は，皮相的な仕方ではなく，フランス・スピリチュアリスムの内奥からなされるべきであった[†14]。その期待は実現され

ティックス思想の受容と展開」『明治大学社会科学研究所紀要』 第 61 巻第 2 号，169 頁．以下ではこの論文を引用する際は（大黒，2023）と略記する。

†11 大黒，2023，167 頁．

†12 ベルクソンとフランス・スピリチュアリスムとの関係性については，以下を参照：杉山 直樹 （2024）．『精神の場所——ベルクソンとフランス・スピリチュアリスム』 青土社．

†13 蛇足となるが，訳者である佐藤の研究対象はもともと精神医学者であるウジェーヌ・ミンコフスキーの思想であったが，彼もベルクソン哲学を批判的に受け継ぎ，科学としての医学が根ざす「幾何学的な時間」と，ベルクソン的な「生きられる時間」に橋をかけようとしていた。ウィーナーのサイバネティクスは，ある意味ではミンコフスキーと思想を共有していたと言える。

†14 藤田はベルクソン哲学における機械主義と神秘主義との関連について，「人工の器官」（＝補綴）という言葉を用いて論じている。参照：藤田 尚志 （2022）．『ベルクソン——反時代的哲学』 勁草書房．

ることになる。レイモン・リュイエは，潜在性（potentiel）について「ある種の非幾何学的な次元に存在しなければならない」[†15]とし，ウィーナーへの応答としての潜在性の哲学を展開しようとした。こうした試みは，本書でも言及されるシモンドンやドゥルーズに引き継がれることになる。本書もまた，こうした潜在性概念に由来する「ヴァーチャル（virtuel）」を鍵概念の一つとして使用している。したがって，ベルクソンからウィーナーへ，ウィーナーから現代フランス哲学へと連綿とつながる系譜の中に，本書は位置づけられていると言える。

▶現代フランス哲学におけるヴァーチャルなもの
——ドゥルーズ，セール，レヴィ

ここでいったん，前節で触れた本書でも多用されるヴァーチャル＝仮想（virtuel）という言葉について，現代フランス哲学ではどのように取り扱われているのか整理しておく。というのも，本書で行われている議論は精神病理学の臨床に軸足を置きつつも，現代思想に対する丁寧な目配りがなされているものであって，無関係なものではまったくないからである。

ドゥルーズは1968年の『差異と反復』[†16]においてポシブル＝可能的なもの（possible）とヴァーチャル＝潜在的なもの[†17]（virtuel）を明確に区別しようと試みた。可能的なものはリアルなもの＝実在的なもの（réel）と対立するのだが，可能的なものと実在的なものとを比したとき，可能的なものに欠けているのは，存在だけである。実は，可能的なものとは，すでに実在しているものを前提に後から生産されたものだから，とドゥルーズは説明する（ドゥルーズはこのことを，可能的なものはすべてを備えていて安定的なも

---

†15　Ruyer, R. (2007). Raymond Ruyer par lui-même. *Les Études philosophiques, 80,* p. 12. このテクストの初版は1963年に « Raymond Ruyer » というタイトルで以下において発表された。Deledalle, G. & Huisman, D. (eds.). (1963). *Les philosophes français d'aujourd'hui par eux-mêmes.* Centre de Documentation Universitaire.

†16　Deleuze, G. (1968). *Différence et répétition.* P.U.F.〔財津 理（訳）（1992）.『差異と反復』河出書房新社.〕および後述するピエール・レヴィの『ヴァーチャルとは何か』は，原書の引用文献のリストに書名が挙げられている。

†17　本書ではヴァーチャルに「仮想的なもの」という漢字を当てているが，ここではドゥルーズの既訳に倣って「潜在的なもの」と表記した。

のであり，すでに概念に取り込まれていると表現する）。そういった意味
で，可能的なものはすでにある表象の反復の一つにすぎない。他方，潜在性
はどうかと言えば，この概念はアクチュアルなもの＝現実（actuel）と対立
する。潜在的なものの発生それ自体がある種の問題提起的であり，例えばそ
れは種子などに例えられるが，さまざまなものの潜在性を帯び，木となるこ
とを課題とするその種子は，自らの置かれた環境において芽吹き伸びていく
に従って，自らの孕んでいた課題を，自身を取り巻く環境の中で適応した木
として現実とさせていく過程で解決するのである。

　ヴァーチャルについてのもう一つの流れは，ドゥルーズとほぼ同年代に生
まれたミシェル・セールに見いだすことができる。ドゥルーズは可能的なも
のと潜在的なものを明確に区別し，潜在性を現実化における問題解決として
捉えたが，その結果，運動の方向性は，潜在性から現実化に向かうやや一方
向的なものとなっている。それに対して，例えば『アトラス』[†18]（1994）で
のセールのヴァーチャルの捉え方の特色は，ヴァーチャルなものと現実的な
ものとが行き来する可逆的な関係を捉えようとしたところにある。セールが
ヴァーチャル＝仮想的なものに言及するのは，哲学における「今，ここ性」
＝現存在に重きを置くハイデガーを中心とした思想を戦略的に相対化するた
めにある。セールにおけるヴァーチャルなものとは，「今，ここ」にありつ
つないものであり，そしてそういったものはテクノロジーによって昨日今日
生み出されたものではなく，私たちの生きるこの現実にあふれている。例え
ば，文字や図，楽譜，地図，ある種の道具は常に時間的にも空間的にも，
「今，ここ」にないものを呼び出す。電話の声はここにありつつ，またここ
にないとセールは述べる。例えば，ドゥルーズにおけるヴァーチャルなもの
が，現実化されるプロセスを読み解くためにその前段階として理論的に構築
されたものだとすれば，それに対してセールは，ヴァーチャルなものは，常
に現実に実在的なものとともに共存しており，もしかすると私たちは実在す
るもの以上に仮想的なものに取り巻かれて生きているのだ，と説く。そし
て，そのような現実におけるヴァーチャルの優位は，何も今始まったものな

---

†18　Serres, M. (1994). *ATLAS*. Julliard.〔及川　馥・米山　親能・清水　高志(訳)　(2004).『ア
　　　トラス――現代世界における知の地図帳』　法政大学出版局.〕

のではない。セールに言わせれば，私たちを取り巻く多くのものが「今，ここ」にないものを呼び起こし，「今」という時間性ではないヴァーチャルな時間性を現在に呼び込む媒介物である。私たちは現実に実在的ではないものたちと，もうすでに生きているのだ。ティスロンらが本書の中で幾度も言及している，VR を用いたセラピーのよい意味での「新しくなさ」は，この意味でセールと通ずるものがあり，新たなテクノロジーに対する反射的な畏れと嫌悪を和らげ，これまでのセラピーとの連続性を担保するところであると言える。

　そして，ドゥルーズとセールにおけるヴァーチャルの二つの流れは，ピエール・レヴィの『ヴァーチャルとは何か？』[†19]（1995）でその思想的合流を見る。レヴィは，ドゥルーズ的なヴァーチャルなものが問題的なものであり，それが現実化される際に解決されるという点を継承する。そしてその論理を，セールがヴァーチャルという概念で言語化しようとしている，「今，ここにない」時間性や存在性の現実における共在と結びつける。そうすることでレヴィは——彼自身述べているように，ほとんどこれまで哲学で研究されてこなかった——現実がヴァーチャル化される過程を論じようとする。

　レヴィは，リアルなものと可能なもの，アクチュアルなものとヴァーチャルなものという二つの二分法を用いて，私たちの住まう新たな現実の存在を分析しようとしているのだ。特に重視すべきはレヴィにおけるヴァーチャル化の過程であって，それは実在を脱するというだけの問題ではなく，ある存在者を潜在態の次元，問題提起の領域へと引き上げることにある。ドゥルーズにおいて何かが現実化される際には，問題は解決されるのであったが，ヴァーチャル化は現実で与えられていた解を潜勢状態に引き上げ，別の問いへと移行しうる流動的な状態に持っていくことにある。したがって，セールが述べていたように，ヴァーチャル化されたものはある種の道具性を伴ってどのように行為，あるいは出来事として現実化されるか（例えば何かがテクスト化されて，それがまたどのように読解されるかといったような）を留保された状態で常に現実に共在しているのだ。したがって，重要なのは，どの

---

†19　Lévy, P. (1995). *Qu'est-ce que le virtuel*. La découverte.〔米山　優（監訳）（2006）．『ヴァーチャルとは何か？』　昭和堂.〕

ように，どこをヴァーチャル化するのか，という問題なのだ。その点においてレヴィは，「ヴァーチャル化とは人間が形成され，創造され続けている運動」と述べている。つまり現実をどのようにヴァーチャル化するかによって，問題の次元へと引き上げられて潜勢状態におかれるもののありようは異なってくる。例えば，それは本書の中でのセラピーの実践例で出てくるような身体のあり方であったり，性別のあり方の潜勢化であったりするのかもしれない。

　このように現代フランス哲学の視点から本書を見るならば，現実における何らかの疾患をヴァーチャル化させることで潜勢化し，別の問題へと移行して現実化を試みることというのが，サイバー心理学的な治癒のプロセスであると言えるかもしれない。そして，私たちが現実から離れるためにテクノロジーを介することは，セール的に言えば，膠着した病理的な現実から「今，ここ」にあり，かつないあり方へと移行するための必須の条件と言えそうである。

▶母子関係という古く新しいマトリクス
——二者一心とサイバー心理学の揺籃

　次に，フランスにおけるサイバー心理学の歴史を振り返りたい。本書第1章ではフランスにおけるサイバー心理学の歴史が整理されている。ここで言及されるのは，3人の人物——セルジュ・ティスロン，ブノワ・ヴィロル（Benoît Virole），シルヴァン・ミソニエ（Sylvain Missonnier）——である。ティスロンについてはすでに述べた部分と重複するので割愛する。2人目のヴィロルは，フランスに「サイバー心理学」という言葉を広めた人物である。本書が示す，ヴィロルのとりわけ重要な研究は以下である。個人とビデオゲームのカップリング関係の理解（Virole, 2003），そのカップリングにおける非定型的心理パターンの特異性（Virole, 2017），ビデオゲームを用いた自閉症者に対するサイバーサイコセラピーの技法（Virole, 2013）。そして3人目のミソニエこそ，本書の鍵概念の一つである「ヴァーチャル」と胎児に関する研究を発表した人物である。

　ミソニエは2001年に，LASI研究所（旧パリ西大学）とともに，ヴァーチャルに関する学術会議を開催した。そして，産科の超音波エコー検査の例

からヴァーチャル概念を深めていく (Missonnier, 2006)。彼によれば，超音波イメージのヴァーチャル化は，親になることのプロセスを組織化することもあれば，反対に悪化させることもあるという。このようにしてミソニエは，親といまだ誕生していない子どもとのヴァーチャルなつながりを思考する。したがって周産期をめぐるプロセスは，彼にとって，まったく静的ものではない。むしろヴァーチャルで動的，かつ適応的なプロセスなのだ。彼はこのようにして，周産期研究から出発して「日常のヴァーチャル精神病理学」と呼ぶべきものの構築を試みる。その結果ミソニエが提唱したのが，Rov すなわち「心的－ヴァーチャル対象との関係 (la relation à un objet psychique virtuel)」(Missonnier, 2006) である。これをティスロンがさらに拡張する (第3章参照)。すなわちティスロンは，これが私たちの心的生の正常かつ中心的な構成要素であると主張するのである。ティスロンによれば，あらゆる関係とは，二つの常に同期しない極の間に張り巡らされた緊張状態であるという。すなわち一方には，自分自身や他者たちに抱く先入観や期待からなるヴァーチャルな極 (Rov) があり，他方には，自分自身や他者たちに関する状況についての知覚があるのである。これに加えて，周産期に関わる研究は「デジタルな透明性」(第11章参照) の中でも重要な位置を占める。デジタルな透明性は，モニーク・ビドロゥフスキが「心の透明性」(Bydlowski, 1991) として概念化したものを，テクノロジーやテクノロジーに付随する特定の特性とともに拡張したものである。「心の透明性」について彼女は，妊娠中の女性において，無意識下の抑圧されたものに対する通常の抵抗が低下するような，特定の心の働きから説明している。当人の個人史や心的葛藤への過剰備給が見られ，心的表象の著しい可塑性によって特徴づけられるという (Bydlowski & Golse, 2001)。それゆえ「心の透明性」は，心的イメージ，夢，夢想，あるいは単に情動という形態のもと，驚くべき方法で過去を再活性化することになる。

　このように，フランスにおけるサイバー心理学の展開には，周産期研究から始まった「ヴァーチャル」や「心の透明性」論が大きく貢献している。周産期は当事者にとって，身体的にも心理的にも非常に不安定な時期である。多くの人は，喜びと不安が交錯し，泣いているのか笑っているのか分からないような時間を過ごす。というのも，昨日エコーで元気だった子どもが，次の機会においても同じような調子であるという保証がまったくないからであ

る。愛着や情も，つなごうとしてはまたしぼんでを繰り返す。こうした不安定さの先で，見えないながらも確かなつながりが構築できることもあれば，そうならないこともある。だからこそ，「ヴァーチャル」な関係性という新たな考え方を持って，周産期の心の状態を他の日常的な時間性とつなげることは，孤立してしまいそうな瞬間を他の瞬間とつなげることに寄与しうる。そうした他の瞬間は，自分の過去や未来であることもあれば，他の人々が過ごす瞬間でもありうる。なぜなら，「ヴァーチャル」は個別性と普遍性を架橋する概念でもあるからである。

　周産期においては，その喜びと苦しみ，どちらも他者と共有することが難しいものである。その結果，身体的，心的危機が引き起こされることがありうる。しかしながら，こうした概念を通して，自分の過去や未来の日常に加え，他者と安全につながりうる道が開かれるのだ。

　さらに，本書は周産期に関連して，乳児と養育者の「二者一心（dyade）」を大きく取り上げている（第12章参照）。これによって，幼い人間がそもそもは1人では心を持ちえないこと，加えて，大人になった後でもその痕跡が残る可能性が提示される。これを再びサイバネティクスやシステム論の問題に戻せば，自律し自己変革する主体になるためには，他者を忘れ去らなければならないことを意味するだろう。言い換えれば，自己自身で何かを欲し，サイバネティクス的な「目的」を持つようになるには，自己の基盤に食い込む他者を消さなければならないのである。こうした困難な作業について，伝統的精神分析，あるいは哲学はどのように論じてきたか[20]。確認する意義は大いにあるだろう。

▶補綴──デリダ，スティグレールからトルドへ

　本書では，トルドの『サイボーグ–自我』から引き続き「補綴（prothèse）」という言葉が重要概念として用いられている。補綴概念はそもそも，ベルナール・スティグレール（Bernard Stiegler）の哲学と関連するものである。（実は2009年にスティグレールとティスロンは共著を発表しているのだが，

---

†20　例えばシステム論と精神分析，さらにはヘーゲル論理学との関係について「自己関係」をキーワードにから読み解くものとして，以下を参照：高橋　一行（1999）．「自己関係するシステム＝ヘーゲル論理学」『明治大学社会科学研究所紀要』　第37号，67-81頁．

そのことはひとまず置く。） スティグレールは，3巻からなる彼の大著の第1巻『技術と時間 I──エピメテウスの過失』[†21]（1994年）の中で，人間が「外在化（extériorisation）」を通して構成されると主張する。こうした「外在化」は，ティスロンが本書で引用するアルフレッド・ロトカの「外身体化」と通じるものであるが，スティグレールにおいては，人間はそもそも「技術（technique）」による補綴とともにしか生きられないものとされる。こうした考え方こそが，「補綴性（prothéticité）」である。

　補綴とともにしか生きられないという思想は，そもそもスティグレールの師であるジャック・デリダに由来するものであろうことは，容易に想像できるだろう。よく知られているように，デリダは例えば『グラマトロジーについて』[†22]（1967年）の中で，「現前」を補い支えるとともに，その純粋さを汚染するような「代補（supplément）」という概念を展開した。これによって，自然なものと人工的なものの線引きを攪乱し，純粋な自然というものに対し疑問が付されることとなる。こうしたデリダの考え方は，補綴としてのテクノロジーに関する理論と，これに基づくセラピーを展開する本書にも大きく影響するものであると考えられる。

　加えてデリダは，補綴という言葉そのものをさまざま著作において使用しているので，少しだけ挙げておく。例えば，『他者の単一言語使用──あるいは起源の補綴』[†23]（1996年）の副題には明確に「補綴」という語が使用されている。『マルクスとその亡霊たち』[†24]（1993年）の中では，prothèse は文脈に合わせて「代替器官」という語に翻訳され，また，『獣と主権者 I』[†25]

---

†21　Stiegler, B.（1994）. *La Technique et le Temps, tome 1 : La Faute d'Épiméthée*. Galilée.〔石田 英敬（監修），西 兼志（訳）（2009）.『技術と時間 I──エピメテウスの過失』 法政大学出版局.〕

†22　Derrida, J.（1967）. *De la grammatologie*. Minuit.〔足立 和浩（訳）（1976）.『グラマトロジーについて（全2巻）』 現代思潮新社.〕

†23　Derrida, J.（1996）. *Le monolinguisme de l'autre : Ou la prothèse d'origine*. Galilée.〔守中 高明（訳）（2024）.『他者の単一言語使用──あるいは起源の補綴』（岩波文庫） 岩波書店.〕

†24　Derrida, J.（1993）. *Spectres de Marx*. Galilée, réédition de 2006.〔増田 一夫（訳）（2007）.『マルクスの亡霊たち──負債状況＝国家，喪の作業，新しいインターナショナル』 藤原書店.〕

†25　Derrida, J.（2008）. *Séminaire La bête et le souverain : Volume I（2001-2002）*. Galilée.〔西山 雄二・郷原 佳以・亀井 大輔・佐藤 朋子（訳）（2014）.『獣と主権者 I』 白水社.〕

（2008年）の翻訳では「補綴」として登場している。したがって，伝統的西洋哲学に楔を打ち込もうとした「補綴」に注目することで，デリダにおけるテクノロジーの哲学の深化という面がよりいっそう際立って見えてくるかもしれない。こうした哲学は，この解題で言及したスピリチュアリスム的サイバネティクスと，果たしてどのようにして邂逅するのだろうか。これについてはやはり，自己と他者，自己と異物との関係という基本的（かつ伝統的）な精神分析の問いから考えるべきなのかもしれない。

▶ **マルチアイデンティティ，マルチセクシュアリティ**
 ──可塑性と「このようにしか生きられない」の間で

　最後に，本書が提示するマルチアイデンティティやマルチセクシュアリティについて少しだけ考えてみたい。本書は，例えば「スクリーン文化」を論じる際にこれとマルチアイデンティティの関係について言及し（第6章参照），別の箇所では，「複数のジェンダー，複数の性別，複数の文化，複数のテクノロジー，複数の身体」とつながることの可能性について（第13章参照）言及している。すなわち本書は，テクノロジーが，私たちをシングルアイデンティティやシングルジェンダー，シングルセクシュアリティから解放する面があると主張する。確かに，臨機応変に複数のアイデンティティやセクシュアリティを生きられたら私たちの心は楽になるのかもしれない。だが，私たちの生には，「このようにしか生きられない」という面もあるのではないだろうか。

　私たちは，なぜ生きるのか。そして，どう生きるべきなのだろうか。生命の内的規範という考え方に立てば，生命は環境に対し，形態を通して応答しているのだと言えるかもしれない。問い直そう。果たして「私」は，どのような「形態」（セクシュアリティ，アイデンティティ，ジェンダー）を持って生きる（べき）なのだろうか。本書は確かにマルチアイデンティティやマルチセクシュアリティについて語り，自己の形態の可塑性について語る。だがその一方で，本書が「形態」という概念を通して語るのは，自己がある形をとってしか生きられない，ということである。例えば本書では，硬い鎧のアバターをまとった慢性疾患の少年が例示される（第15章参照）。硬い鎧は，少年にとって，「いかようでもありうる」のではなく，「こうでしかありえな

い」形なのではないだろうか。確かに，現実世界の少年の姿と比べたら，アバターは異なっており，その点では変化を受け入れている（可塑的である）と言える。だが，アバターがここからさらに別のアバターに変化できるかというと，そうではないのではないだろうか。現実と比べれば異なる姿をとってはいるものの，アバターとしてこのような形しかとれない，ということを重く見るべきなのではないだろうか。

　こうした問いにおいては，本書が一見すると距離をとろうとする伝統的精神分析との明確な距離は見られないように思われる。すなわち，結局私たちはセラピーを通して，可塑性に開かれると同時に，「このようにしか生きられない」形態を目指しているのではないだろうか。この問いに関しては，今後の展開に期待したい。

　最後になるが，編集面で支えてくださった楠本さんと小林さん，佐藤と縣に翻訳の声をかけてくださった阿部先生に改めて感謝を申し上げたい。また，仕事に集中することを可能にしてくれた私たちそれぞれの夫，多くの気づきを与えてくれた幼い息子たちに感謝する。彼らが歩み出そうとする未来には，今後もさまざまな困難が待ち受けるかもしれないが，私たちの手を離れた後も，テクノロジーやロボットを含む多くの友たちとともにあることを切に祈る。

訳者あとがき

阿部 又一郎

　本書は，Serge Tisseron と Frédéric Tordo による *Comprendre et soigner l'homme connecté. Manuel de cyberpsychologie*（Dunod, 2021）の全訳である。原著は，コロナ禍の影響がまだ続いていた時期に出版されたこともあって話題性も高く，翌 2022 年には続編（実践編）も編著出版されている。原著者はどちらも，臨床家であるとともに，テクノロジーが人間の心や社会との相互関係に与える影響について精力的に考察する多産な書き手として知られている。本書の前に，すでにいくつか共著論文や編著書を出版しており，それぞれ単著での論考も数多くある。現在までにいわゆる「サイバー心理学（cyberpsychologie）」関連で，二人が共（編）著出版したテキストとして，専門誌の特集号での共同作業を除くと，同じ Dunod 社から前後に以下のものが刊行されている（いずれも未邦訳）。

共編著書
- Serge Tisseron, Frédéric Tordo 編：*L'enfant, les robots et les écrans. Nouvelles médiations thérapeutiques*（2017, Dunod）．［子ども，ロボット，スクリーン──新たなセラピー的メディアシオン］
- Serge Tisseron, Frédéric Tordo 編：*Robots, de nouveaux partenaires de soins psychiques*（2018, Ères）．［ロボット──心の支援の新しいパートナー］．
- Serge Tisseron, Frédéric Tordo 編：*Pratiquer les cyberpsychothérapies. Jeux vidéo, réalité virtuelle, robots*（2022, Dunod）．［サイバーサイコセラピーの諸実践──ビデオゲーム，ヴァーチャルリアリティ，ロボット］

　その中でも本書は，彼ら二人が共有する問題意識や考え方が，教科書の形で，分かりやすく整理された好著である。本書で提起されている問題系につ

いては，他の二人の共訳者によって書かれた訳者解題を参照してほしい。ここでは，いくらか繰り返しになるが，原著者らの簡単な紹介とともに，本書の翻訳出版に至った経緯について補足的に述べておきたい。なお本書を構成するテーマにまつわる私的見解については，他所でも記述している[†1]。

　著者の一人セルジュ・ティスロン（Serge Tisseron）氏（1948 年生まれ）は，フランスのヴァランス出身の精神科医で，心理学の博士号と，大学研究指導資格（HDR）を持つ。氏はフランス科学技術アカデミー会員およびパリ大学 CRPMS（精神分析・医学・社会研究センター）協力研究員でもあり，メディアでも知られた存在である。専門書や一般向け啓発書のほか，漫画や絵本についての著作もあり，主著のいくつかは日本はじめ世界各国で翻訳されている。ティスロンの著作や論考は，原著の巻末参照にも示されているとおり，本当にたくさんあるので，代表作を挙げにくいのだが，日本語で読める単著としては拙訳の紹介を含めて以下のものがある。

- 大谷 尚文・津島 孝仁(訳)　(2001)．『恥——社会関係の精神分析』　法政大学出版局．（原著：*La honte, psychanalyse d'un lien social*. Dunod, 1992.）
- 青山 勝(訳)　(2005)．『明るい部屋の謎——写真と無意識』　人文書院．（原著：*Le Mystère de la chambre claire*. Flammarion, 1999.）
- 青山 勝・中村 文子(訳)　(2005)．『タンタンとエルジェの秘密』　人文書院．（原著：*Tintin et le secret d'Hergé*. Presses de Cite, 1993, rééd., 2016.）
- 阿部 又一郎(訳)　(2016)．『レジリエンス』（文庫クセジュ）　白水社．（原著：*La résilience*. Que sais-je ?, 2007.）　邦訳は第 5 版（2015）を参照．
- 阿部 又一郎(訳)　(2018)．『家族の秘密』（文庫クセジュ）　白水社．（原著：*Les secrets de famille*. Que sais-je?, 2011.）　邦訳は第 2 版（2017）を参照．

[†1]　阿部 又一郎　(2022)．訳者あとがき．『ロボットに愛される日』（セルジュ・ティスロン）星和書店．および　阿部又一郎　(2022)．「ロボットに癒やされる日？」『星和書店こころのマガジン』　Vol. 237（2022 年 11 月）．http://www.seiwa-pb.co.jp/htmlmail/237_2.html#column

訳者あとがき

- 阿部 又一郎(訳)（2022）．『ロボットに愛される日』 星和書店．（原著: *Le Jour où mon robot m'aimera: Vers l'empathie artificielle*. Alban-Michel, 2015.）

　したがって，本書は内容的に『ロボットに愛される日』に続く位置づけとなるだろう。すでに何度か来日して招待講演なども行い，本邦の精神医学や人文科学分野でも参照されることの多かったティスロン氏と比べて，共著者でより若い世代のフレデリック・トルド（Frédéric Tordo）氏の活動については，これまであまり言及されてこなかった。トルド氏は，フランスの臨床心理士，心理療法家で，臨床心理学の博士号を持つ。トルド氏は，当時のパリ第10大学（現パリ・ナンテール大学）での，ティスロンらの指導により，2012年に臨床心理学・精神病理学の博士論文を提出し，このときの彼の博論をもとに，その後，同じ Dunod 社から *Le Moi-Cyborg. Psychanalyse et neurosciences de l'homme connecté*（2019, Dunod）［サイボーグ‐自我──接続された人間の精神分析とニューロサイエンス］（未邦訳）をまとめ上げ，現在まで彼の主著となっている。ちなみに，このモノグラフの序文をティスロンが，後書きを，本書で心的ハイブリッド化をめぐる考察で参照されているベルナール・アンドリュー氏が書いている（第13章参照）。

　原著者二人の，より詳しいプロフィールや業績は，それぞれの個人サイトに紹介されているので，興味ある方はぜひ参照してほしい[†2]。現在まで，ティスロン氏はフランスのパリ市内11区で，トルド氏はパリ近郊の Cherisy と Saint-Cloud で，それぞれ相談室を構えて活動している。彼らは，もっぱらその枠組みで臨床実践を続けつつ，2013年に人間‐ロボットの関係研究所（l'Institut pour l'Étude des Relations Homme-Robots; IERHR）を設立して，学会でのシンポジウムやコロックを積極的に主催したり，教育指導を行ったり，国内外にも招待されて，本書にまつわるテーマでの啓発活動や提言も行っている。2019年からは，他の同僚たちと協働して，パリ・シテ大学（Université Paris Cité）でサイバー心理学の大学ディプロマ DU-DIU（Diplôme d'université）取得コースを初めて創設し，トルド氏が主に

---

†2　ティスロン氏: https://sergetisseron.com/　　トルド氏: https://frederictordo.com/

指導責任者を務めている。その講座は，「DU Cyberpsychologie clinique et psychopathologie contemporaine（臨床サイバー心理学と今日の精神病理）」として通年開催されている。2023 年からはティスロン氏を名誉会長，トルド氏を会長として，フランスサイバー心理学・臨床サイバー心理学派（École Française de Cyberpsychologie et Cyberpsychologie Clinique; EF3C）を構成して活動の幅を広げている[3]。

　訳者解題でも紹介されているとおり，原著者 2 人に通底する臨床的視点として，本書でも依拠されている，かつてパリ第 10 大学ナンテール校で教鞭をとっていた臨床心理学者で精神分析家ディディエ・アンジュー（Didier Anzieu）の思想的流れを汲んでいること。さらには，フランスの精神分析ハンガリー学派と見なされるニコラ・アブラハムとマリア・トロークの理論的考察から影響を色濃く受けていることだろう。原著者らにとって，後者の潮流は，主にアミアンやピカルディで臨床実践や教育活動を長らく続けていたパリ精神分析協会（SPP）に所属した精神科医で精神分析家クロード・ナシャン（Claude Nachin: 1930–）とのつながりも大きかったであろう。ナシャン氏は，1999 年に，主に臨床心理系の同僚たちとともに，ニコラ・アブラハムとマリア・トローク欧州協会（Association Européenne Nicolas Abraham et Maria Torok; AMEAMT）を創設している[4]。

　本書を翻訳することになったきっかけは，端的に言って，COVID-19 のパンデミックによる影響が大きい。その時期，私は，同じ誠信書房での別企画で，知り合いの臨床事例集のテキスト翻訳に共訳者として参加していたのだが[5]，あるウェブ会議上の雑談で（一見，まったくつながりのない）本書を話題にしたところ，当時の編集担当者であった楠本さんが非常に興味を示されて，企画として進めてくれたのである。ひょっこり生まれたその企画は，その後，とんとん拍子に進んで，正式に翻訳の契約が締結された。内容的にも，速やかに進めていったほうがよいだろうと共訳者を探していたときに，ちょうど『フェミニスト現象学入門』（ナカニシヤ出版，2020）での分担執筆

---

[3]　https://www.ef3c.fr/
[4]　https://abraham-torok.org/
[5]　エレーヌ・ボノ　福田 大輔（監訳），阿部 又一郎・森 綾子（訳）（2023）．『言葉にとらわれた身体——現代ラカン派精神分析事例集』 誠信書房.

に続いて，マルタン・ジュベール『自閉症者たちは何を考えているのか？』（人文書院，2021）を共訳されていた佐藤さんを思い出し，連絡してみたところ，快諾してくれた。佐藤さんとは，以前，ミンコフスキー（Eugène Minkowski）や摂食症の精神病理に関して，院内の研究会で講師をお願いしていた出会いもあった[†6]。

　まずは，第1部の下訳を分担して準備を進めていくうちに，佐藤さんから，第三の共訳者として，ミシェル・セール（Michel Serres）の研究をされてきた縣さんを推薦された。その際，セールが，レヴィ（Pierre Lévy: 第1章参照）の師にあたること，科学技術論の他に，ティスロンと同じく，ベルギーの漫画家エルジェのタンタン作品についても考察していたことを初めて知って[†7]，これまさにと，3人で共訳していくことが決まったのが，アフターコロナの社会の姿が見えてきた2023年3月であった。はじめの下訳の分担は，訳者紹介に記されているとおりであるが，適宜SNS上でのやりとりを続けつつ，相互に訳稿を見返して，練り上げていった。想定される読者層についても，当初からいろいろと議論を重ね，原著の教科書的な記述から読みやすさを第一に，主要な訳語や表現についても訳者間でできるだけ統一することを念頭に置いた。全体を通して，共訳者の佐藤さんが主に訳語や文体の統一および，訳注および原著にはなかった索引も加える作業を引き受けられ，そこから見えてきた課題点について，ウェブ会議上で検討を重ねていった。

　企画発案者として正直に白状すると，より若い共訳者のお二人が，この翻訳をたいへん意欲的に引き受けられたことに，心強さとともに不思議な気持ちも当初は抱いていた。そうした私の認識を，今日のより専門的な言葉で説明するならば，ジェンダード・イノベーション（Gendered Innovation; GI）にまつわる認知バイアスであったといえるだろう[†8]。今日，何よりも求めら

[†6] 佐藤 愛 （2017）.「規範とそのファントム――身体図式から考察する摂食障害の身体」『Fashion talks …: the journal of the Kyoto Costume Institute : 服飾研究』 第6巻，24-31頁.

[†7] 縣 由衣子 （2019）.「ミシェル・セールのエルジェ論――コミュニケーションのネットワークを循環するものと妨害物の問題について」 日本ベルギー学会口頭発表（2019年6月21日）.

[†8] 小川 眞里子・鶴田 想人・弓削 尚子（編）（2024）.『ジェンダード・イノベーションの可能性』 明石書店.

れるのはイノベーションなのか。私が精神科医になった21世紀以降，なおかつコロナ禍の前後からよりいっそう，精神医学やメンタルヘルス関連のシンポジウムでも，この言葉をよく耳にするようになった。ロボットセラピーを含めて精神医療における技術イノベーションには，抵抗しがたい誘惑とともに古典的な脅威も感じられ，コロナ禍で非接触と遠隔相談が推奨された時期には，自らの拠って立つ従来の臨床的スタンスが，実に儚いものに感じられたこともあった。今では，心の専門家によって眩しく提唱されるイノベーションこそ，その創造的／破壊的側面について，よくよく吟味しなければと感じている。

　いくつか検討を重ねて，最終的な邦訳タイトルは，『ヴァーチャルに治癒される人間──サイバー心理学が問う新たな主体』に決まった。「接続された人間（l'homme connecté）」を示唆する原著タイトルから，米国の社会学／心理学者シェリー・タークルの『接続された心──インターネット時代のアイデンティティ』[†9]を，懐かしく思い出す読者もおられるかもしれない。原著者たちも，若い頃フランスに研究滞在していたタークルの一連の論考をかなり意識しつつ（ティスロンとタークルは同年代である），米国に戻った後の彼女の展開とは別様の仕方で，臨床経験とともに組み立てていこうとしている。原著の副題が「サイバー心理学マニュアル」であったことから，その分野の共訳者を探したこともあったが，この新たなディシプリンは，内容的にも専門家の働きを見ても，率直に，日仏間の実情でかなり相違が見受けられた。加えて，デジタルまたはロボットセラピーが，倫理・哲学的問題と絡み合う主題であったこと，この分野が本当に加速度的な発展を続けていることをすべて鑑みると，今回の翻訳チームで取り組んだことが最も原著者の意向に沿うものになったと考える。全体の訳語や文体などできる限り統一させたが，元より文理混淆した内容であり，専門家諸氏から見ると，訳者らの理解不足な点も多々あると思われる。今後，読者の方々のご鞭撻を乞う次第である。

　一つ思い出話になるが，トルド氏は，著書の出版記念のときに，会場でサ

[†9]　シェリー・タークル　日暮 雅道(訳)　(1998).『接続された心──インターネット時代のアイデンティティ』　早川書房.

インを求めた私の本に，"Cyborg 007"と，ハイブリッドな献辞を添えてくれた。トルド氏は，今年 De Boeck Supérieur 社から，今日の主体の精神病理をテーマにした共著書を出版する[†10]。ティスロン氏も，いまだ旺盛に活動を続けており，最近だと共感に関する一般向け啓発テキストを出している[†11]。まだまだ知りたいこと，書きたいこと，描きたいもの，撮りたいもの，伝えたいことがあるのか，といつもながら驚嘆させられる。フランスで活動を続ける中で，日本の文化やロボティクス研究の影響も色濃く受けている原著者たちとのインタラクションが，私たちの今後の課題である。

誠信書房編集部の前担当の楠本龍一氏，現担当の小林弘昌氏には，それぞれ適切なアドバイスをいただきながら，刊行まで伴走していただいた。翻訳グループにおけるやりとりは，忘却していた私の関心を再賦活化させてくれた。原著の翻訳紹介とともに，本訳書を刊行するもう一つの重要な意義は，二人の共訳者の秀逸な訳者解題を引き出せたことだと思っている。オンライン上での訳者会議も，どこか室内空間の雰囲気を残しており，それぞれ子どもの体調や家の用事，病院内の申し送り，諸々の予定のずれこみが，スクリーンを通じて感じ取られていた。臨床においても，外来や入院施設の患者さんが，スマホなどのスクリーンを通して，ヴァーチャルな世界を治療チームに示したり，問いかけたり，教えてくれることがあった。そうしたことも，私たちの姿勢に，直接，間接的に反映されていくと思う。

本書の企画前から出版に至るまで，たくさんの出会いがあり，交流が支えになってきた。すべての感謝をここに伝えることはできないが，私からは特に，医局主催の読書会で，拙訳書を取り上げていただいた有隣会伊敷病院の植村健吾院長はじめ施設スタッフのみなさんに感謝したい。精神科医の浅野誠先生（桜並木心療医院）と大島一成先生（おおしまメンタルヘルスクリニック飯田橋）には，駆け出しの頃からコロナ禍前後を通じて一貫したサポートをいただいてきた。最後に，後期研修医時代，院内でフランス語読解の手ほどきを受けた，故・新谷昌宏先生の思い出に。あわせて感謝の気持ちを記しておく。

---

†10　Tordo, F. & Ciccone, A. 2025 . *Psychopathologie du sujet contemporain: Actualités de la clinique et perspectives thérapeutiques.* De Boeck Supérieur.

†11　Tisseron, S. 2024 . *L'Empathie.* Que Sais-Je.

引用文献

Abraham, N.（1961）. Le symbole ou l'au-delà du phénomène. In N. Abraham & M. Torok, *L'écorce et le noyau* (p. 25-76). Flammarion, 1987.〔「象徴　あるいは現象の被岸」：大西 雅一郎・山崎 冬太（監訳）（2014）.『表皮と核』(pp. 37-87)　松籟社.〕

Abraham, N.（1963）. Le crime de l'introjection. In N. Abraham & M. Torok, *L'écorce et le noyau* (p. 123-131). Flammarion, 1987.〔「取り込みの『罪』　閑談」：大西 雅一郎・山崎 冬太（監訳）（2014）.『表皮と核』(pp. 135-143)　松籟社.〕

Abraham, N. & Torok, M.（1978）. *L'écorce et le noyau.* Flammarion, 1987.〔大西 雅一郎・山崎 冬太（監訳）（2014）.『表皮と核』　松籟社.〕

Adès, J., Agid, Y., Bach, J.-F. Barthélémy, C., Bégué, P., Berthoz, L., Dubertret, L., Falissard, B., Le Moal, M., Léna, P. & Tisseron, S.（2019）. L'enfant, l'adolescent, la famille et les écrans : appel à une vigilance raisonnée sur les technologies numériques. *Bulletin de l'Académie Nationale de Médecine, 203*(6), 381-393.

Amato, E.-A.（2014）. L'immersion par le jeu vidéo : origine et pertinence d'une métaphore significative. In B. Guelton (ed.), *Les figures de l'immersion* (p. 39-59). PUR.

Andreassen, C.-S., Billieux, J., Griffiths, M.-D., Kuss, D.-J. Demetrovics, Z., Mazzoni, E. & Pallesen, S.（2016）. The relationship between addictive use of social media and video games and symptoms of psychiatric disorders: A large-scale cross-sectional study. *Psychology of Addictive Behaviors, 30*(2), 252-262.

Andrieu, B.（2010）. Se transcorporer. Vers une autotransformation de l'humain ? *La pensée de midi, 30*(1), 34-41.

Andrieu, B.（2011）. *Les avatars du corps. Une hybridation somatechnique.* Liber.

Andrieu, B.（2013）. L'homme hybridé : mixités corporelles et troubles identitaires. In E. Kleinpeter (ed.), *L'Humain augmenté* (p. 113-130). CNRS Éditions.

Andrieu, B.（2017）. Acceptation des BMI par les hybrids : quelle perception de leur corps capacitaire ? In C. Lindenmeyer (ed.), *L'humain et ses prothèses. Savoirs et pratiques du corps transformé* (p. 209-217). CNRS Éditions.

Anzieu, D.（1985）. *Le Moi-peau.* Dunod, 1995.〔福田 基子（訳）（1993）.『皮膚－自我』　言叢社.〕

Anzieu, D.（1990）. *L'épiderme nomade et la peau psychique.* Apsygée.

Anzieu, D.（1994）. *Le penser. Du Moi-peau au Moi-pensant.* Dunod.

Astruc, B., Latrouite-Ma, M. & Chaudot, C.（2015）. Thérapies d'adolescents par vidéo-consultation. *Adolescence, 33*(3), 573-582.

Audibert, C.（2008）. Ferenczi et les addictions aujourd'hui (préface). In S. Ferenczi, *Sur les addictions* (p. 7-34). Payot.

Auriacombe, M., Moriceau, S., Serre, F., Denis, C., Micoulaud-Franchi, J.-A., de Sevin, E., Bonhomme, E., Bioulac, S., Fatseas, M. & Philip, P.（2018）. Development and validation of a virtual agent to screen tobacco and alcohol use disorders. *Drug and Alcohol Dependence, 1*(193), 1-6.

Bach, J.-F., Houde, O., Lena, P. & Tisseron, S.（2013）. *L'enfant et les écrans, un avis de l'Académie des Sciences.* Le Pommier.

Baddoura, R.（2017）. Le robot social médiateur un outil thérapeutique prometteur encore à explorer. *Le Journal des psychologues, 350*(8), 33-37.

Baddoura, R.（2018）. Focus sur le mouvement et pistes pour l'usage des robots avec des personnes présentant des Troubles du Spectre Autistique. In S. Tisseron & F. Tordo (eds.), *Robots, de nouveaux partenaires de soins psychiques* (p. 89-99). Érès.

Baddoura, R., Gibert, G. & Venture, G. (2015). Perspectives thérapeutiques : le robot humanoïde. *Adolescence, 33*(3), 583-592.

Banakou, D., Groten, R. & Slater, M. (2013). Illusory ownership of a virtual child body causes overestimation of object sizes and implicit attitude changes. *Proceedings of the National Academy of Sciences of the USA, 110,* 12846-12851.

Banakou, D. & Slater, M. (2016). Virtual embodiment of white people in a black virtual body leads to a sustained reduction in their implicit racial bias. *Frontiers in Human Neuroscience, 10,* 601.

Barboza, P. (2006). Fiction interactive, « métarécit » et unités intégratives. In P. Barboza & J.-L. Weissberg (eds.), *L'image actée : scénarisations numériques* (p. 99-121). L'Harmattan.

Bauman, Z. (2005). *La vie liquide.* Fayart, 2016.〔長谷川 啓介(訳) (2008). 『リキッド・ライフ——現代における生の諸相』 大月書店.〕

Bavelier, D., Shawn Green, C., Hyun Han, D., Renshaw, P.-F., Merzenich, M.-M. & Gentile, D.-A. (2011). Brains on video games. *Nature Review Neurosciences, 12,* 763-768.

Beamish, N., Fischer, J. & Rowe, H. (2018). Parents' use of mobile computing devices, caregiving and the social and emotional development of children: A systematic review of evidence. *Australasian Psychiatry, 27*(2), 1-12.

Bedford, E., Saez de Urabain, I.-R., Cheung, C.-H.-M., Karmiloff-Smith, A. & Smith, T. (2016). Toddlers' fine motor milestone achievement is associated with early touchscreen scrolling. *Frontiers in Psychology, 7,* 1108.

Bediou, B., Adams, D.-M., Mayer, R.-E., Tipton, E., Green, C.-S. & Bavelier, D. (2018). Meta-analysis of action video game impact on perceptual, attentional, and cognitive skills. *Psychological Bulletin, 144*(1), 77-110.

Bellon, J.-P. & Gardette, B. (2010). *Harcèlement et brimades entre élèves. La face cachée de la violence scolaire.* Fabert.

Bellon, J.-P. & Gardette, B. (2013). *Harcèlement et cyberharcèlement à l'école. Une souffrance scolaire 2.0.* ESF.

Bernieri, F. & Rosenthal, R. (1991). Interpersonal coordination: Behavior matching and interactional synchrony. In R. Feldman & B. Rimé (eds.), *Fundamentals of Nonverbal Behavior* (p. 401-431). Cambridge University Press.

Berthoz, A. (1997). *Le sens du mouvement.* Odile Jacob.

Berthoz, A. (2013). *La vicariance. Le cerveau, créateur de mondes.* Odile Jacob.

Berthoz, A. (2020). *L'inhibition créatrice.* Odile Jacob.

Berthoz, A. & Jorland, G. (2004). *L'Empathie.* Odile Jacob.

Berthoz, A., Ossola, C. & Stock, B. (eds.). (2010). *La pluralité interprétative. Fondements historiques et cognitifs de la notion de point de vue.* Collège de France.

Berthoz, A. & Petit, J.-L. (2006). *Phénoménologie et physiologie de l'action.* Odile Jacob.

Bertrand, P., Guegan, J., Robieux, L., McCall, C. A. & Zenasni, F. (2018). Learning empathy through virtual reality: Multiple strategies for training empathy-related abilities using body ownership Illusions in embodied virtual reality. *Frontiers in Robotics and AI, 5*(26). doi: 10.3389/frobt.2018.00026

Bidaud, E. (2016). *Psychanalyse et pornographie.* La Musardine.

Billard, A., Robins, B., Dautenhahn, K. & Nadel, J. (2007). Building Robota, a mini-humanoid robot for the rehabilitation of children with autism. *The RESNA Assistive Technology, 19*(1), 37-49.

Billieux, J., Flayelle, M., Rumpf, H.-J. & Stein, D.-J. (2019). High involvement versus pathological involvement in video games: A crucial distinction for ensuring the validity and utility of gaming disorder. *Current Addiction Reports, 6*(3), 323-330.

Biocca, F. (1997). The cyborg's dilemma: Embodiment in virtual environments. *Journal of Computer-*

Mediated Communication, 3(2). doi: 10.1109/CT.1997.617676

Bion, W.-R. (1962). *Aux sources de l'expérience*. Puf, 2003. 〔「経験から学ぶこと」: 福本 修(訳)(1999). 『精神分析の方法 I —— 〈セブン・サーヴァンツ〉』(pp. 3-116) 法政大学出版局.〕

Bion, W.-R. (1964). Théorie de la pensée. *Revue française de psychanalyse, XXVIII*(1), 75-84.

Blade, R.-A. & Padgett, M.-L. (2002). Virtual environments standards and terminology. In S.-H. Kelly & K.-M. Stanney (eds.), *Handbook of Virtual Environments* (p. 55-68). CRC Press.

Blaya, C. (2018). Le cyberharcèlement chez les jeunes. *Enfance, 3*(3), 421-439.

Boot, W.-R., Kramer, A.-F., Simons, D.-J., Fabiani, M. & Gratton, G. (2008). The effects of video game playing on attention, memory, and executive control. *Acta Psychologica, 129*(3), 387-398.

Bordnick, P.-S., Traylor, A.-C., Graap, K.-M., Copp, H.-L. & Brooks, J. (2005). Virtual reality cue reactivity assessment: a case study in a teen smoker. *Applied Psychophysiology and Biofeedback, 30*(3), 187-193.

Botella, C. & Botella, S. (2001). Figurabilité et règrédience. *Revue française de psychanalyse, 65*(4), 1149-1239.

Botella, C., Banos, R.-M., Villa, H., Perpina, C. & Garcia Palacios, A. (2000). Virtual reality in the treatment of claustrophobic fear: A controlled multiple-baseline design. *Behavior Therapy, 31*, 583-595.

Botella, C., Osma, J., Garcia Palacios, A., Quero, S. & Baños, R.-M. (2004a). Treatment of flying phobia using virtual reality: Data from a 1-year follow-up using a multiple baseline design. *Clinical Psychology & Psychotherapy, 11*(5), 311-323.

Botella, C., Villa, H., Garcia-Palacios, A., Quero, S., Baños, R.-M. & Alcañiz, M. (2004b). The use of VR in the treatment of panic disorders and agoraphobia. *Studies in Health Technology and Informatics, 99*, 73-90.

Bouchard, S., Dumoulin, S., Robillard, G., Guitard, T., Klinger, E., Forget, H., Loranger, C. & Roucault, F.-X. (2017). Virtual reality compared with exposure in the treatment of social anxiety disorder: A three-arm randomised controlled trial. *The British Journal of Psychiatry, 210*(4), 276-283.

Bouchard, S., St-Jacques, J., Robillard, G., Côté, S. & Renaud, P. (2003). Efficacité de l'exposition en réalité virtuelle pour le traitement de l'acrophobie : une étude préliminaire. *Journal de Thérapie Comportementale et Cognitive, 13*(3), 107-112.

Bowlby, J. (1980). *Attachement et perte, t.3 : la perte*. PUF, 1984. 〔黒田 実郎・吉田 恒子・横浜 惠三子(訳)(1991). 『対象喪失(母子関係の理論 3, 新装版)』 岩崎学術出版社.〕

Bråten, S. (1988). Between dialogical mind and monological reason: Postulating the virtual other. In M. Campanella (ed.), *Between Rationality and Cognition* (p. 205-235). Albert Meynier.

Brelet-Foulard, F. (1996). *Le T.A.T. Fantasme et situation projective*. Dunod, 1986.

Brey, P. (1999). The ethics of representation and action in virtual reality. *Ethics and Information Technology, 1*, 5-14.

Brey, P. (2008). Virtual reality and computer simulation. In K. Himma & H. Tavani (eds.), *The Handbook of Information and Computer Ethics* (p. 361-384). John Wiley & Sons, Inc.

Brisset, D. & Edgley, C. (1975). *Life as Theatre: A Dramaturgical Sourcebook*. Routledge, 2017.

Brotvinick, M. & Cohen, J. (1998). Rubber hand feel touch that eyes see. *Nature, 391*, 756.

Bruckman, A. & Resnick, M. (1995). The Media-MOO project: Constructionism and professional community. *Convergence, 1*(1), 94-109.

Brun, A. (2007). *Médiations thérapeutiques et psychose infantile*. Dunod.

Brun, A., Chouvier, B. & Roussillon, R. (eds.). (2013). *Manuel des médiations thérapeutique*. Dunod.

Burkhardt, J.-M. (2007). Immersion, représentation et coopération : discussion et perspectives empiriques pour l'ergonomie cognitive de la Réalité Virtuelle. *Virtuel et cognition, Intellectica, 45*, 59-87.

Bydlowski, M. (1991). La transparence psychique de la grossesse. *Etudes freudiennes, 32*, 2-9.

Bydlowski, M. (2001). Le regard intérieur de la femme enceinte, transparence psychique et représentation de l'objet interne. *Devenir, 13*(2), 41-52.

Bydlowski, M. & Golse, B. (2001). De la transparence psychique à la préoccupation maternelle primaire.

Une voie de l'objectalisation. *Le Carnet Psy, 63*(3), 30-33.

Byun, Y.-H., Ha, M., Kwon, H.-J., Hong, Y.-C, Leem, J.-H., Sakong, J., Kim, S.-Y., Lee, C.-G., Kang, D., Choi, H.-D. & Kim, N. (2013). Mobile phone use, blood lead levels, and attention deficit hyperactivity symptoms in children: A longitudinal study. *PLOS ONE, 8*(3), e59742. doi: 10.1371/journal.pone. 0059742

Cahn, R. (1998). *L'adolescent dans la psychanalyse, l'aventure de la subjectivation.* Puf.

Cahn, R. (2002). *La fin du divan.* Odile Jacob.

Capobianco, A. & Gonzalez, J. (2012). *La clinique au bout du fil, l'aide psychologique par téléphone en question.* Puf.

Cardon, D. (2010). *La Démocratie Internet. Promesses et limites.* Seuil.〔林 昌宏・林 香里（訳） （2012）.『インターネット・デモクラシー──拡大する公共空間と代議制のゆくえ』 トランスビュー.〕

Catheline, N. (2015). *Le harcèlement scolaire.* Puf.

Chang, C.-Y., Tius, C. & Zibetti, E. (2015). Les apprentissages à l'heure des technologies cognitives numériques. *Administration & éducation, la revue de l'association française des acteurs de l'éducation, 2*(146), 1-6.

Chaltiel, T., Gaboriau, R., Sakka, S., Sartaty, L., Barreau, A., Legrand, M., Liège, C., Navarro, S., Parchantour, G., Picard, J. & Redois, E. (2017). Un robot en institution pour adolescents autistes : une aventure collective. In S. Tisseron & F. Tordo (eds.), *L'enfant, les robots et les écrans : nouvelles médiations thérapeutiques* (p. 167-201). Dunod.

Chapouthier, G. & Kaplan, F. (2013). *L'homme, l'animal et la machine.* Biblis.

Civitarese, G. (2015). *Le Rêve nécessaire. Nouvelles théories et nouvelles techniques de l'interprétation analytique.* Ithaque.

Clark, A. (2008). *Supersizing the mind: Embodiment, action, and cognitive extension.* Oxford University Press.

Clément, M.-N. (2020). Les 0-6 ans et les écrans digitaux nomades, Evaluation de l'exposition et de ses effets à travers la littérature internationale. *Neuropsychiatrie de l'Enfance et de l'Adolescence, 68*(4), 190-195.

Collet, M., Gagnière, B., Rousseau, C., Chapron, A., Fiquet, L. & Certain, C. (2020). L'exposition aux écrans chez les jeunes enfants est-elle à l'origine de l'apparition de troubles primaires du langage ? Une étude cas-témoins en Ille-et-Vilaine. *Bulletin épidémiologique hebdomadaire, 1,* 2-9.

Consoli, S. & Consoli, S. (2006). *Psychanalyse, dermatologie, prothèses. D'une peau à l'autre.* Puf.

Coussieu, W. (2010). Monde ludique et simulation. L'expérience sociale dans le jeu de rôle en ligne. *Sociétés, 107*(1), 43-55.

Coussieu, W. (2014). L'expérience d'Autrui dans les jeux vidéo : du design à la médiation numérique de l'intersubjectivité ? *Psychologie Clinique, 1*(37), 67-81.

Craig, T.-K.-J., Rus-Calafell, M., Ward, T., Leff, J., Huckvale, M., Howarth, E., Emsley, R. & Garety, P.-A. (2017). AVATAR therapy for auditory verbal hallucinations in people with psychosis: A single-blind, randomised controlled trial. *Lancet Psychiatry, 5,* 31-40.

Cristofari, C. & Guitton, M.-J. (2014). Surviving at any cost: Guilt expression following extreme ethical conflicts in a virtual setting. *PLOS ONE, 9,* 7, e101711.

Curtis, P. & Nichols, D.-A. (1993). MUDs grow up: Social virtual reality in the real world. *Proceedings of COMPCON '94.* doi: 10.1109/CMPCON.1994.282924

Damasio, A. (1994). *L'erreur de Descartes : la raison des émotions.* Odile Jacob.〔田中 三彦（訳） （2010）.『デカルトの誤り──情動，理性，人間の脳』（ちくま学芸文庫） 筑摩書房.〕

Damasio, A. (2017). *L'Ordre étrange des choses. La vie, les sentiments et la fabrique de la culture.* Odile Jacob.〔高橋 洋（訳） （2019）.『進化の意外な順序──感情，意識，創造性と文化の起源』 白揚社.〕

Darchis, E. (2017a). Naissance au bout du fil : une pratique analytique téléphonique en périnatalité. In F. Tordo & E. Darchis (eds.), *La cure analytique à distance : Skype sur le divan* (p. 69-90). L'Harmattan.

Darchis, E. (2017b). Craintes devant l'outil virtuel et les machines, un obstacle en psychanalyse ? In F. Tordo & E. Darchis (eds.), *La cure analytique à distance : Skype sur le divan* (p. 143-153). L'Harmattan.

De Waal, F. (2010). *L'âge de l'empathie. Leçons de la nature pour une société solidaire*. Les Liens qui Libèrent.〔柴田 裕之・西田 利貞(訳)(2010).『共感の時代へ——動物行動学が教えてくれること』紀伊國屋書店.〕

Decety, J. (2004). L'empathie est-elle une simulation mentale de la subjectivité d'autrui ? In A. Berthoz & G. Jorland (eds.), *L'empathie* (p. 53-88). Odile Jacob.

Decety, J. (2020). Le pouvoir de l'amitié et des relations interpersonnelles. L'éclairage des neurosciences sociales. *Rev Neuropsychologie, neurosciences cognitives et cliniques, 12*(2), 122-127.

Decety, J. & Cowell M. (2014). The complex relation between morality and empathy. *Cognitive Sciences, 18*(7), 337-339.

Deleuze, G. (1968). *Différence et Répétition*. Puf.〔財津 理(訳)(2007).『差異と反復(全2巻)』(河出文庫)河出書房新社.〕

Denis, P. (2009). L'expression latérale du transfert. *Revue française de psychanalyse, 73*(3), 649-666.

Derevensky, J.-L. & Griffiths, M.-D. (2019). Convergence between gambling and gaming: Does the gambling and gaming industry have a responsibility in protecting the consumer? *Gaming Law Review, 23*(9). doi: 10.1089/glr2.2019.2397

Descola, P. (2005). *Par-delà nature et culture*. Gallimard.〔小林 徹(訳)(2020).『自然と文化を越えて(人類学の転回叢書)』 水声社.〕

Devillers, L. (2017). *Des robots et des hommes*. Plon.

Dewez, D., Fribourg, K., Argelaguet Sanz, F., Hoyet, L., Mestre, D., Slater, M. & Lécuyer, A. (2019). Influence of personality traits and body awareness on the sense of embodiment in virtual reality. ISMAR 2019 — *18th IEEE International Symposium on Mixed and Augmented Reality, Oct 2019, Beijing, China*, p. 1-12. Hal-02385783.

Doi, T. (1981). *Le jeu de l'indulgence. Étude de psychologie fondée sur le concept japonais d'amoe*. L'Asiathèque, 1988.〔土居 健郎 (1981).『「甘え」の構造(第2版)』 弘文堂.〕

Ducheneaut, N., Nick, E. & Nickell, E. (2006). Building an MMO with mass appeal: A look at gameplay in world of warcraft. *Sage Journals, 1*. doi: 10.1177/1555412006292613

Duris, O. (2017a). Du jeu au jeu vidéo. Sur l'intérêt des univers vidéo ludiques dans la clinique de la psychose infantile. *Revue de l'enfance et de l'adolescence, 95*(1), 85-98.

Duris, O. (2017b). Jeux vidéo et psychose infantile. Sur l'intérêt d'une médiation numérique en Hôpital de Jour pour enfants. In S. Tisseron & F. Tordo (eds.), *L'enfant, les robots et les écrans : nouvelles médiations thérapeutiques* (p. 81-106). Dunod.

Duris, O. (2017c). Le jeu vidéo, un support de dynamique groupale dans la clinique des enfants autistes et psychotiques. *Le Journal des psychologues, 350*(8), 47-52.

Duris, O. (2020). De la tablette numérique au robot compagnon : nouvelles médiations thérapeutiques dans la prise en charge des enfants TSA. *Psychologie clinique, 49*(1), 59-71.

Duris, O. & Clément, M.-N. (2018). Le robot Nao comme support relationnel et de dynamique groupale auprès d'enfants porteurs de troubles du spectre autistique. In S. Tisseron & F. Tordo (eds.), *Robots, de nouveaux partenaires de soins psychiques* (p. 67-76). Érès.

Dye, M.-W. & Bavelier, D. (2010). Differential development of visual attention skills in school-age children. *Vision Research, 50*(4), 452-459.

Ehrsson, H.-H., Holmes, N.-P. & Passingham, R.-P. (2005). Touching a rubber hand: Feeling of body ownership is associated with activity in multisensory brain areas. *Journal of Neuroscience, 25*(45), 10564-10573.

Eiguer, A. (2004). *L'inconscient de la maison*. Dunad, 2013.

Eiguer, A. (2017). La thérapie et la cure analytique par skype. In F. Tordo & E. Darchis (eds.), *La cure analytique à distance. Skype sur le divan* (p. 27-44). L'Harmattan.

Eiguer, A. (2018). Recherches en groupe et Skype. *Revue de psychothérapie psychanalytique de groupe*, *1*(70), 151-166.

Engelhardt, R., Bartholow, B.-D., Kerr, J.-T. & Bushman, B.-J. (2011). This is your brain on violent video games: Neural desensitization to violence predicts increased aggression following violent video game exposure. *Journal of Experimental Social Psychology*, *47*(5), 1033-1036.

Fansten, M. & Figueiredo, C. (2014). Corps en retrait et désordres familiaux. In M. Fansten, C. Figueiredo, N. Pionné-Dax & N. Vellut (eds.), *Hikikomori, ces adolescents en retrait* (p. 45-61). Armand Colin.

Fansten, M., Figueiredo, C. & Vellut, N. (2014). Hikikomori, une adolescence sur le seuil. In M. Fansten, C. Figueiredo, N. Pionné-Dax & N. Vellut (eds.), *Hikikomori, ces adolescents en retrait* (p. 21-38). Armand Colin.

Fédida, P. (2000). *Par où commence le corps humain. Retour sur la régression*. Puf.

Ferguson, C.-J., Garza, A., Jerabeck, J., Ramos, R. & Galindo, M. (2013). Not worth the fuss after all? Cross-sectional and prospective data on violent video game influences on aggression, visuospatial cognition and mathematics ability in a sample of youth. *Journal of Youth and Adolescence*, *42*, 109-122.

Ferguson, C.-J. & Olson, C.-K. (2014). Video game violence use among "vulnerable" populations: The impact of violent games on delinquency and bullying among children with clinically elevated depression or attention deficit symptoms. *Journal of Youth and Adolescence*, *43*, 127-136.

Ferro, A. & Basile, R. (2015). L'univers du champ et ses habitants. In A. Ferro & R. Basile (eds.), *Le champ analytique. Un concept clinique* (p. 10-35). Ithaque.

Fiske, A., Henningsen, P. & Buyx, A. (2019). Your robot therapist will see you now: Ethical implications of embodied artificial intelligence, psychiatry, psychology, and psychotherapy. *Journal of Medical Internet Research*, *21*(5), e13216. doi: 10.2196/13216

Fleury, C. (2015). Le protocole de l'analyse à l'épreuve du numérique. *Adolescence*, *33*(3), 523-533.

Fonagy, P., Gergely, G., Jurist, E. & Target, M. (2002). *Affect Regulation, Mentalization and the Development of the Self*. Other Press.

Fox, J., Bailenson, N. & Tricase, L. (2012). The embodiment of sexualized virtual selves: The Proteus effect and experiences of self-objectification via avatars. *Computers in Human Behavior*, *29*(3), 930-938.

Freeman, D., Evans, N., Lister, R., Antley, A., Dunn, G. & Slater, M. (2013). Height, social comparison, and paranoia: An immersive virtual reality experimental study. *Psychiatry Research*, *218*(3), 348-352.

Freeman, D., Reeve, S., Robinson, A., Ehlers, A., Clark, D., Spanlang, B. & Slater, M. (2017). Virtual reality in the assessment, understanding, and treatment of mental health disorders. *Psychological Medicine*, *47*, 2393-2400.

Freud, S. (1923). Le Moi et le ça. In *Essais de psychanalyse* (p. 243-306). Payot, 2001.〔「自我とエス」：本間 直樹(責任編集) (2007). 『1922-24年 自我とエス みずからを語る (フロイト全集18)』(pp. 1-62) 岩波書店。〕

Freyheit, M. (2014). Hackers, cyberspace et traversabilité. Y a-t-il un humain derrière la toile ? In E. Després & H. Machinal (eds.), *Post Humains. Frontières, évolutions, hybridités* (p. 61-72). PUR.

Fuchs, P. (1999). *Immersion et interaction naturelles dans un environnement virtuel* [communication]. Colloque ENST Réalité Virtuelle et Cognition, Paris, France.

Fuchs, P., Moreau, G. & Arnaldi, B. (2006). *Le traité de la réalité virtuelle Volume 4- Les applications de la réalité virtuelle*. Presse de l'école des Mines de Paris.

Furuhashi, T., Tsuda, H., Ogawa, T., Suzuki, K., Shimizu, M., Teruyama, J., Horiguchi, S., Shimizu, K., Sedooka, A., Figueiredo, C., Pionné-Dax, N., Tajan, N., Fansten, M., Vellut, N. & Castel, P.-H. (2013). Etat des lieux, points communs et différences entre de jeunes adultes retirants sociaux en France et au Japon (Hikikomori). *L'Évolution psychiatrique*, *78*(2), 249-266.

Furuhashi, T. & Vellut, N. (2014). Si proches, si lointains : Hikikomori en France et au Japon. In M.

Fansten, C. Figueiredo, N. Pionné-Dax & N. Vellut (eds.), *Hikikomori, ces adolescents en retrait* (p. 139-156). Armand Colin.

Furuhashi, T. & Vellut, N. (2015). Expériences de consultation en ligne avec de jeunes hikikomori. *Adolescence, 33*(3), 559-572.

Galan, C. (2014). Sortir ou rester, mais comment ? In M. Fansten, C. Figueiredo, N. Pionné-Dax & N. Vellut (eds.), *Hikikomori, ces adolescents en retrait* (p. 95-111). Armand Colin.

Gambino, A., Fox, J. & Ratan, R. (2020). Building a stronger CASA: Extending the Computers Are Social Actors paradigm. *Human-Machine Communication, 1*, 71-86.

Ganascia, J.-M. (2010). Les nombres et les ombres. In R. Liogier (ed.), *De l'humain. Nature et artifices* (p. 28-33). Actes Sud.

Gaon, T. (2008). Soigner des jeux vidéo : critique de la notion d'addiction au jeu vidéo. *Quaderni, 67*, 33-47.

Garcia-Palacios, A., Hoffman, H., Carlin, A., Furness, T.-A. & Botella, C. (2002). Virtual reality in the treatment of spider phobia: a controlled study. *Behaviour Research and Therapy, 40*(9), 983-993.

Genvo, S. (2009). *Le jeu à son ère numérique. Comprendre et analyser les jeux vidéo.* L'Harmattan.

Gergely, G., Nadazdy, Z., Csibra, G. & Biro, S. (1995). Taking the intentional stance at 12 months of age. *Cognition, 56*(2), 165-193.

Georges, F. (2012). Avatars et identité. *Hermes, 62*(1), 33-40.

Giard, A. (2016). La love doll au Japon : jeux imaginaires, incarnation et paradoxes. *Interrogations*, hal-01632137.

Girard, R. (1982). *Le bouc émissaire.* Grasset. 〔織田 年和・富永 茂樹(訳) (2010). 『身代りの山羊（新装版）』 法政大学出版局。〕

Givre, P. (2013). Figures virtuelles et « jeux auto-subjectivants ». In S. Tisseron (ed.), *Subjectivation et empathie dans les mondes numériques* (p. 51-82). Dunod.

Glausiusz, J. (2014). Living in an imaginary world. *Scientific American Mind, 23*(1), 70-77.

Godart, E. (2016). *Je selfie donc je suis : les métamorphoses du moi à l'ère du virtuel.* Albin Michel.

Godart, E. (2018a). Les métamorphoses du sujet à l'ère du virtuel : enjeux contemporains d'une clinique hypermoderne. *Cliniques méditerranéennes, 98*(2), 25-46.

Godart, E. (2018b). *La psychanalyse va-t-elle disparaître ? Psychopathologie de la vie hypermoderne.* Albin Michel.

Godart, E. (2020). Nomophobia. De l'hypermodernité à la cybermodernité : la question du normal et du pathologique. *Psychologie clinique, 49*(1), 49-58.

Godeau, E., Catheline, N., Gaspar de Matos, M. & Ehlinger, V. (2016). Harceleurs et harcelés : des expressions du mal-être différentes. *Agora, 4*, 95-115.

Goodman, A. (1990). Addiction: Definition and implications. *British Journal of Addiction, 85*, 1403-1408.

Gozlan, A. (2013). La machine virtuelle. Une désintimité à l'œuvre. *Recherches en psychanalyse, 16*(2), 185-193.

Gozlan, A. (2018a). Quand l'altérité devient virale : exemple du cyberbullying. *Savoirs et clinique, 24*(1), 165-173.

Gozlan, A. (2018b). *Le harcèlement virtuel.* Yapaka.

Granovetter, M. (1973). The strength of weak ties. *American Journal of Sociology, 78*(6), 1360-1380.

Griffiths, M.-D. (2012). Addiction sans drogue. *Adolescence, 1*(79), 51-55.

Griffiths, M.-D., Kuss, D.-J. & Demetrovics, Z. (2014). Social networking addiction: An overview of preliminary findings. In K. Rosenberg & L. Feder (eds.), *Behavioral Addictions: Criteria, Evidence, and Treatment* (p. 119-141). Elsevier Editions.

Griffiths, M.-D., Van Rooij, A.-J., Kardefelt-Winther, D. et al. (2016). Working towards an international consensus on criteria for assessing internet gaming disorder: A critical commentary on Petry et al. (2014). *Addiction, 111*(1), 167-175.

Grimaud, E. & Vidal, D. (2012). Aux frontières de l'humain. Pour une anthropologie comparée des créatures artificielles. *Gradhiva, 15*, 4-25.

Guigné, C. (2014). Une approche biopsychosociale du décrochage scolaire et du retrait social. In M. Fansten, C. Figueiredo, N. Pionné-Dax & N. Vellut (eds.), *Hikikomori, ces adolescents en retrait* (p. 63-77). Armand Colin.

Guterstam, A., Abdulkarim, Z. & Ehrsson, H.-H. (2015). Illusory ownership of an invisible body reduces autonomic and subjective social anxiety responses. *Scientific Reports, 5*, 9831.

Gutierrez-Maldonado, J. & Ferrer-Garcia, M. (2005). Assessment of virtual reality effectiveness to produce emotional reactivity in patients with eating disorder. In S. Richir & B. Taravel (eds.), *VRIC — Laval Virtual* (p. 131-138). Laval.

Gutton, P. (2008). *Le Génie adolescent.* Odile Jacob.

Haag, G. (2018). *Le Moi corporel. Autisme et développement.* Puf.

Hacking, I. (2007). Canguilhem parmi les cyborgs. In J.-F. Braunstein (ed.), *Canguilhem. Histoire des sciences et politique du vivant* (p. 113-142). Puf.

Haddouk, L. (2014). Intersubjectivité et visioconsultation. *Cliniques méditerranéennes, 90*(2), 185-200.

Haddouk, L. (2016). *L'entretien clinique à distance : Manuel de visioconsultation.* Érès.

Haddouk, L. (2017). Black Mirror : le narcissisme à l'ère du numérique. *Le Carnet Psy, 204*, 27-29.

Hall, E. T. (1966). *La Dimension cachée.* Seuil, 1971. 〔日高 敏隆・佐藤 信行(訳) (1970). 『かくれた次元』みすず書房.〕

Haraway, D. (1985). *Manifeste cyborg, et autres essais.* Exils, 2007. 〔高橋 さきの(訳) (2017). 『猿と女とサイボーグ——自然の再発明 (新装版)』青土社.〕

Haza, M. (2018). Quand Zelda devient un support narratif pornographique : rencontre de la pornographie à l'adolescence. *Savoirs et clinique, 24*, 174-179.

Haza, M. (ed.). (2019). *Médiations numériques : jeux vidéo et jeux de transfert.* Érès.

Haza, M. (2020). Sexualité numérique : illusion de toute-puissance ? *Psychologie clinique, 49*(1), 29-39.

Herrera, F., Oh, S.-Y. & Bailenson, J.-N. (2019). Effect of behavioral realism on social interactions inside collaborative virtual environments. *Presence Teleoparators & Virtual Environments, 27*(2), 163-182.

Hinkley, T., Verbestel, V., Ahrens, W., Lissner, L., Molnar, D., Moreno, L.-D., Pigeit, I., Pohlabein, H., Reich, L.-A., Russo, P., Veidebaum, T., Tornaritis, M., Williams, G., De Henauw, S. & De Bourdeaudhuij, I. (2014). Early childhood electronic media use as a predictor of poorer well-being: A prospective cohort study. *JAMA Pediatrics, 168*(5), 485-492.

Hoffman, M. (2008). *Empathie et développement moral, les émotions morales et la justice.* PUG.

Honneth, A. (2007). *La réification. Petit traité de théorie critique.* Gallimard. 〔辰巳 伸知・宮本 真也(訳) (2011). 『物象化——承認論からのアプローチ』法政大学出版局.〕

Horstmann, A.-C., Bock, N., Linhuber, E., Szczuka, J.-M., Strassmann, C. & Krämer, N.-C. (2018). Do a robot's social skills and its objection discourage interactants from switching the robot off? *PLOS ONE, 13*(7), e0201581.

Hoyet, L., Angelaguet, F., Nicole, C. & Lécuyer, A. (2016). "Wow! I have six fingers!": Would you accept structural changes of your hand in VR? *Frontiers in Robotics and AI, 3*(27), 1-12.

Jackson, L.-A., Witt, E.-A., Games, A.-I., Fitzgerald, H.-E., von Eye, A. & Zhao, Y. (2012). Information technology use and creativity: Findings from the Children and Technology Project. *Computers in Human Behavior, 28*(2), 370-376.

Jaitin, R. (2018). Les craintes suscitées par la formation en ligne... en psychanalyse des liens. *Revue de Psychothérapie Psychanalytique de Groupe, 70*, 137-149.

Josman, N., Elbaz Schenirderman, A., Klinger, E. & Shevil, E. (2009). Using virtual reality to evaluate executive functioning among persons with schizophrenia: A validity study. *Schizophrenia Research, 115*(2-3), 270-277.

Jurgenson, N. (2012). When atoms meet bits: social media, the mobile web and augmented revolution. *Future Internet, 4*, 83-91.

引用文献

Kabali, H.-K., Irigoyen, M.-M., Nunez-Davis, R., Budacki, J.-G, Mohanti, S.-H., Leister, K.-P. & Bonner, R.-L. (2015). Exposure and use of mobile media devices by young children. *Pediatrics, 136*(6), 1044-1050.

Kadri, A., Lécuyer, A., Burkhardt, J.-M. & Richir, S. (2007). The visual appearance of user's avatar can influence the manipulation of both real devices and virtual objects. *Symposium on 3D User Interfaces*. IEEE.

Kaës, R. (1979). *Crise, rupture et dépassement*. Dunod, 2004.

Kaës, R. (1989). Les revenants du transfert. *Revue de Psychothérapie Psychanalytique de Groupe, 12*, 35-43.

Kaës, R. (1994). *La parole et le lien. Processus associatifs et travail psychique dans les groupes*. Dunod, 2005.

Kahneman, D. (2011). S*ystème 1 / Système 2 : Les deux vitesses de pensée*. Flammarion.〔村井 章子(訳) (2014).『ファスト＆スロー──あなたの意思はどのように決まるか？（全2巻）』（ハヤカワ文庫） 早川書房。〕

Kildare, C.-A. & Middlemiss, W. (2017). Impact of parents mobile device on parent-child interaction: A literature review. *Computers in Human Behavior, 75*, 579-593.

King, D.-L., Delfabbro, P.-H., Gainsbury, S.-M., Dreier, M., Greer, N. & Billieux, J. (2019). Unfair play? Video games as exploitative monetized services: An examination of game patents from a consumer protection perspective. *Computers in Human Behavior, 101*, 131-143.

Klein, M. (1955). *Envie et gratitude et autres essais*. Gallimard.〔松本 善男(訳) (1975).『羨望と感謝──無意識の源泉について』 みすず書房。〕

Klinger, E. (2014). Les apports de la réalité virtuelle à la prise en charge des déficiences cognitives. In R. Picard (ed.), *Réalités industrielles — Connaissances et systèmes technologiques pour la santé* (p. 57-62). Les Annales des Mines.

Klinger, E., Kadri, A., Sorita, E., Le Guiet, J.-L., Coignard, P., Fuchs, P., Leroy, L., Du Lac, N., Servant, F. & Joseph, P.-A. (2013). AGATHE: A tool for personalized rehabilitation of cognitive functions based on simulated activities of daily living. *IRBM, 34*(2), 113-118.

Kohut, H. (1971). *Le Soi*. Puf, 1974.〔近藤 三男・滝川 健司・小久保 勲(訳) (1994).『自己の分析』 みすず書房。〕

Kühn, S., Gleich, T., Lorenz, R.-C., Lindenberger, U. & Gallinat, J. (2013). Playing Super Mario induces structural brain plasticity: Grey matter changes resulting from training with a commercial video game. *Molecular Psychiatry, 19*, 265-271.

Kuss, D. & Griffiths, M.-D. (2012). Internet gaming addiction: A systematic review of empirical research. *International Journal of Mental Health and Addiction, 10*(2), 278-296.

Lajoie, J. (2007). La Cyberpsychologie. *Revue québécoise de psychologie, 28*(3), 5-13.

Lambrey, S., Jouvent, R., Allilaire, J.-F. & Pélissolo, A. (2010). Les thérapies utilisant la réalité virtuelle dans les troubles phobiques. *Annales Médico-Psychologiques, 168*(1), 44-46.

Lang, R. (1988). *Thérapie de vérité, thérapie de mensonges*. Puf.

Lanier, J. (2017). *Dawn of the New Everything: A Journey Through Virtual Reality*. The Bodley Head.〔谷垣 暁美(訳) (2020).『万物創生をはじめよう──私的VR事始』 みすず書房。〕

Laplanche, J. & Pontalis, J.-F. (1968). *Dictionnaire de la psychanalyse*. Puf.〔村上 仁(監訳) (1977).『精神分析用語辞典』 みすず書房。〕

Latoschik, M.-E., Kern, F., Stauffert, J.-P., Bartl, A., Botsch, M. & Lugrin, J.-L. (2019). Not alone here?! Scalability and user experience of embodied ambient crowds in distributed social virtual reality. *IEEE Transactions on Visualization and Computer Graphics, 25*(5), 2133-2144.

Laznik-Penot, M.-C. (1995). *Vers la parole : trois enfants autistes en psychanalyse*. Denoël.

Lauricella, A.-R., Pempek, T.-A., Barr, R. & Calvert, S.-L. (2010). Contingent computer interactions for young children's object retrieval success. *Journal of Applied Developmental Psychology, 31*(5), 362-369.

Lauricella, A.-R., Barr, R. & Calvert, S.-L. (2014). Parent-child interactions during traditional and computer storybook reading for children's comprehension: implications for electronic storybook design.

International Journal of Child-Computer Interaction, 2(1), 17-25.

Le Corre, V. (2019). « On peut jouer au PC ? ». Jeux vidéo, rêveries et autres transformations. In M. Haza (ed.), *Médiations numériques : jeux vidéo et jeux de transfert* (p. 81-111). Érès.

Lee, J.-H., Hahn, W.-Y., Kim, H.-S., Ku, J.-H., Park, D.-W., Kim, S.-H., Yang, B.-H., Lim, Y.-S. & Kim, S.-I. (2004). A functional magnetic resonance imaging (fMRI) study of nicotine craving and cue exposure therapy (CET) by using virtual stimuli. *Cyberpsychology and Behavior, 7*(3), 290.

Leroi-Gourhan, A. (1964). *Le Geste et la parole, t.1.* Albin Michel. 〔荒木 亨(訳) (2012). 『身ぶりと言葉』 (ちくま学芸文庫) 筑摩書房.〕

Leroux, Y. (2009). Le jeu vidéo comme support d'une relation thérapeutique. *Adolescence, 27*(3), 699-709.

Leroux, Y. (2012). Métapsychologie de l'immersion dans les jeux vidéo. *Adolescence, 30*(1), 107-118.

Leroux, Y. (2013). De l'identité en ligne aux communautés numériques : des outils pour devenir soi. In S. Tisseron (ed.), *Subjectivation et empathie dans les mondes numériques* (p. 139-168). Dunod.

Leroux, Y. & Lebobe, K. (2015). Que peut faire un thérapeute d'adolescents avec Internet ? *Adolescence, 33*(3), 511-521.

Lespinasse, F. & Perez, J. (1996). Un atelier thérapeutique jeu vidéo en hôpital de jour pour jeunes enfants. *Neuropsychatrie de l'enfance et de l'adolescence, 44*, 501-506.

Levin, M.-F., Weiss, P.-L. & Keshner, E.-A. (2015). Emergence of virtual reality as a tool for upper limb rehabilitation: incorporation of motor control and motor learning principles. *Physical Therapy, 95*, 415-425.

Levi-Strauss, Cl. (2000). *L'identité.* Puf.

Lévy, P. (1995). *Qu'est-ce que le virtuel ?* Editions La Découverte. 〔米山 優(監訳) (2006). 『ヴァーチャルとは何か──デジタル時代におけるリアリティ』 昭和堂.〕

Lipps, T. (1903). *Aesthetic, Psychologie des Schönen und der Kunst Leipzig.* Hambourg und Leipzig. 〔稲垣 末松(訳) (1928). 『空間藝術の諸相』 同文館.〕

Lobel, A., Engels, R., Stone, L.-L., Burke, W.-J. & Granic, I. (2017). Video gaming and children's psychosocial wellbeing: A longitudinal study. *Journal of Youth and Adolescence, 46*, 884-897.

Lotka, A.-J. (1945). The law of evolution as a maximal principle. *Human Biology, 17*(3), 167-194.

Lovato, S.-B. & Waxman, S.-R. (2016). Young children learning from touch screens: Taking a wider view. *Frontiers in Psychology, 7*, 1078.

Lynch, J., Aughwane, P. & Hammond, T.-M. (2010). Video games and surgical ability: A literature review. *Journal of Surgical Education, 67*(3), 184-189.

MacDorman, K.-F. & Ishiguro, H. (2006). The uncanny advantage of using androids in cognitive and social research. *Interaction Studies, 7*(3), 297-337.

Maister, L., Sebanz, N., Knoblich, G. & Tsakiris, M. (2013). Experiencing ownership over a dark-skinned body reduces implicit racial bias. *Cognition, 128*, 170-178.

Maister, L., Slater, M., Sanchez-Vives, M. V. & Tsakiris, M. (2015). Changing bodies changes minds: Owning another body affects social cognition. *Trends in Cognitive Science, 19*, 6-12.

Malbos, E., Oppenheimer, R. & Lacon, C. (2017). *Se libérer des troubles anxieux par la réalité virtuelle : Psychothérapie pour traiter les phobies, l'inquiétude chronique, les TOC et la phobie sociale.* Eyrolles.

Maleval, J.-C. (2007). « Plutôt verbeux » les autistes. *La Couse freudienne, 66*(2), 127-140.

Mapple, C., Shart, E. & Brown, A. (2011). *Cyberstalking in the United Kingdom: An analysis of the Echo Pilot Survey.* University of Bedfordshire, Computer Science and Informatics.

Matamala-Gomez, M., Donegan, T., Bottiroli, S., Sandrini, G., Sanchez-Vives, M.-V. & Tassorelli, C. (2019). Immersive virtual reality and virtual embodiment for pain relief. *Frontiers in Human Neurosciences, 13*, 279.

Mauss, M. (1923). *Essai sur le don. Forme et raison de l'échange dans les sociétés archaïques.* Puf, 2007. 〔吉田 禎吾・江川 純一(訳) (2009). 『贈与論』(ちくま学芸文庫) 筑摩書房. ／森山 工(訳) (2014). 『贈与論──他二篇』(岩波文庫) 岩波書店.〕

McDaniel, B.-T. & Radesky, J.-S. (2018). Technoference: Parent distraction with technology and associations with child behavior problems. *Child Development, 89*(1), 100-109.

McDougall, J. (1982). *Théâtre du Je*. Gallimard.

McLuhan, M. & Powers, B. (1989). *The global village: Transformations in world life and media in the 21st century*. Oxford University Press.〔浅見 克彦（訳）（2003）.『グローバル・ヴィレッジ——21 世紀の生とメディアの転換』青弓社.〕

Merry, S., Stasiak, K., Shepherd, M., Frampton, C., Fleming, T. & Lucassen, M. (2012). The effectiveness of SPARX, a computerised self help intervention for adolescents seeking help for depression: Randomised controlled non-inferiority trial. *British Medical Journal, 344*, 1-16.

Milgram, P. & Kishino, F. (1994). A taxonomy of mixed reality visual displays. *IEICE Transactions on Information Systems, 77*(12), 1321-1329.

Missonnier, S. (2006). Psycho(patho)logie du virtuel quotidien. In S. Tisseron (ed.), *L'enfant au risque du virtuel* (p. 39-85). Dunod.

Missonnier, S. & Lisandre, H. (2003). *Le virtuel : la présence de l'absent*. EDK.

Mori, M. (1970). « Bukimi no tani ». *Gradhiva, 15*, 2012, 26-33.〔森 政弘（1970）.「不気味の谷」『Energy』（エッソスタンダード石油）第 7 巻，第 4 号，33-35 頁.〕

Morin, C. (2013). *Schéma corporel, image du corps, image spéculaire. Neurologie et psychanalyse*. Érès.

Mumford, L. (1934). *Technique et civilisation*. Parenthèses, 2016.〔生田 勉（訳）（1972）.『技術と文明（新版）』美術出版社.〕

Murray, J.-H. (1998). *Hamlet on the Holodeck: The Future of Narrative in Cyberspace*. The MIT Press.〔有馬 哲夫（訳）（2000）.『デジタル・ストーリーテリング——電脳空間におけるナラティヴの未来形』国文社.〕

Naivin, B. (2016). *Selfie, un nouveau regard photographique*. L'Harmattan.

Nass, C., Steuer, J. & Tauber, E.-R. (1994). Computers are social actors. *CHI '94: Proceedings of the SIGCHI Conference on Human Factors in Computing Systems*, 72-78. doi: 10.1145/191666.191703

Neri, C. (2015). La notion élargie de champ en psychanalyse. In A. Ferro & R. Basile (eds.), *Le champ analytique. Un concept clinique* (p. 51-81). Ithaque.

Nevejans, N. (2017). *Traité de droit et d'éthique de la robotique civile*. LEH éditions.

Nijssen, S., Müller, B. & Van Baaren, R. (2019). « Saving the Robot or the Human? Robots Who Feel Deserve Moral Care ». *Social Cognition, 37*(1), 41-52.

Ogawa, T. (2014). Psychanalyse du retrait social au Japon, Comparaison entre « hikikomori primaire de type narcissique schizoïde » et « hikikomori primaire de type Asperger léger ». In M. Fansten, C. Figueiredo, N. Pionné-Dax & N. Vellut (eds.), *Hikikomori, ces adolescents en retrait* (p. 186-200). Armand Colin.

Optale, G., Pastore, M., Marin, S., Bordin, D., Nasta, A. & Pianon, C. (2004). Male sexual dysfunctions: Immersive virtual reality and multimedia therapy. *Studies in Health Technology and Informatics, 99*, 165-178.

Pagani, L.-S., Fitzpatrick, C., Tracie, A.-B. & Dubow, E. (2010). Prospective associations between early childhood television exposure and academic, psychosocial, and physical well-being by middle childhood. *Archives of Pediatrics & Adolescent Medicine, 164*(5), 425-431.

Pagani, L.-S., Lévesque-Seck, F. & Fitzpatrick, C. (2016). Prospective associations between televiewing at toddlerhood and later self-reported social impairment at middle school in a Canadian longitudinal cohort born in 1997/1998. *Psychological Medicine, 46*(16), 3329-3337.

Parish-Morris, J., Mahajan, N., Hirsh-Pasek, K., Golinkoff, R.-M. & Collins, M.-F. (2013). Once upon a time: Parent-child dialogue and storybook reading in the electronic era. *Mind, Brain, and Education, 7*, 200-211.

Peck, T.-C., Seinfeld, S., Aglioti, S.-M. & Slater, M. (2013). Putting yourself in the skin of a black avatar reduces implicit racial bias. *Consciousness and Cognition, 22*(3), 779-787.

Pellerin, D. (1998). Les lucarnes de l'infini. *Études photographiques, 4*, 1-11.

Perény, E. (2013). *Images interactives et jeu vidéo. De l'interface iconique à l'avatar numérique.* Questions théoriques.

Perriault, J. (1981). *Mémoires de l'ombre et du son : une archéologie de l'audio-visuel.* Flammarion.

Pionnié-Dax, N. (2014). Retrait à l'adolescence. Un refus de quoi ? Un refus pourquoi ? In M. Fansten, C. Figueiredo, N. Pionné-Dax & N. Vellut (eds.), *Hikikomori, ces adolescents en retrait* (p. 201-212). Armand Colin.

Pitteri, A. (2020). Les recours à l'objet numérique. Du mécanisme de défense à l'espace potentiel. *Psychologie clinique, 49*(1), 40-48.

Plancher, G., Barra, J., Orriols, E. & Piolino, P. (2012). The influence of action on episodic memory: a virtual reality study. *Quarterly Journal of Experimental Psychology, 66*(5), 895-900.

Polman, H., Orobio De Castro, B. & Van Aken, M.-A.-G. (2008). Experimental study of the differential effects of playing versus watching violent video games on children's aggressive behavior. *Aggressive Behavior, 34*(3), 256-264.

Potier, R. (2012). Facebook à l'épreuve de la différence. Avatars du narcissisme des petites différences. *Topique, 4*(121), 97-109.

Poulain, T., Vogel, M., Neef, M., Abicht, F., Hilbert, A., Genuneit, J., Körner, A. & Kiess, W. (2018). Reciprocal associations between electronic media use and behavioral difficulties in preschoolers. *International Journal of Environmental Research and Public Health, 15*(4), 814-826.

Quéau, P. (1993). *Le virtuel.* INA Edition.〔嶋崎 正樹(訳)（1997）．『ヴァーチャルという思想——力と惑わし』 NTT 出版.〕

Racamier, P.-C. (1995). *L'Inceste et l'incestuel.* Dunod, 2010.

Radesky, J.-S., Miller, A.-L., Rosenblum, K.-L., Appugliese, D., Kaciroti, N. & Lumeng, J.-C. (2014). Maternal mobile device use during a structured parent-child interaction task. *Academic Pediatrics, 15*(2), 238-244.

Rauschenberger, R. & Barakat, B. (2020). Health and safety of VR use by children in an educational use case. *IEEE Conference on Virtual Reality and 3D User Interfaces (VR), 2020*, 878-884.

Ricard, M. (2014). *Plaidoyer pour l'altruisme, la force de la bienveillance.* Nil.

Ricœur, P. (1990). *Soi-même comme un autre.* Seuil.〔久米 博(訳)（2010）．『他者のような自己自身』 法政大学出版局.〕

Riva, G., Bacchetta, M., Cesa, G., Conti, S. & Molinari, E. (2004). The use of VR in the treatment of eating disorders. *Studies in Health Technology and Informatics, 99*, 121-163.

Rizzolatti, G. & Sinigaglia, C. (2011). *Les neurones miroirs.* Odile Jacob.〔柴田 裕之(訳)（2023）．『ミラーニューロン（新装版）』 紀伊國屋書店.〕

Robillard, G., Bouchard, S., Dumoulin, S., Guitard, T. & Klinger, E. (2010). Using virtual humans to alleviate social anxiety: Preliminary report from a comparative outcome study. *Studies in Health Technology and Informatics, 154*, 57-60.

Rosenberg, R.-S., Baughman, S.-L. & Bailenson, J.-N. (2013). Virtual superheroes: Using superpowers in virtual reality to encourage prosocial behavior. *PLOS ONE, 8*(1), 1-9.

Rosenthal-von der Pütten, A., Krämer, N. & Brand, M. (2013). Investigation on Empathy Towards Humans and Robots Using Psychophysiological Measures and fMRI. *Computer in Human Behavior, 33*, 201-212.

Roth, D., Bloch, C., Schmitt, J., Frischlich, L., Latoschik, M.-E. & Bente, G. (2019). Perceived authenticity, empathy, and pro-social intentions evoked through avatar-mediated self disclosures. *MuC'19: Proceedings of Mensch und Computer 2019*, 21-30. doi: 10.1145/3340764.3340797

Roussillon, R. (1999a). *Agonie, clivage et symbolisation.* Puf.

Roussillon, R. (1999b). Situations et configurations transférentielles limites. *Filigrane, 2*(8), 100-120.

Roussillon, R. (2013). Une métapsychologie de la médiation et du médium malléable. In A. Brun, B. Chouvier & R. Roussillon (eds.), *Manuel des médiations thérapeutiques* (p. 39-69). Dunod.

Rus-Calafell, M., Garety, P., Sason, E., Craig, T.-J. & Valmaggia, L. R. (2018). Virtual reality in the assessment and treatment of psychosis: A systematic review of its utility, acceptability and effectiveness. *Psychological Medicine*, *48*, 362-391.

Saint-Jevin, A. (2018). L'horizon numérique dans les problématiques limites : les social games. *Psychologie clinique*, *45*(1), 196-210.

Saint-Jevin, A. (2019). *La machine psychanalytique : théorie de la machine lacanienne*. Editions universitaire de Dijon.

Saint-Jevin, A. (2020). Dispositif de préparation mentale pour l'e-sport : neurosciences, psychanalyse et yoga. *Psychologie clinique*, *49*(1), 72-82.

Saito, T. (1998). *Shakaietki hikikomori : owranai shishunki* (Hikikomori, une adolescence sans fin). PHP. 〔斎藤　環　(1998).『社会的ひきこもり──終わらない思春期』(PHP 新書)　PHP 研究所.〕

Schmitt, J.-C. (2002). *Le Corps des images. Essais sur la culture visuelle du Moyen Âge*. Gallimard.〔小池 寿子(訳)　(2015).『中世の聖なるイメージと身体──キリスト教における信仰と実践』　刀水書房.〕

Schmidt, M.-E., Pempek, T.-A., Kirkorian, L., Lund, A.-F. & Anderson, D.-R. (2008). The effects of background television on the toy play behavior of very young children. *Child Development*, *79*(4), 1137-1151.

Schmidt, R.-C. & Richardson, M.-J. (2008). Dynamics of interpersonal coordination. In A. Fuchs & V. K. Jirsa (eds.), *Coordination: Neural, Behavioral and Social Dynamics* (p. 281-308). Springer.

Searles, H. (1960). *L'environnement non humain*. Gallimard, 1986.〔殿村 忠彦・笠原 嘉(訳)　(1988).『ノンヒューマン環境論──分裂病者の場合』　みすず書房.〕

Searles, H. (1979). *Le Contre-transfert*. Gallimard, 1981.〔松本 雅彦 他(訳)　(1991).『逆転移1』　みすず書房.／田原 明夫 他(訳)　(1995).『逆転移2』　みすず書房.／横山 博 他(訳)　(1996).『逆転移3』　みすず書房.〕

Seinfeld, S., Arroyo-Palacios, J., Iruretagoyena, G., Hortensius, R., Zapata, L.-E., Borland, D., de Gelder, B., Slater, M. & Sanchez-Vives, M.-V. (2018). Offenders become the victim in virtual reality: Impact of changing perspective in domestic violence. *Scientific Reports*, *8*, 2692.

Seinfeld, S., Feuchtner, T., Maselli, A. & Müller, J. (2020). User representations in human-computer interaction. *Human-Computer Interaction*, *36*(5-6), 400-438.

Simondon, G. (1958). *Du mode d'existence des objets techniques*. Aubier, 2012.〔宇佐美 達朗・橘 真一(訳)　(2025).『技術的対象の存在様態について』　みすず書房.〕

Simondon, G. (2005). *L'individuation a la lumière des notions de forme et d'information*. Jérôme Millon.〔藤井 千佳世(監訳)　(2023).『個体化の哲学──形相と情報の概念を手がかりに（新装版）』　法政大学出版局.〕

Singer, P.-W. (2009). *Wired for war: The robotics revolution and conflict in the 21st century*. The Penguin Press.〔小林 由香利(訳)　(2010).『ロボット兵士の戦争』　日本放送出版協会.〕

Slater, M., Gonzalez-Liencres, C., Haggard, P., Vinkers, C., Gregory-Clarke, R., Jelley, S., Watson, Z., Breen, G., Schwarz, R., Steptoe, W., Szostak, D., Halan, S., Fox, D. & Silver, J. (2020). The ethics of realism in virtual and augmented reality. *Frontiers in Virtual Reality*, *1*(1). doi: 10.3389/frvir.2020.00001

Slater, M. & Sanchez-Vives, M.-V. (2016). Enhancing our lives with immersive virtual reality. *Frontiers in Robot and AI*, *3*(74). doi: 10.3389/frobt.2016.00074

Slater, M., Spanlang, B., Sanchez-Vives, M.-V. & Blanke, O. (2010). First person experience of body transfer in virtual reality. *PLOS ONE*, *5*(5), e10564.

Smahel, D., Blinka, L. & Ledabyl, O. (2008). Playing MMORPG: Connections between addiction and identifying with a character. *Cyberpsycology and Behavior*, *11*(6), 715-718.

Somer, E., Somer, L. & Jopp, D.-S. (2016). Parallel lives: A phenomenological study of the lived experience of maladaptive daydreaming. *Journal of Trauma & Dissociation*, *17*(5), 561-576.

Soulé, M. (1999). La vie du fœtus. Son étude pour comprendre la psychopathologie périnatale et les prémices de la psychosomatique. *Psychiatrie de l'enfant*, *27*(1), 26-69.

Spiegel, J.-S. (2018). The ethics of virtual reality technology: Social hazards and public policy recommendations. *Science and Engineering Ethics*, *24*, 1537-1550.

Spies Shapiro, L.-A. & Margolin, G. (2014). Growing up wired: Social networking sites and adolescent psychosocial development. *Clinical Child and Family Psychology Review*, *17*(1), 1-18.

Stassin, B. (2019). (*Cyber*)*harcèlement. Sortir de la violence, à l'école et sur les écrans*. C&F éditions.

Stern, D. N. (1989). *Le Monde interpersonnel du nourrisson, une perspective psychanalytique et développementale*. Puf. 〔小此木 啓吾・丸田 俊彦(監訳)（1989）．『乳児の対人世界――理論編』，（1991）．『乳児の対人世界――臨床編』 岩崎学術出版社.〕

Stiegler, B. & Tisseron, S. (2009). *Faut-il interdire les écrans aux enfants ?* Mordicus.

Stora, M. (2006a). Ico, conte de fées interactif : histoire d'un atelier jeu vidéo. *L'Autre*, *7*(2), 215-230.

Stora, M. (2006b). Jeux vidéo, un nouvel enjeu thérapeutique. In S. Tisseron (ed.), *L'enfant au risque du virtuel* (p. 117-166). Dunod.

Stora, M. & de Dinechin, B. (2005). *Guérir par le virtuel : une nouvelle approche thérapeutique*. Presses de la Renaissance.

Suler, J. (2004). The online disinhibition effect. *Cyberpsychology and Behavior*, *7*(3), 321-326.

Suler, J. (2016). *Psychology of the Digital Age: Humans Become Electric*. Cambridge University Press.

Suzuki, K. (2014). Hikikomori, nos contemporains. In M. Fansten, C. Figueiredo, N. Pionné-Dax & N. Vellut (eds.), *Hikikomori, ces adolescents en retrait* (p. 78-93). Armand Colin.

Tajadura-Jiménez, A., Banakou, D., Bianchi-Berthouze, N. & Slater, M. (2017). Embodiment in a child-like talking virtual body influences object size perception, self-identification, and subsequent real speaking. *Scientific Reports*, *7*, 9637.

Takano, E., Chikaraishi, T., Matsumoto, Y., Nakamura, Y., Ishiguro, H. & Sugamato, K. (2008). Psychological effects of an android bystander on human-human communication. *Humanoids 2008 — 8th IEEE-RAS International Conference on Humanoid Robots*, 635-639.

Teppers, E., Luyckx, K., Klimstra, T.-A. & Goossens, L. (2014). Loneliness and Facebook motives in adolescents: A longitudinal inquiry into directionality of effect. *Journal of Adolescence*, *37*(5), 691-699.

Tisseron, S. (1976). Histoire de la psychiatrie en 1001 dessins. *Psychiatrie Aujourd'hui*, *26*, 3-55.

Tisseron, S. (1981). De la bande dessinée envisagée dans ses rapports au fétichisme. *L'Evolution psychiatrique*, *46*(4), 1021-1026.

Tisseron, S. (1985). *Tintin chez le psychanalyste*. Aubier.

Tisseron, S. (1987). *Psychanalyse de la bande dessinée*. Flammarion, 2000.

Tisseron, S. (1988). Le mystère de la chambre invisible, à propos des photographies érotiques de Helmut Newton. *La recherche photographique*, *5*, 82-90.

Tisseron, S. (1990). *Tintin et les secrets de famille*. Aubier, 1996.

Tisseron, S. (1992). *La honte, psychanalyse d'un lien social*. Dunod, 2020. 〔大谷 尚文・津島 孝仁(訳)（2001）．『恥――社会関係の精神分析』 法政大学出版局.〕

Tisseron, S. (1994). L'inconscient de la photographie. *La recherche photographique*, *17*, 80-85.

Tisseron, S. (1995a). Les images psychiques entre les générations. In S. Tisseron (ed.), *Le psychisme à l'épreuve des générations, clinique du fantôme* (p. 123-144). Dunod.

Tisseron, S. (1995b). *Psychanalyse de l'image, des premiers traits au virtuel*. Hachette, 2020.

Tisseron, S. (1996a). *Le Mystère de la chambre claire*. Flammarion, 1999. 〔青山 勝(訳)（2001）．『明るい部屋の謎――写真と無意識』 人文書院.〕

Tisseron, S. (1996b). *Secrets de famille, mode d'emploi*. Marabout, 1997.

Tisseron, S. (1997). *Le bonheur dans l'image*. Les Empêcheurs de penser en rond.

Tisseron, S. (1998). *Y a-t-il un pilote dans l'image ? Six propositions pour prévenir les dangers des images*. Aubier.

Tisseron, S. (1999). *Comment l'esprit vient aux objets*. Puf, 2016.

Tisseron, S. (2000a). *Enfants sous influence, les écrans rendent-ils les jeunes violents ?* Armand Colin, 2002.

Tisseron, S. (2000b). *Petites mythologies d'aujourd'hui*. Aubier.

Tisseron, S. (2001). *L'intimité surexposée*. Hachette, 2002.

Tisseron, S. (2003a). *Comment Hitchcock m'a guéri : que cherchons-nous dans les images ?* Hachette, 2005.

Tisseron, S. (2003b). La psychanalyse freudienne et ses voies nouvelles. In M. Elkaïm (ed.), *À quel psy se vouer ? Psychanalyses, psychothérapies : les principales approches* (p. 81-109). Seuil.

Tisseron, S. (2004). Le virtuel à l'adolescence, ses mythologies, ses fantasmes et ses usages. *Adolescence, 22*(47), 9-31.

Tisseron, S. (2005). La réalité de l'expérience de fiction. *L'Homme, 3-4*(175-176), 131-145.

Tisseron, S. (2006a). Les quatre ressorts d'une passion. In S. Tisseron (ed.), *L'enfant au risque du virtuel* (p. 7-38). Dunod.

Tisseron, S. (2006b). Le virtuel, une relation. In S. Tisseron (ed.), *L'enfant ou risque du virtuel* (p. 87-115). Dunod.

Tisseron, S. (2007a). Unser Umgang mit Bildern. In H. Belting (ed.), *Bilderfragen, Die Bildwissenschaften im Aufbruch* (p. 307-316). Wilhelm Fink Verlag.

Tisseron, S. (2007b). Le virtuel à l'adolescence, autodestruction ou autothérapie ? *Neuropsychiatrie de l'enfance et de l'adolescence, 5/6*, 264-268.

Tisseron, S. (2008a). Le corps et les écrans. Toute image est portée par le désir d'une hallucination qui devienne réelle. *Champ psychosomatique, 52*(4), 47-57.

Tisseron, S. (2008b). Le jeu vidéo à l'adolescence comme mise en scène de la famille imaginaire. *Le Divan Familial, 21*(2), 27-37.

Tisseron, S. (2008c). *Qui a peur des jeux vidéo ?* Albin Michel (avec Isabelle Gravillon).

Tisseron, S. (2008d). *Virtuel, mon amour. Penser, aimer, souffrir, à l'ère des nouvelles technologies*. Albin Michel.

Tisseron, S. (2009a). L'Ado et ses avatars. *Adolescence, 27*(3), 591-600.

Tisseron, S. (2009b). L'Avatar, voie royale de la thérapie, entre espace potentiel et déni. *Adolescence, 27*(3), 721-731.

Tisseron, S. (2009c). Jeux vidéo : entre nouvelle culture et séductions de la « dyade numérique ». *Psychotropes, 1*(15), 21-40.

Tisseron, S. (2009d). Le rêve de la mort virtuelle, les jeux vidéo. *Topique, 2*(107), 107-117.

Tisseron, S. (2010a). *L'Empathie ou cœur du jeu social*. Albin Michel.

Tisseron, S. (2010b). L'impact du virtuel sur le développement. In P. Ferrari & O. Bonnot (eds.), *Traité européen de Psychiatrie et de psychopathologie de l'enfant et de l'adolescent* (p. 89-98). Lavoisier.

Tisseron, S. (2010c). Pathologies du virtuel. In P. Ferrari & O. Bonnot (eds.), *Traité européen de Psychiatrie et de psychopathologie de l'enfant et de l'adolescent* (p. 598-604). Lavoisier.

Tisseron, S. (2010d). Les usages problématiques des nouvelles technologies : le modèle addiction/dépendance est-il pertinent ? In E.-P. Toubiana (ed.), *Manuel d'addictologie clinique* (p. 524-561). Puf.

Tisseron, S. (2012a). L'addiction aux jeux vidéo, un modèle très critiqué. *VST, Revue du Champ Social et de la Santé Mental, 114*, 35-41.

Tisseron, S. (2012b). Adolescence, la nouvelle culture Internet. In M.-R. Moro (ed.), *Troubles à l'adolescence dans un monde en changement. Comprendre et Soigner* (p. 63-72). Armand Colin.

Tisseron, S. (2012c). Clinique du virtuel : rêvasser, rêver ou imaginer. *Adolescence, 30*(1), 145-157.

Tisseron, S. (2012d). *Rêver, fantasmer, virtualiser : du virtuel psychique au virtuel numérique*. Dunod.

Tisseron, S. (2012e). Tester l'empathie des combattants pour les robots afin d'éviter les comportements inadaptés au combat. In D. Danet, J.-P. Hanon & G. De Boisboissel (eds.), *La Guerre robotisée* (p. 213-231). Economica.

Tisseron, S. (2013a). *3-6-9-12, apprivoiser les écrans et grandir*. Érès, 2017.

Tisseron, S. (2013b). « Attrape-moi si tu peux », ou la médiation des mondes numériques en thérapie d'adolescents. In R. Cahn, P. Gutton, P. Robert, S. Tisseron, *L'Ado et son psy, Nouvelles approches thérapeutiques en psychanalyse* (p. 147-205). In Press.

Tisseron, S. (2013c). *Fragments d'une psychonalyse empathique.* Albin-Michel.

Tisseron, S. (2013d). De l'image dans la main à l'image en ligne, ou comment le numérique a affranchi la photographie des discours morbides. In L. Allard et al., *Téléphone mobile et création* (p. 117-127). Armand Colin.

Tisseron, S. (2014a). An assessment of combatant empathy for robots with a view to avoiding inappropriate conduct in combat. In D. Danet, J. P. Hanon & G. De Boisboissel (eds.), *Robots on the Battlefield. Contemporary Issues and Implications for the Future* (p. 165-180). Combat Studies Institute press, Fort Leavenworth, Kansas & Écoles de Saint-Cyr Coétquidan.

Tisseron, S. (2014b). Une double désarticulation, à la fois psychique et sociale. In M. Fansten, C. Figueiredo, N. Pionné-Dax & N. Vellut (eds.), *Hikikomori, ces adolescents en retrait* (p. 157-169). Armand Colin.

Tisseron, S. (2014c). Du virtuel psychique et de ses aléas. Hikikomori et relation d'objet virtuelle. *Psychologie clinique, 37*(1), 13-24.

Tisseron, S. (2015a). *Le jour où mon robot m'aimera, vers l'empathie artificielle.* Albin Michel.〔阿部 又一郎（訳）（2022）.『ロボットに愛される日──AI 時代のメンタルヘルス』星和書店.〕

Tisseron, S. (2015b). Rendez-vous dans 10 ans. *Adolescence, 33*(3), 501-510.

Tisseron, S. (2016a). *Empathie et manipulation, les pièges de la compassion.* Albin Michel Poche, 2020.

Tisseron, S. (2016b). Intimité et extimité sur le net. *Connexions, 1*(105), 39-48.

Tisseron, S. (2016c). Le selfie, ou la vérité en photographie (préface). In B. Naivin, *Selfie : Un nouveau regard photographique* (p. 5-16). L'Harmattan.

Tisseron, S. (2016d). Du virtuel psychique au virtuel numérique. *Rhizome, 61*(3), 3-4.

Tisseron, S. (2017). Pour comprendre les objets numériques en médiation thérapeutique, rendons d'abord aux objets leur place dans nos vies. In S. Tisseron & F. Tordo (eds.), *L'enfant, les robots et les écrans : nouvelles médiations thérapeutiques* (p. 3-30). Dunod.

Tisseron, S. (2018). *Petit traité de cyberpsychologie.* Le Pommier.

Tisseron, S. (2019a). Les enjeux et les risques psychologiques de l'augmentation pour les militaires. *Actes du colloque « Le soldat augmenté : regards croisés sur l'augmentation des performances du soldat »* (p. 85-93). Fondation pour l'innovation politique & CREC Saint-Cyr.

Tisseron, S. (2019b). La psychanalyse face au défi technologique (préface). In F. Tordo, Le Moi-cyborg. *Psychanalyse et neurosciences de l'homme connecté* (p. IX-XVI), Dunod.

Tisseron, S. (2020a). *L'Emprise insidieuse des machines parlantes, plus jamais seul.* Les Liens qui Libèrent.

Tisseron, S. (2020b). L'exendosomatisation, de la production des technologies par exosomatisation au métissage homme-machines par endosomatisation. *Psychologie clinique, 49*(1), 90-100.

Tisseron, S. (2020c). Facilités et pièges de la communication à distance : les leçons du confinement. In C. Byk (ed.), *COVID-19 ; vers un nouveau monde ? Une analyse de la pandémie à travers le regard des sciences sociales et humaines* (p. 121-131). MA Editions.

Tisseron, S. (2020d). Le Smartphone, du couteau suisse au compagnon digital. In D. Galli & F. Renucci (eds.), *Pharmaphone : La voix des adolescents* (p. 11-18). De Boeck Supérieur.

Tisseron, S. & Khayat, D. (2013). Etude préliminaire de validation d'un questionnaire évaluant le type d'interaction dans les jeux vidéo (QTIJV). *Neuropsychiatrie de l'enfance et de l'adolescence, 61*(2), 81-92.

Tisseron, S. & Tordo, F. (2013). Les diverses formes de l'empathie dans le jeu vidéo en ligne. In S. Tisseron (ed.), *Subjectivation et empathie dans les mondes numériques* (p. 83-109). Dunod.

Tisseron, S. & Tordo, F. (eds.). (2014). Le virtuel, pour quoi faire ? Regards croisés. *Psychologie clinique, 37*(1). EDP sciences.

Tisseron, S. & Tordo, F. (eds.). (2017). *L'enfant, les robots et les écrans : nouvelles médiations thérapeutiques.* Dunod.

Tisseron, S. & Tordo, F. (eds.). (2018). *Robots, de nouveaux partenaires de soins psychiques*. Érès.

Tisseron, S. & Tordo, F. (eds.). (2020). Cyberpsychologie et cyberpsychanalyse. *Psychologie clinique, 49*(1). EDP sciences.

Tordo, F. (2010). Désir d'intersubjectivité dans les jeux vidéo : entre auto-empathie virtuelle et relations interpersonnelles réelles. *Psychotropes, 16*(3-4), 175-187.

Tordo, F. (2012). Psychanalyse de l'action dans le jeu vidéo. *Adolescence, 30*(1), 119-132.

Tordo, F. (2013). Le jeu vidéo, un espace de subjectivation par l'action. L'auto-empathie médiatisée par l'action virtuelle. *Revue québécoise de psychologie, 34*(2), 245-263.

Tordo, F. (2014). Le virtuel psychique, une anticipation en tension vers l'actualisation. *Psychologie clinique, 37*(1), 25-37.

Tordo, F. (2015). Utilité du numérique avec les cas-limites. *Adolescence, 33*(3), 535-546.

Tordo, F. (2016). *Le numérique et la robotique en psychanalyse. Du sujet virtuel au sujet augmenté.* L'Harmattan.

Tordo, F. (2017a). Un cas de fétichisme pervers par hybridation technologique. *Cliniques méditerranéennes, 96*(2), 231-244.

Tordo, F. (2017b). Médiations numériques et pathologies limites en psychothérapie analytique. In S. Tisseron & F. Tordo (eds.), *L'enfant, les robots et les écrans : nouvelles médiations thérapeutiques* (p. 31-60). Dunod.

Tordo, F. (2017c). Médiations robotiques et autisme infantile en psychothérapie analytique. In S. Tisseron & F. Tordo (eds.), *L'enfant, les robots et les écrans : nouvelles médiations thérapeutiques* (p. 139-166). Dunod.

Tordo, F. (2017d). Les trois transferts de la cure analytique par Skype. In F. Tordo & E. Darchis (eds.), *La cure analytique à distance. Skype sur le divan* (p. 45-68). L'Harmattan.

Tordo, F. (2018a). Du Groupe virtuel au transfert par diffraction sur le numérique. *Revue de Psychothérapie Psychanalytique de Groupe, 70*(1), 9-19.

Tordo, F. (2018b). La personne autiste et sa machine. *Enfances & Psy, 80*(4), 112-121.

Tordo, F. (2018c). Robothérapie. Synthèse des fonctions thérapeutiques de la médiation robotique. In S. Tisseron & F. Tordo (eds.), *Robots, de nouveaux partenaires de soins psychiques* (p. 77-88). Érès.

Tordo, F. (2019a). Actualités de l'environnement non humain et technologique dans la clinique. Transfert et contre-transfert en situation de médiation robotique. In P. Martin-Mattera, L. Bernard-Tanguy, A. Lévy, V. Martin-Lavaud, M. Ménard-Huneau, P. Peretti & M. Saiet (eds.), *Nouvelles technologies, nouvelles psychologies ? Éducation, santé, lien social: usages et mésusages* (p. 75-95). L'Harmattan.

Tordo, F. (2019b). Fantasmes d'intégration de la technologie chez l'homme connecté. *Psychiatrie française, XLIX*(3), 18, 51-61.

Tordo, F. (2019c). L'immersion dans le champ (virtuel) analytique. *Le divan familial, 42*, 63-72.

Tordo, F. (2019d). *Le Moi-cyborg. Psychanalyse et neurosciences de l'homme connecté.* Dunod.

Tordo, F. (2019e). Mythes et fantasmes posthumanistes en clinique et nouvelles médiations thérapeutiques. *Dialogue, 222*(4), 15-26.

Tordo, F. (2019f). La psyché du corps connecté et transformé, entre contenance et augmentation. *Connexions, 110*(2), 61-72.

Tordo, F. (2019g). Technosexualité, trans@sexualité et néo-sexualité. In S. Shaeffer (ed.), *Qu'est la sexualité devenue ? De Freud à aujourd'hui* (p. 167-178). In Press.

Tordo, F. (2020a). Cyberviolence et cyberharcèlement. Une violence fantasmatique pour l'agresseur, une violence traumatique pour la victime. *Neuropsychiatrie de l'enfance et de l'adolescence, 68*(4), 185-189.

Tordo, F. (2020b). Cyberpsychologie des malades chroniques et somatiques : pour une clinique de la relation du patient à la technologie. *Psycho-oncologie, 14*(1-2), 12-16.

Tordo, F. (2020c). Cybersexualité. De la trans@sexualité aux métamorphoses de l'identité du genre sexuel. *Psychologie clinique, 49*(1), 16-28.

Tordo, F. (2020d). Le psychisme à l'épreuve du confinement : l'inconscient mis à nu et la transparence digitale. *Recherches & éducations*, 101388 [en ligne].

Tordo, F. (2020e). Sensations, perceptions, images psychiques et représentations chez l'homme connecté. *Psychologie clinique*, *49*(1), 101-113.

Tordo, F. & Binkley, C. (2013). L'auto-empathie médiatisée par l'avatar, une subjectivation de soi. In E.-A. Amato & E. Pereny (eds.), *Les avatars jouables des mondes numériques* (p. 91-106). Hermes.

Tordo, F. & Binkley, C. (2016). L'auto-empathie, ou le devenir de l'autrui-en-soi : définition et clinique du virtuel. *Évolution psychiatrique*, *81*(2), 293-308.

Tordo, F. & Darchis, E. (eds.). (2017). *La cure analytique à distance. Skype sur le divan*. L'Harmattan.

Torok, M. (1959/1972). Le fantasme, essai de définition structurale et opérationnelle. In *Une vie avec la psychanalyse* (p. 76-91). Aubier, 2002.

Trevarthen, C. & Aitken, K.-J. (2003). Intersubjectivité chez le nourrisson : recherche, théorie et application clinique. *Devenir*, *34*(4), 309-428.

Tronto, J. (1993). *Un monde vulnérable*. La découverte, 2009.

Troseth, G.-L., Saylor, M.-M. & Archer, A.-H. (2006). Young children's use of video as a source of socially relevant information. *Child Development*, *77*(3), 786-799.

Turkle, S. (2003). L'écran fragmenté. *Sociétés*, *79*(1), 17-34.

Turkle, S. (2011). *Seuls ensemble. De plus en plus de technologies. De moins en moins de relations humaines*. L'échappée, 2015.〔渡会 圭子（訳）（2018）.『つながっているのに孤独──人生を豊かにするはずのインターネットの正体』ダイヤモンド社.〕

Twenge, J. (2018). *Génération connectée*. Mardaga.

Tychsen, L. & Foeller, P. (2020). Effects of immersive virtual reality headset viewing on young children: Visuomotor function, postural stability and motion sickness. *American Journal of Ophthalmology*, *209*(1), 151-159.

Vehtari, A., Simpson, D.-P., Yao, Y. & Gelman, A. (2019). Limitations of "Limitations of Bayesian Leave-one-out Cross-Validation for Model Selection". *Computational Brain and Behavior*, *2*, 22-27.0

Vellut, N. (2017). Retirés et connectés, les hikikomori et les écrans. *Revue de l'enfance et de l'adolescence*, *95*(1), 145-164.

Vial, S. (2014). Critique du virtuel : en finir avec le dualisme numérique. *Psychologie clinique*, *37*(1), 38-51.

Vidal, D. (2016). Vers un nouveau pacte anthropomorphique. Les enjeux anthropologiques de la nouvelle robotique. *Gradhiva*, *15*, 54-75.

Virole, B. (2003). *Du bon usage des jeux vidéo, et autres aventures virtuelles*. Hachette littératures.

Virole, B. (2013). La technique des jeux vidéo en psychothérapie. In S. Tisseron (ed.), *Subjectivation et empathie dans les mondes numériques* (p. 31-50). Dunod.

Virole, B. (2017). Utilisation des tablettes numériques par les personnes autistes. In S. Tisseron & F. Tordo (eds.), *L'enfant, les robots et les écrans : nouvelles médiations thérapeutiques* (p. 61-80). Dunod.

Virole, B. & Radillo, A. (2010). *Cyberpsychologie*. Dunod.

Vischer, R. (1873). *Über das optische Formgefühl, ein Beitrag zur Ästhetik*. Stuttgart : Julius Oscar Galler, traduction française, Maurice Elie, *Aux origines de l'Empathie*. Ovadia, 2009.

Vlachopoulou, X. (2017). À corps perdu dans le virtuel : comprendre les enjeux de la cyberaddiction. *L'information psychiatrique*, *93*(8), 664-668.

Wang, C.-Y., Wu, Y.-C., Su, C.-H, Lin, P.-C., Ko, C.-H. & Yen, J.-Y. (2017). Association between Internet gaming disorder and generalized anxiety disorder. *Journal of Behavioral Addictions*, *6*(4), 564-571.

Wassom, B. (2014). *Augmented Reality Law, Privacy, and Ethics: Law, Society, and Emerging AR Technologies*. Syngress.

Waltemate, T., Gall, D., Roth, D., Botsch, M. & Latoschik, M.-E. (2018). The impact of avatar personalization and immersion on virtual body ownership, presence, and emotional response. *IEEE Transactions on Visualization and Computer Graphics*, *24*(4), 1643-1652.

Weiss, M.-D., Baer, S., Allan, B.-A., Saran, K. & Schibuk, H. (2011). The screens culture: Impact on ADHD. *Attention Deficit and Hyperactivity Disorders, 3*(4), 327-334.

Willard, N.-E. (2007). *Cyberbullying and Cyberthreats: Responding to the Challenge of Online Social Aggression, Threats and Distress.* Research Press.

Willo, G. & Missonnier, S. (2012). Le surgissement cybernétique, un opérateur du transfert dans la psychose? *Adolescence, 79*(1), 170-189.

Winnicott, D.-W. (1958). La capacité d'être seul. In *De la pédiatrie à la psychanalyse* (p. 205-213). Payot, 1969.〔「一人でいられる能力」：牛島 定信(訳)(1977).『情緒発達の精神分析理論』(pp. 21-31)岩崎学術出版社.〕

Winnicott, D.-W. (1971a). *Jeu et réalité. L'espace potentiel.* Gallimard, 1975.〔橋本 雅雄・大矢 泰士(訳)(2015).『遊ぶことと現実(改訳)』岩崎学術出版社.〕

Winnicott, D.-W. (1971b). Le rôle de miroir de la mère et de la famille dans le développement de l'enfant. In *Jeu et réalité. L'espace potentiel* (p. 203-214). Gallimard, 1975.〔「子どもの発達における母親と家族の鏡‐役割」：橋本 雅雄・大矢 泰士(訳)(2015).『遊ぶことと現実(改訳)』(第9章, pp. 152-162)岩崎学術出版社.〕

Winnicott, D.-W. (1975). La crainte de l'effondrement. *Nouvelle revue de Psychanalyse, 11*, 35-44.〔「破綻恐怖」：館 直彦(監訳)(2001).『精神分析的探究I——精神と身体(ウィニコット著作集6)』(pp. 111-121)岩崎学術出版社.〕

Yee, N. & Bailenson, J.-N. (2007). The Proteus effect: The effect of transformed self-representation on behavior. *Human Communication Research, 33*, 271-290.

Yee, N., Bailenson, J.-N., & Ducheneaut, N. (2009). The Proteus effect: Implications of transformed digital self-representation on online and offline behavior. *Communication Research, 36*, 285-312.

Yen, J.-Y., Yeh, Y.-C., Wang, P.-W., Liu, T.-L., Chen, Y.-Y. & Ko, C.-H. (2017). Emotional regulation in young adults with Internet gaming disorder. *International Journal of Environmental Research and Public Health, 15*(1), 30.

Yoon, B., Kim, H.-I., Lee, G.-A., Billinghurst, M. & Woo, W. (2019). The effect of avatar appearance on social presence in an augmented reality remote collaboration. *IEEE Conference on Virtual Reality and 3D User Interfaces* (*VR*), 547-556.

Yoshikawa, M., Matsumoto, Y., Sumitani, M. & Ishiguro, H. (2011). Development of an android robot for psychological support in medical and welfare fields. *IEEE International Conference on Robotics and Biomimetics*, 2378-2383.

Zimmerman, F.-J. & Christakis, D.-A. (2005). Children's television viewing and cognitive outcomes: A longitudinal analysis of national data. *Archives of Pediatrics & Adolescent Medicine, 159*(7), 619-625.

索　引

▶人　名

アザ，マリオン　129
アブラハム，ニコラ　272, 281
アリストテレス　23
アンジュー，ディディエ　7, 146, 180
ウィーナー，ノーバート　2, 6
ウィニコット，ドナルド　122, 267
ウィラード，ナンシー・E　107
ヴィロル，ブノワ　7, 191
カエス，ルネ　214, 261
グッドマン，アビエス　95
クライン，メラニー　43, 199, 280
ゴズラン，アンジェリーク　113
コフート，ハインツ　121
サールズ，ハロルド　214
シモンドン，ジルベール　271, 274
スターン，ダニエル　120
ストーラ，ミカエル　10
スラー，ジョン　110, 114
タークル，シェリー　132
ティスロン，セルジュ　7, 26, 147, 191
土居健郎　267
ドゥルーズ，ジル　23
トルド，フレデリック　163
トロント，ジョアン　185
バウマン，ジグムント　135
ビドゥルゥフスキ，モニーク　109
フィッシャー，ロベルト　83
ブラン，アンヌ　214, 262
ブローテン，シュタイン　25
ベルトス，アラン　154
マクドゥーガル，ジョイス　120
ミソニエ，シルヴァン　7, 9
ラニアー，ジャロン　22, 218
リップス，テオドール　83
ルルー，ヤン　192
レヴィ，ピエール　24, 26

ロトカ，アルフレッド　42, 45
ワイゼンバウム，ジョセフ　85

▶アルファベット

ADHD　81
AI　14, 18, 158, 275
Aibo　87
APA　94
AR　220
ASD　202, 205
CAVE　218, 225
EF3C　3, 13
F2P（Free to Play）　99
FOMO（Fear of Missing Out）　99
ICD-11　94
IERHR　3, 13
MMOGs　182
MR　220
NAO　202, 205, 206
PEGI　102, 227
PTSD　49, 224, 267
RGPD　90
Rov　26, 28, 237, 294
Rvo　26, 28, 123, 237
sexto　131
SNS　98, 144, 150
VR　218
WHO　94
XR　221

▶ア　行

アイデンティティ　37, 56, 132, 150
　ハイブリッドな――　69
　フィルター越しの――　150
アクセスしやすい　210
アクチュアル（化）　9, 23, 24

アディクション　12, 21, 94
「あなたが主人公の本」　168
アバター　28, 67, 79, 119, 131, 157, 169, 179
甘え　267
移行対象　169
依存　147, 185, 265
依存症　94, 96
一般データ保護規則　90
イノベーション　45, 55
意味作用（力）　34, 35, 37
イメージ　7, 24, 32-40, 147, 250
イライザ効果　85
インスタントメッセージ　243
陰性幻覚　151
インターフェース　181, 259, 266
引力　212, 213
ヴァーチャリティ　25
ヴァーチャル（化）　9, 23, 24, 63
ヴァーチャルホーム　57
ヴァーチャルリアリティ　12, 25, 218
迂回　214, 263
液状化するセクシュアリティ　134
エージェント　88, 91
エンパシー　83
　→　共感
横断可能性　69, 248
抑え込む　149
音響　39, 203, 213
音響的外被　213
オンライン実践　255, 256
オンラインセラピー　232
オンライン相談　250, 264
オンライン脱抑制　110, 117

▶カ　行

外身体化　42
回折　200, 214
　——によるデジタルへの転移　261
概念　14, 32
外被　158, 160, 205, 267
外被化　212, 213
外密性　18, 109
鏡　63, 250, 268
　内なる——　63, 66

母親という——　251, 252, 258
拡散　259, 266
拡張　65, 71
　→　増強
拡張現実　218, 220
拡張バーチャリティ　220
仮想化　212, 213
仮想的　63
仮想的エンパシー　63
仮想分身　65
家族の秘密　186
可塑性　194, 248
可能性空間　126
感覚－運動性　10, 194
感覚－運動的な相互作用　167
感覚－情動－運動機能　195
間主観化　11
間主観的　209
間主観的共感　85
間主体化　11
間主体的　208, 209
感情移入　83
刻み込み　70, 151, 246
擬人化　18, 69
逆転移　242, 253
ギャンブル障害（行動症）　95
境界構造　196
共感　62, 83, 84, 187, 235
　→　エンパシー
共通の物語　201
共同創出　199
共同退行　189, 190
共同注意（注視）　14, 17, 171
共同の語り　194
共同没入　171, 191, 192, 263
共鳴　83, 234
距離　193, 194
近親姦のような雰囲気　115
近接性　58, 190, 243
空虚　148, 150
空虚化　244
空虚感　238, 240, 242
空虚さ　258
空想　122, 124
具現化　179, 186

索引

グループセラピー　173
グルーミング　116
クロスリアリティ　221
ケア　184, 185
形式的退行　189
形象（化）　254, 264, 268
形象性の作業　194
係留化　213, 216
劇化　211, 213
ゲーミング　99
ゲームアディクション　12
ゲーム依存　12
ゲーム障害（行動症）　94, 95
幻影肢　64
現勢化　195, 263
現前　219, 236, 251, 255, 257
幻想　30, 68, 112, 155
幻想的な構築　200, 202
行為主体性　74
後退　194
心の理論　84
個人セラピー　172
個体化　274
誇大自己　121, 125
ごっこ遊び　200
コミュニケーション　38, 58, 181, 233
混淆　44, 54, 192
混合現実　39
痕跡　70, 151
コンパッション　85

▶サ　行

サイコドラマ　199
再社会化　145
サイバーエンパシー　63
サイバーストーキング　108
サイバーセクシュアリティ　128
サイバネティクス　2, 6
サイバーバイオレンス　107
サイバーハラスメント　80, 107
再包摂化　144
サイボーグ　133
サイボーグ－自我　67-71, 111, 148
『ザ・シムズ』　106

錯覚　253
サンクコストの誤謬　99
三者関係　170, 172, 200
ジェンダー　132
ジェンダーアイデンティティ　132, 150
ジェンダーバイアス　79
自我　56, 63, 65, 112, 192, 210
刺激保護　70, 150
自己愛的同一化　190
自己共感　63, 66, 70, 151
自己構築　166, 175, 273
自己中心的　181
自己治癒の試み　143
自己への共感　85
自己への配慮　184
自己物語化　185
親しみやすさ　210
視聴－演者　39
シナリオ　174, 199
慈悲　85
シミュレーション　17, 38, 63, 153, 210, 213
『シムシティ』　183
集団　201, 253, 262, 264
　　→　グループセラピー
集団的な時間性　203
柔軟性　58, 210
主観化　11, 66, 155, 265, 273
主体化　11, 150, 191, 265, 273
　　──の障害　151
主体を自らのものとすること　273
象徴化　8, 58, 102, 189, 213
情動調律　120
情動的共感　84
贖罪の山羊　43
書籍文化　53
「シリアスゲーム」　168
自律性　210, 213
人格　18, 57
人工化　211, 213
人工共感　15, 88
身体イメージ　65, 133, 150, 156
身体図式　36, 64, 153, 156, 254
身体的な感覚－形態　210
心的装具　146, 159
心的統合　66, 155, 163, 254

心的透明性　109, 254
心的ハイブリッド（化）　65, 192
心的没入　191
心的補綴　146, 148, 159
心的力動　62, 189, 209
推論モード　86
スクリーン　53, 73, 119, 235, 251
スクリーンタイム　81, 98
スクリーン文化　53
スケープゴート　43
『スーパーマリオ64』　168
制御　2, 95
成熟した共感　85
『セカンドライフ』　180, 237
セクシュアリティ　71, 128, 152
接続された人間　62, 111, 259, 261
セラピストの現前　214, 263
セルフケア　185
潜在空間　126
専有化　61, 192, 212, 234, 250
増強　37, 47, 49, 68, 148
　→　拡張
相互性　19, 37, 85, 226
想像的なもの　25, 30
相補性　60
側方への転移　259

▶タ　行

退却　140, 141, 142
退行　189
対象－もの　215
代置　146, 214, 215, 263
体内化　65
代用　147
第六の指のパラダイム　154
他者中心的　181
脱接合　141
脱－内密性　113
脱抑制　110, 234
脱連接　141
力　34, 36
チャット　131, 243
超身体化　157
通過儀礼　168

付き添う　102, 198
包み込まれる　66, 148
テクノセクシュアリティ　129
テクノフェランス　77
テクノロジー　2, 11, 32, 38, 45, 62-71, 146
テクノロジー対象　7, 42, 44
デジタル対象　105, 250, 260, 262
デジタルな脱抑制効果　110
デジタルな転移　250, 264
デジタルな透明性　108, 109, 253, 264
デジタルな二者一心　118, 147
デジタルな媒介　191
転移　27, 43, 189, 209, 214, 250, 259
　――の運動　259, 260, 266
　――の曲用　215
　――の側方化　259, 260
電子人格　17
投影同一視　43
統合　47, 66
統合幻想　155, 255
匿名性　111, 142
トランス＠セクシュアリティ　129
トランスヴェスティズム　133
トランス身体化　132, 133
トランスヒューマニズム　40
トランスモダリティ　120
取り込み　155, 273

▶ナ　行

内外身体化　21, 41, 45
内身体化　42, 45
内的枠組み　255
内包　36, 68, 148, 160, 242
内包物　151, 171
内密性　18, 111, 113
二者一心　63, 118
二重化　63, 66, 170, 265
二重性　151, 265
二重ループ　64, 66
人間－ロボットの関係研究所　3, 13
認知的共感　84
認知的不一致　86
粘土　199
　デジタルな――　186

330

乗り物　181

▶ハ　行

ハイブリッド　65
　　──なアイデンティティ　69
ハイブリッド化　46, 65, 69, 132, 209, 253
恥　60, 140
パラダイム　154
反射的志向性　191
反省的自己共感　62
ひきこもり　137
人らしさ　18
避難所　122, 142, 169
皮膚－自我　71, 146
『ヒューマンフォールフラット』　177
病的変様　27
表面　65, 111, 193, 263
　　自我の──　65, 192
　　第三の──　193
フィードバック　2, 6
フィルター越しのアイデンティティ　150
不気味の谷　183
複合現実　220
物象化　134, 252
フランスサイバー心理学・臨床サイバー心理学
　派　3, 13
振る舞い　2, 259
ブレイン・マシン・インターフェース　70,
　154
プロテウス効果　67, 222
分化　209
分身　62, 151, 170, 195, 210, 265
分裂　57, 159, 247
併存症　81
ヘッドセット　218, 236
変様　27, 241
変容（力）　33, 35, 37, 132, 212, 213
暴君　143
亡霊　196
捕獲　265
没入（力）　33, 34, 36, 191, 195, 218, 252
没入－退行　195
補綴　41, 147, 160

▶マ　行

『マリオブラザーズ』　106
ミニ自我　210, 213
ミニ他者　211, 213
ミラーニューロン　83
夢想　30, 122, 124, 195
夢想する能力　268
無謬性　210, 213
メディアシオン　157
メンタライズ　15, 274
メンタライゼーション　174, 274
メンタライゼーション－主観化のプロセス
　172
物語的な相互作用　168
物語の構築　199

▶ヤ　行

幽霊　151
幽霊的転移　264
幽霊的な分身　265
容器　146, 149, 151
養母　38
予期　29, 140
抑圧　57

▶ラ　行

ラバーハンド錯覚　153, 179, 181
リアル　23, 183
理想化転移　121
両義性　215, 216
領野　193, 263, 268
ロボット　15, 17, 50, 90, 198, 209, 263
ロボット－対象　214
ロボットフェティシズム　129
ロボットプログラミング　202
ロボティクス　14, 199, 212

▶ワ　行

枠組み　80, 177, 198, 226, 232, 241, 250, 254
枠づけ　100, 102

【著者紹介】（所属等は原書刊行年である 2021 年当時のもの）

セルジュ・ティスロン（Serge TISSERON）

精神科医，博士（心理学），大学研究指導資格（HDR），パリ大学研究員，パリ大学・サイバー心理学講座ディプロマ（DU）創設者・教育責任者

フレデリック・トルド（Frédéric TORDO）

臨床心理士，博士（臨床心理学），パリ大学研究員，パリ大学サイバー心理学講座ディプロマ（DU）創設者・教育責任者

【事例紹介の協力者】（所属等は原書刊行年である 2021 年当時のもの）

オード・バリヨン（Aude BALLION）

臨床心理士

オリヴィエ・デュリス（Olivier DURIS）

臨床心理士

ルシー・エピヴァン（Lucie EPIVENT）

臨床心理士，心理療法家，パリ大学サイバー心理学講座 DU 取得

ピエール゠アンリ・ガルニエ（Pierre-Henri GARNIER）

臨床心理士，博士（情報コミュニケーション論），臨床催眠療法士

ナディーヌ・ホフマイスター（Nadine HOFFMEISTER）

臨床心理士，精神分析家

アレクサンドラ・ピテリ（Aleksandra PITTERI）

臨床心理士，パリ大学サイバー心理学講座 DU 取得，大学講師

【訳者紹介】

佐藤 愛（さとう あい）

担　当　日本語版序文，序論，3，4，6，7，8，11，12，15，16，17，結論
筑波大学大学院人文社会科学研究科現代語・現代文化専攻博士後期課程修了，博士（文学）
現　在　日本学術振興会特別研究員RPD（青山学院大学）
著訳書　『フェミニスト現象学——経験が響きあう場所へ』（分担執筆，ナカニシヤ出版，2023）
　　　　『ミシェル・アンリ読本』（分担執筆，法政大学出版局，2022）
　　　　『自閉症者たちは何を考えているのか』（共訳，人文書院，2021）など

阿部 又一郎（あべ ゆういちろう）

担　当　日本語版序文，1，2，5，9，10，14，19，20，21，23，24，25，26
千葉大学医学部卒業，精神科医，博士（医学，東京医科歯科大学）
現　在　伊敷病院勤務，東洋大学大学院非常勤講師
著訳書　『言葉にとらわれた身体——現代ラカン派精神分析事例集』（共訳，誠信書房，2023）
　　　　『ロボットに愛される日——AI時代のメンタルヘルス』（訳，星和書店，2022）
　　　　『今日の不安——さまざまな概念と臨床』（監訳，白水社，2022）
　　　　『フランス精神分析における境界性の問題——フロイトのメタサイコロジーの再考を通して』（共訳，星和書店，2015）など

縣 由衣子（あがた ゆいこ）

担　当　13，18，22
筑波大学大学院人文社会科学研究科現代語・現代文化専攻博士後期課程単位取得退学
現　在　慶應義塾大学非常勤講師
著訳書　『外国語教育を変えるために』（分担執筆，三修社，2022）

セルジュ・ティスロン，フレデリック・トルド著

ヴァーチャルに治癒される人間
──サイバー心理学が問う新たな主体

2025 年 4 月 10 日　第 1 刷発行

訳　　者	佐　藤　　　愛
	阿　部　又　一　郎
	縣　　　由　衣　子
発 行 者	柴　田　敏　樹
印 刷 者	田　中　雅　博
発 行 所	株式会社　誠　信　書　房

〒112-0012　東京都文京区大塚 3-20-6
電話　03（3946）5666
https://www.seishinshobo.co.jp/

印刷／製本　創栄図書印刷㈱　　　　　落丁・乱丁本はお取り替えいたします
検印省略　　　　　　　　　　無断で本書の一部または全部の複写・複製を禁じます
©Seishin Shobo, 2025　Printed in Japan　　ISBN978-4-414-41499-8 C3011